Reihe Hanser

Wie geht das eigentlich: plötzlich erwachsen zu sein? Kaum ist die Schulzeit zu Ende, eröffnen sich unendlich viele Möglichkeiten: Was jetzt? Ausbildung oder Studium? Ausziehen oder daheimbleiben? Reisen mit Freunden? Jobben? Wie funktioniert das neue Leben? Dieses Buch hilft weiter, ob es um den Führerschein geht, die erste Steuererklärung, Ärger mit Behörden oder einfach den Spaß an neuen Herausforderungen. Hier findet man nicht nur nützliche Adressen und unbezahlbare Geheimtipps. Die Autorin erinnert auch an all das, was man schnell übersieht, wenn das Leben gerade aus allen Nähten platzt.

Regine Rompa, 1981 geboren, studierte Germanistik, Philosophie und Politikwissenschaft. Anschließend arbeitete sie in der Redaktion eines Zeitschriftenverlages sowie im Lektorat eines Kinder- und Jugendbuchverlages. Heute lebt sie als freie Autorin in München. ›Leben nach der Schule‹ ist ihr erstes Buch in der <u>dtv</u> *Reihe Hanser.*

Doris Katharina Künster studierte Visuelle Kommunikation an der Hochschule für Bildende Künste in Hamburg. Seit 1985 gestaltet sie als freie Fotografin und Grafikerin Buchumschläge und illustriert Bücher. Für <u>dtv</u> *Reihe Hanser* hat sie u. a. ›Pole, Packeis, Pinguine – Leben im ewigen Eis‹ von Karoline Stürmer gestaltet und weitgehend bebildert.

INHALT

WILLKOMMEN IM LEBEN!

Wenn die Schulzeit (fast) hinter dir liegt wie ein Schatten, bist du hier genau richtig: Du guckst mitten in die Sonne der wahren, bunten Welt, hast endlich deinen Einsatz auf der Bühne des Lebens! Jetzt kann's losgehen, denkst du, und schmiedest vielleicht schon Pläne, was du alles machen und wie du die neue Freiheit gestalten willst.

Wo du heute in zehn Jahren stehst, hängt ganz allein von dir ab: von deinen Zielen, Wünschen, Talenten und dem Biss, den du zur Umsetzung mitbringst. Was brauchst du, um glücklich zu sein? Was erhoffst du dir von der Welt und was bist du bereit zu geben? Für welchen Weg auch immer du dich entscheidest, die Welt steht dir offen und du allein hältst die Fäden in der Hand.

Manchmal macht es Angst, so viele Möglichkeiten zu haben, denn das bedeutet: Du musst dich entscheiden. Solltest du direkt in einen Beruf einsteigen oder erst mal Pause machen? Ist eine Ausbildung oder ein Studium das Richtige für dich? Und für welchen Beruf oder welches Studienfach sollst du dich bloß entscheiden? Wie kaufst du dir ein Auto und worauf musst du beim Abschluss einer neuen Versicherung achten? Wo findest du die ideale Wohnung und wie bucht man eigentlich einen Urlaub im Internet? Warum sagen die einem so was nicht in der Schule?

Was immer du in deinem neuen Alltag organisieren musst, dieses Buch unterstützt dich mit den nötigen Informationen, Tipps und Tricks. Damit du weißt, wo es langgeht und wo du weiterfragen und recherchieren kannst, um deine Pläne umzusetzen. Damit du deine Wahl richtig triffst und die Sonne dir weiter mitten ins Gesicht scheint!

FREIHEIT UND FREIZEIT –
TU, WAS IMMER DU WILLST

»Nicht weil die Dinge unerreichbar sind, wagen wir sie nicht.
Weil wir sie nicht wagen, bleiben sie unerreichbar.«

LUCIUS A. SENECA

1 | URLAUB: VERSCHNAUFPAUSE GEFÄLLIG?

Du hast das Zeugnis in der Tasche. Jetzt ganz schnell raus hier, Freunde geschnappt und ab in den Urlaub. Doch wer hätte gedacht, dass man sogar fürs Nichtstun so einiges organisieren muss? Hier erfährst du, wie du den richtigen Urlaub aussuchst, buchst und alles mitnimmst, was du brauchst.

BUCHEN: MACH ES DINGFEST!

Du weißt schon mehr oder weniger, wohin es gehen soll, doch wie bucht man einen Urlaub? Klar, grundsätzlich gibt es zwei Möglichkeiten: im Reisebüro oder im Internet.

Zuerst zum **Reisebüro**: Natürlich sind nicht alle gleich qualifiziert. Zum Vergleichen solltest du also mindestens zwei Reisebüros besuchen. Welche der vielen Anbieter wählst du für diesen Vergleich aus?

Reisebüros haben verschiedene Schwerpunkte, die man oft schon am Schaufenster erkennen kann. Es gibt die großen Ketten, die in erster Linie auf den Massentourismus ausgerichtet und meist vor allem billig sind. Beliebte Reiseziele sind hier beispielsweise Mallorca, Ibiza, Lloret de Mar oder die Dominikanische Republik. Außerdem gibt es kleine Reisebüros, die manchmal sogar nur auf ein oder zwei Länder spezialisiert sind und dich beispielsweise nach Nepal, Kambodscha oder Chile bringen.

Zusätzlich bestehen Unterschiede im Angebot: Pauschal- oder Individualreisen. Wenn du im Urlaub alles fertig organisiert haben willst, nimmst du am besten eine **Pauschalreise**. Zu einem festgesetzten Preis bekommst du viele Leistungen auf einmal, z. B. Anreise, Unterkunft, Essen, Besichtigungen, Veranstaltungen usw. **Individualreisen** sind dagegen die größere Herausforderung. Sie haben den Vorteil, dass du die Reise genau auf deine eigenen Wünsche abstimmen kannst. Der Nachteil ist, dass du das selbst organisieren musst. Du buchst also beispielsweise nur den Hin- und Rückflug und schaust dich vor Ort nach allem um, was du sonst noch brauchst. Das kann großen Spaß machen und gibt dir vielleicht sogar ein Gefühl von Unabhängigkeit, du solltest aber keinen Horror vor Planung und Überraschungen haben.

Setz dich mit deinen Freunden zusammen oder überlege alleine, welchen Schwerpunkt die Reise haben soll.

Achte übrigens auch darauf, dass du mit Leuten wegfährst, die ähnliche Vorstellungen haben. Fünf Partypeople und ein Vogelkundler werden miteinander im Urlaub nicht glücklich werden, wenn sie nicht harmonieren. Seht euch danach beim Stadtbummel an, welche Reisebüros zu euren Plänen passen. Viele Reisebüros bieten Pauschal- und Individualreisen parallel an!

Dem großen Vorteil der Reisebürobuchung begegnest du gleich hinter der Eingangstür: der Reiseverkehrskauffrau bzw. dem Reiseverkehrskaufmann. Diese Berater im Reisebüro haben im Idealfall Ahnung von den Reisezielen sowie Unterkunft- und Transportmöglichkeiten, die genau auf dich zugeschnitten sind.

Wenn man dir nicht schon an der Nase ansieht, was du brauchst, wirst du jetzt erstmal nach deinen Reisewünschen gefragt. »Sonne, Strand und Cocktails inklusive« genügt den Beratern dabei genauso wie »Paris mit Hotel in der Nähe vom Louvre«.

Je weniger konkret deine Vorstellungen sind, desto mehr Möglichkeiten bekommst du aufgezählt. Lass dir nichts aufschwatzen, sondern mach dich mit dem Katalogstapel und so vielen guten Tipps, wie du kriegen kannst, erst mal aus dem

Staub à la »Ich schau mir das zu Hause in Ruhe durch«. Das versteht jeder und dir gibt es Zeit, in Urlaubsstimmung zu kommen!

Bei einer **Reisebuchung übers Internet** verzichtest du natürlich auf den persönlichen Kontakt zum Berater. Dafür ist das Angebot allerdings oft günstiger – was ein gutes Argument ist, wenn man bei der Buchung alles richtig macht.

Aus diesem Grund buchen immer mehr Deutsche übers Internet. Derzeit gibt es laut Reiseanalyse mehr als 17 Prozent Onlinebucher.

Zur Buchung übers Internet findest du im Anhang ein paar vertrauenswürdige Webseiten.

Wenn du über eine andere, dir unbekannte Webseite buchen willst, achte auf die zwölf goldenen Regeln, die der Bundesverband der Verbraucherzentralen aufgestellt hat, um unseriösen Reiseanbietern keine Chance zu geben. Du findest sie rechts in der »Checkliste für die Reisebuchung im Internet« versammelt. Nur wenn alle, wirklich alle Kriterien erfüllt sind, solltest du über diese Webseite eine Reise buchen. Dann ist das Angebot seriös und du bist auf der sicheren Seite.

CHECKLISTE FÜR DIE REISEBUCHUNG IM INTERNET

○ Ist der Reiseanbieter deutlich mit Adresse gekennzeichnet?

○ Ist erkennbar, wer die gekauften Leistungen erbringt und dafür haftet?

○ Ist ersichtlich, an welcher Stelle du dich im Buchungsvorgang befindest?

○ Wird bei der Buchung alles schriftlich genannt, was vorher versprochen wurde (Anreise, Unterbringung, Verpflegung, Preis, evtl. erforderliche Visa)?

○ Hast du alle Informationen und wichtige Unterlagen ausgedruckt?

○ Kannst du auf der Webseite die Allgemeinen Geschäftsbedingungen (AGBs) einsehen?

○ Sind alle Kosten eindeutig und verständlich aufgeführt? (Gibt es z. B. keinen versteckten »Mindestverzehr« im Hotel?)

○ Ist die Preisangabe verständlich? (Steht z. B. dabei, dass die Mehrwertsteuer im Preis enthalten ist?)

○ Kannst du einen Sicherungsschein downloaden? (Mehr dazu erfährst du gleich.)

○ Kannst du zwischen mehreren Zahlungsmöglichkeiten wählen?

○ Erfolgt die Eingabe deiner Daten verschlüsselt? (Mehr dazu erfährst du gleich.)

○ Erhältst du vor dem Absenden der Buchung eine sogenannte »Erklärung zum Datenschutz«?

 Nur, wenn du alle zwölf Fragen mit »Ja« beantworten kannst, solltest du die Reise buchen.

Ob Reisebüro oder Internet: Auf jeden Fall sollten die vollständigen Kontaktdaten des Anbieters erkennbar sein sowie eindeutige Angaben dazu, was im Preis enthalten ist. Wenn etwas, beispielsweise das Essen, nicht inklusive ist, mach dich schlau, was dafür an Kosten auf dich zukommt. Das findest du beispielsweise mit einem aktuellen Reiseführer heraus, in dem gängige Preise aufgelistet sind (z. B. im Lonely Planet-Reiseführer). Im Urlaub will man schließlich nicht sparen müssen!

Kurzer Test: Eine Pauschalreise enthält die folgenden Leistungen:

5 Übernachtungen am Gardasee im Drei-Sterne-Hotel (Landeskategorie), Unterbringung im Doppelzimmer, Verpflegung: Halbpension (Frühstück und Abendessen), kostenfreier Parkplatz, Reisepreissicherungsschein.

Was fällt auf? Klar, die Anreise ist nicht im Preis enthalten. Checke also vorher, wie du von deiner Haustür bis zum Eingang des Hotels am Gardasee kommst. Kalkuliere den Preis für dein Mittagessen und sonstige Aktivitäten ein.

Wenn du mit dem Billigflieger in die besten Wochen des Jahres startest, überprüfe auf jeden Fall den Abflugort. Viele Anbieter machen nämlich irreführende Angaben: Der Flughafen Frankfurt Hahn liegt beispielsweise ganze 124 Kilometer von Frankfurt entfernt mitten im Hunsrück. Wie du da hinkommst? Von vielen Städten aus fahren Flughafen-Shuttles, die auf die Abflugszeiten abgestimmt sind und garantieren, dass du dein Flugzeug bekommst. Wohnst du abseits, lohnt es sich herumzufragen, ob dich jemand fährt. Wer mit dem Auto kommt, kann sich darauf einstellen, dass rund um den Flughafen oft nur kostenpflichtige Parkplätze angeboten werden. Bei einer mehrwöchigen Reise kann der Parkplatz am Flughafen leicht teurer werden als das Billigflugticket. Also besser vorher abchecken!

In unserem Italien-Beispiel brauchst du als EU-Bürger übrigens nur deinen gültigen Personalausweis oder Reisepass mitzubringen. Außerhalb der EU musst du dich dagegen noch nach den Visa-Erfordernissen erkundigen. Wenn bei der Reisebuchung keine Angaben gemacht werden, kannst du diese auf der Webseite der Botschaft des Reiselandes in Deutschland einsehen – oder du rufst dort einfach an.

Bevor du die Reise dingfest machst, überprüfst du zum Schluss noch die **Allgemeinen Geschäftsbedingungen (AGBs)**. Oft sind sie winzig klein gedruckt, doch das sollte deine Aufmerksamkeit nur zusätzlich wecken.

Steht drin, dass du eine **Reisebestätigung** bekommst, die du dann mit den Angaben deiner Anmeldung abgleichen kannst? Suche außerdem nach dem Begriff **Sicherungsschein**. Dieser garantiert dir, dass deine Zahlungen »insolvenzgesichert« sind, das heißt, dass deine Reise in jedem Fall garantiert ist, selbst wenn der Reiseanbieter in der Zwischenzeit pleitegeht.

Wird in den AGBs außerdem ausdrücklich darauf hingewiesen, dass du vor Reiseantritt jederzeit zurücktreten kannst? Mit einer **Reiserücktrittsversicherung** bist du auf der sicheren Seite: Wenn du die gebuchte Reise nicht antreten kannst, weil du beispielsweise krank geworden bist, werden die anfallenden Stornokosten von der Versicherung bezahlt. Allerdings nur in bestimmten Fällen. Lies dir daher beim Abschluss die Versicherungsfälle (z. B. Krankheit, Unfall etc.) genau durch. Wenn du aus einem anderen Grund nicht reisen kannst, trägst du die Kosten nach wie vor selbst.

Wenn du keine Reiserücktrittsversicherung abgeschlossen hast, musst du für einen Reiserücktritt eine Summe bezahlen, die in den AGBs genannt sein sollte (Stornokosten). Üblich sind 20 Prozent des Reisepreises bei Rücktritt einen Monat vor Reisebeginn. Trittst du erst am Abreisetag zurück oder erscheinst nicht, musst du gewöhnlich 95 Prozent bezahlen.

Alles soweit klar mit den AGBs? Wenn dir sonst irgendetwas auffällt, frag lieber vor der Buchung bei jemandem nach, der sich auskennt, z. B. deine Eltern oder die Verbraucherzentrale (www.verbraucherzentrale.de).

Jetzt geht es ans eigentliche **Buchen.** Im Reisebüro kannst du direkt vor Ort alles erledigen. Im Internet führt dich eine Eingabemaske durch den Prozess und deine Daten werden angefragt.

Doch Vorsicht: Gib deine Adresse und vor allem deine Bankverbindung online nur dann ein, wenn die Webseite nach dem http ein »s« für »secure« enthält, beispielsweise: https://www.sicherewebseite.de.

Nachdem du die Buchung bei einem seriösen Reiseanbieter im Internet oder im Reisebüro abgeschlossen hast, wird dir eine Bestätigung zugestellt. Bewahre diese Unterlagen sorgfältig auf.

Manchmal kann es hilfreich sein, Kopien anzufertigen, die du bei deinen Eltern oder einem Freund deponierst. Für den Fall, dass du doch mal etwas verlierst, kannst du daheim anrufen und dir die wichtigen Buchungsnummern durchgeben lassen. So bekommst du schneller Ersatz!

Die Buchung ist geschafft. Pack den Koffer und ab geht's!

PACKEN: WAS MIT MUSS

Natürlich kommt es auf dein Ziel an, wenn du dich zwischen dem cheffigen Sombrero-Hut und dem selbstgestrickten Panda-Pullover von Oma entscheiden musst. Einige Dinge aber sind unverzichtbar. Wenn du keinen Survival-Trip antrittst, bei dem du auf einem Weihnachtsbaum paddelnd den Atlantik überquerst, und dir dein Essen selbst fängst, hilft dir die Checkliste am Ende dieses Abschnitts.

Fürs Packen gut zu wissen: In Reiserucksäcken rollt man Kleidung am besten. Das spart Platz und verkrumpelt weniger als das Falten!

Wenn du mit schwerem Gepäck reist, nimm eine Handtasche oder einen kleinen Rucksack mit, denn während du für das Übergewicht deines aufgegebenen Koffers zahlst, kann dein Handgepäck oft ohne Aufpreis bis zu acht Kilogramm und mehr wiegen.

Wie schwer dein Koffer maximal sein darf, steht in deinen Buchungsunterlagen, in der Regel sind es 20 kg.

Bei Billigfluganbietern wie beispielsweise Ryanair ist der Koffer im Preis nicht inklusive. Ein Gepäckstück (außer Handgepäck) bis zu 15 kg kostet hier 15 Euro.

Für jedes Kilo extra legst du allerdings 20 Euro drauf, sodass sich leicht eine größere Summe ansammelt.

Im Notfall rentiert es sich also, vor Ort noch schnell ins Handgepäck umzupacken.

Doch auch fürs Handgepäck gelten bestimmte Regeln. So darf bei einigen Airlines pro Person nur *ein* Gepäckstück als Handgepäck mitgenommen werden.

Dieses kann normalerweise maximal 55 cm × 40 cm × 20 cm messen. Kontrollieren kannst du das, indem du es am Flughafen in die dafür vorgesehene Vorrichtung stellst.

Spitze Gegenstände, wie z. B. Nagelschere, und Flüssigkeiten über 100 ml, wie z. B. Duschgel, Deo etc., dürfen aus Sicherheitsgründen nicht ins Handgepäck, sondern müssen mit dem Koffer eingecheckt werden. Alle Flüssigkeiten unter 100 ml müssen in einer durchsichtigen Tüte mit maximal einem Liter Fassungsvermögen aufbewahrt werden.

LAURA BANGERT, 16,
hat mit einer Organisation für Jugendreisen
Partyurlaub gemacht

In den Ferien wollten meine Freundin und ich unbedingt wegfahren. Unsere Wahl fiel auf eine von RUF organisierte, zweiwöchige Jugendreise ins Camp Santa Elena in Lloret de Mar. Ich hoffte, dass das Programm-Angebot gut sein, das Essen lecker schmecken und das Team großartig sein würde. Am neugierigsten allerdings war ich auf die Discos in Lloret, die ich nun auch endlich kennenlernen durfte. Und damit sollte es losgehen!

Ein paar Tage vor meinem 16. Geburtstag stiegen meine Freundin und ich in den Bus nach Lloret. Schon die Fahrt war spaßig. Als wir dann vor Ort unsere Zelte bezogen hatten, lernten wir die restliche Gruppe kennen. Mit den anderen Mädels hatten wir leider nur eine Woche das Vergnügen und durften den Rest des Urlaubs mit 18 Jungs verbringen!

Da ich noch keine 16 war, saßen wir die ersten Abende in einer gemütlichen Runde im Camp, während die anderen die Discos abcheckten. Der Strand und das Meer waren einfach toll. Gut gefallen haben mir auch der Ausflug nach Barcelona und die Fahrt in den Aquapark von Lloret. Außerdem gab es die Möglichkeit, im Fußballstadion Camp Nou ein Spiel des FC Barcelona anzuschauen. Dann war es so weit: Mein 16. Geburtstag! Reingefeiert wurde im Moef Ga Ga, einer eher kleinen, aber tollen Disco und rausgefeiert auf der HIP im Millennium. Zwei Tage später ging's dann das erste Mal ab ins Revolution, die tollste Disco überhaupt.

Meine Pläne für zukünftige Reisen? Mit 18 habe ich vor, als Reisebetreuerin mitzureisen, um das Ganze aus anderer Perspektive zu sehen und selbst für Spaß zu sorgen! Vorher werde ich aber sicher auch noch einmal als Teilnehmerin mit RUF unterwegs sein.

CHECKLISTE: AB IN DEN KOFFER

O Geldbeutel mit Geld und EC-Karte

O Personalausweis bzw. Reisepass inkl. Kopien

O Buchungsunterlagen (Flugticket, Mietwagenpapiere …)

O Impfpass

O ggf. Führerschein

O Sonnencreme und Sonnenbrille

O Waschsachen und Kosmetik/Rasierzeug

O Spiegel

O kleine Reiseapotheke und Kondome

O ggf. Badesachen

O ggf. Adapter

O ggf. Föhn

O ggf. Brille/Kontaktlinsen (+ Reinigungsflüssigkeit)

O Hosen/Shorts/Kleider/Röcke

O Gürtel

O Schuhe

O T-Shirts/Tops

O Pullis

O Jacke/ggf. Mantel

O Unterwäsche und BHs

O Socken

O Pyjama

O Wecker für den Rückflug

O Kamera

O Adressen für Postkarten

O Reiseführer, Landkarte und Wörterbuch

O Bücher und Zeitschriften

O **Spezialfall Winterurlaub:** Mütze, Schals, Handschuhe, Schneekleidung, Ski- oder Snowboardausrüstung

O ....

O ....

Übrigens: Du findest auf der Webseite des Auswärtigen Amts (www.auswaertiges-amt.de) vor Reisebeginn Informationen zu Reise- und Sicherheitshinweisen, die du für dein Zielland beachten solltest.

REISE: VOM CHECK-IN BIS ZUM LIEGESTUHL

Je nach Flughafen und Airline hast du eine Reihe von Möglichkeiten, um dich und dein Gepäck ins Flugzeug zu befördern. Klassisch ist der **Check-in zwei Stunden vor Abflug am Schalter der Airline.** Du kommst also zwei Stunden zu früh zum Flughafen, suchst auf dem Display in der Eingangshalle den Standort deiner Airline und stellst dich dort in der Schlange vor dem Schalter an. Zu den unerklärlichen Phänomenen an Flughäfen gehört, dass es immer eine Schlange vor deinem Schalter gibt, unabhängig davon, wie früh du ankommst.

Wenn du an der Reihe bist, legst du dein Gepäck auf das Laufband neben dem Schalter, gibst deine Buchungsunterlagen und den Reisepass oder Personalausweis (innerhalb der EU) ab und wartest, bis dir eine Bordkarte ausgehändigt wird, auf der auch Gate und Boarding-Zeit vermerkt sind. Während dein Gepäck auf dem Band fortfährt, läufst du mit deinem Handgepäck in Richtung Boarding.

Bei Flügen früh am Morgen gibt es oft die Möglichkeit, schon am Abend vorher einzuchecken, z. B. am Frankfurter Flughafen. Genaue Infos kannst du auf der Webseite deines Abflughafens finden.

Neben dem klassischen Check-in bieten immer mehr Airlines **Online-Check-ins** an. Bei einigen Billigfliegern ist das Einchecken am Schalter sogar schon ganz abgeschafft worden. Beim Online-Check-in gibst du die Reservierungsnummer auf deinem Ticket auf einer Webseite ein – die Adresse steht auf dem Ticket –, tippst alle angefragten Infos ein und druckst die

Bordkarte aus. Meistens muss das bis vier Stunden vor Abflug passiert sein.

Gehe zum Boarding rechtzeitig los, vor allem wenn du noch einen Zwischenstopp im Duty Free Shop einlegen willst. Zunächst wirst du aber noch einmal in einer Schlange stehen, um die **Sicherheitskontrolle** zu passieren. Das Handgepäck wird dabei durchleuchtet und muss eventuell zusätzlich geöffnet und vorgezeigt werden. Du selbst gehst durch einen Metalldetektor und wirst vom Flughafenpersonal per Leibesvisitation überprüft. Am besten legst du schon vor Beginn alle Gegenstände, die den Alarm auslösen könnten, in der bereitstehenden Plastikschale ab, z. B. Gürtel, Uhren, Schuhe mit Metallteilen, etc.

Am **Boarding-Gate** angekommen, hast du es dann fast geschafft. Du musst bei Aufruf des Flugs nur noch einmal in der Schlange stehen, bevor du im Flugzeug Platz nehmen kannst.

Während des Flugs solltest du insbesondere bei langen Strecken ab und zu aufstehen und umhergehen, um eine Thrombose (gefährliche Gefäßerkrankung, die man durch zu langes Stillsitzen bekommen kann) zu vermeiden. Der weiteste Flug von Berlin aus geht nach Auckland in Neuseeland. Dabei werden ganze 17 700 km zurückgelegt; das entspricht der Strecke um die halbe Erde.

Je nach Dauer des Zwischenstopps, der zum Tanken notwendig ist, muss man dafür etwa 28 Stunden lang sitzen. Für so lange Flüge empfehlen die Airlines sogar, Thrombose-Strümpfe zu tragen. Außerdem lohnt es sich, ein paar gute Bücher einzupacken!

Gut ist es auch, gegen den Flüssigkeitsverlust viel trinken – und zwar besser Wasser als Alkohol, denn das Gerücht, dass man über den Wolken schneller betrunken wird, stimmt tatsächlich. Es liegt am niedrigeren Luftdruck, der in den Kabinen herrscht und dafür sorgt, dass sich die Blutgefäße weiten. Alkohol wird dadurch schneller in den Blutkreislauf gepumpt.

Nach der Landung machst du dich auf den Weg zur **Gepäck-ausgabe.** Unter dem Bildschirm mit deiner Flugnummer kreisen auf einem schwarzen Rollband Gepäckstücke. Warte auf dein Gepäck und mach dich durch die erneute Sicherheitskontrolle auf den Weg nach draußen!

Wenn du nicht abgeholt wirst, erkundigst du dich am besten an der Information, wie du zum Zielort gelangst. Busse, Züge oder Taxen fahren immer vom Flughafen ab, sodass der nächste Weg direkt in den wohlverdienten Liegestuhl führt.

DEUTSCHE BOTSCHAFTEN UND KONSULATE

Egal, ob du im Urlaub gekidnappt wirst und den Entführern entfliehen kannst, dich kurzerhand zur Hochzeit mit dem Strandflirt entscheidest oder deinen Reisepass am Swimmingpool verloren hast – es ist dieselbe Adresse, an die du dich wenden musst: die der deutschen Außenvertretung des Landes, in dem du dich gerade befindest. Deutschland verfügt über mehr als 220 solcher **Auslandsvertretungen.** Sie sind in Botschaften, Konsulate und ständige Vertretungen gegliedert.

Botschaften sind die dauerhaften diplomatischen Vertretungen Deutschlands im Ausland und sind in der Regel in der Hauptstadt eines Landes zu finden. Sie wahren die Interessen der Bürger Deutschlands und verhandeln dafür auch mit der Regierung des Landes, in dem sie sich befinden. **Konsulate** kann es im Gegensatz zu Botschaften mehrere in einem Land geben. Sie übernehmen Verwaltungstätigkeiten, stellen beispielsweise Reisepässe aus und geben Rechtsinformationen, wenn ein Deutscher in juristische Schwierigkeiten gerät. **Ständige Vertretungen** vertreten die Interessen Deutschlands nicht in anderen Ländern, sondern in internationalen Organisationen wie der EU, den Vereinten Nationen oder der NATO. Sie werden außerdem auch als Ersatz-Botschaften verwendet, wenn das Land, in dem sie sich befinden, das Entsenderland nicht als Staat anerkennt.

Die Zentrale der deutschen Außenvertretungen ist das **Auswärtige Amt** in Berlin, also das Außenministerium. Es wird vom Bundesaußenminister geleitet. Die Adresse der nächsten Botschaft in deinem Urlaubsland findest du auf der Webseite des Auswärtigen Amts.

Vor Ort wird man versuchen, dir zu helfen. In den häufigsten Fällen werden verlorene Pässe ersetzt und ein Ausweis zur Rückkehr nach Deutschland ausgestellt. Bei Geldverlust können Blitzüberweisungen durchgeführt werden. Im Notfall leiht dir die Botschaft sogar ein sogenanntes »Überbrückungsgeld« bis du wieder wohlbehalten zu Hause angekommen bist.

2 | GEBALLTE FREIHEIT: WORK&TRAVEL

Stell dir vor wie es ist, wenn du weit weg von zu Hause nach einem Tag voller anstrengender Arbeit mit einer Gruppe von Menschen aus den unterschiedlichsten Kulturen feiern gehst, wenn du nachts in Afrika von einer Herde wilder Elefanten geweckt wirst oder auf einer Farm im australischen Outback zusiehst, wie die Sonne über der roten Erde aufgeht. So kitschig es klingt: In diesem Moment wirst du spüren, dass du auf eigenen Beinen stehst – wo auch immer es dich hinverschlagen hat!

Klingt das nicht verlockend? Zumindest ist es einer der Gründe dafür, dass sich immer mehr Jugendliche nach der Schule für eine **Work&Travel-Auszeit** entscheiden. Wenn dich das Fernweh packt und du dich ein paar Monate oder länger in der Fremde ausprobieren willst, erfährst du hier, wie du das Abenteuer deines Lebens planst und durchführst!

SABRINA JESSE, 19,
war als Work&Traveller in Australien

Ich habe fast ganz Australien bereist. Meine Reise begann in Sydney, führte mich entlang der Ostküste über das Outback bzw. den Ayers Rock und schließlich bis hin zur Westküste nach Perth. Ich habe mich im »sandboarding« probiert, unzählige Kängurus und Koalas gesehen, eine self-driving tour auf der größten Sandinsel der Welt – Fraser Island – gemacht, bin um die wunderschönen Whitsunday Islands gesegelt, war schnorcheln und im Great Barrier Reef tauchen, bin mit Delfinen geschwommen und habe unglaubliche Naturwunder bestaunt.

Ich hatte verschiedene Jobs, der lustigste war mit Abstand in der Nähe von Coolangatta. Dort habe ich als Tester für die Fernsehserie »Ich bin ein Star – holt mich hier raus« gearbeitet. Ich musste eine Woche im Dschungel leben und die Spiele für die Stars testen. Mein Work&Travel-Abenteuer war supertoll! Das halbe Jahr in Australien war bisher das Beste, was ich je erlebt habe. Ich habe viele nette Menschen kennengelernt, mein Englisch verbessert und bin offener und selbstbewusster geworden.

MIT ODER OHNE ORGANISATION?

Organisationen wie TravelWorks haben es sich zur Aufgabe gemacht, Backpackern, Freiwilligenarbeitern, Praktikanten und Sprachreisenden auf der Suche nach Abenteuer und dem Sinn des Lebens ein Sicherheitsnetz aufzuspannen. Sie liefern dir vor Abreise wichtige Informationen über dein Zielland und die Reiseplanung, holen dich vom Flughafen ab, organisieren dir eine Bleibe für die ersten Nächte, helfen bei der Jobvermittlung und stehen dir bei, wenn es vor Ort Schwierigkeiten gibt. Auf jeden Fall bieten sie dir eine Anlaufadresse, sodass du vor Ort mit jemandem sprechen kannst, der viel Erfahrung mit Work&Travel gemacht hat und sich im Land gut auskennt.

Sollte es keine Probleme geben, bezahlst du allerdings vergleichsweise viel Geld dafür, dass dir jemand ein Ticket zuschickt und dich vom Flughafen abholt. Denn wenn du dich vor Ort selbst um die Jobs kümmerst, bekommst du die Organisatoren auf der Reise nicht mehr zu Gesicht.

Ob sich die Reise mit einer Organisation für dich lohnt,

hängt von zwei Dingen ab: von dir und deinem Reiseziel. Wie selbstständig bist du? Kommst du in der Fremde leicht zurecht? Kannst du auf andere gut zugehen? Wie steht es um deine Sprachkenntnisse? Bist du schon allein gereist? Und wie gehst du mit Problemen um?

Dein Reiseziel ist der zweite Aspekt, den du berücksichtigen solltest. Einen Aufenthalt in Holland kannst du leichter alleine organisieren als einen in Ghana: Dort dürfte es schon beruhigend sein zu wissen, dass sich im Notfall jemand vor Ort kümmert, wenn du beispielsweise krank wirst und Hilfe brauchst. Überlege also realistisch, wie viel Betreuung und Unterstützung dein jeweiliges Reiseziel erfordert.

Wie aber findet man heraus, welches Land das richtige für einen Work&Travel-Aufenthalt ist? Entscheidend ist, was du mit dem Aufenthalt erreichen willst. Steht die Verbesserung deiner Sprachkenntnisse für dich im Vordergrund, ein bestimmtes Projekt oder das Abenteuer? Wenn du dich vor allem sozial oder ökologisch engagieren möchtest, vielleicht in einem Tierschutzprojekt zur Rettung der Meeresschildkröten mitarbeiten willst, könnte sich Costa Rica anbieten. Planst du hingegen eine Ausbildung als Bankkaufmann oder Bankkauffrau und geht es dir mehr um ein Plus für deinen Lebenslauf, könnte ein Praktikum in einer Bank in London genau das Richtige für dich sein, um gleichzeitig deine Englischkenntnisse aufzupolieren. Je konkreter deine Vorstellungen, desto besser lässt sich planen.

Bei der **Wahl deines Reiseziels** solltest du möglichst an alles denken: Gibt es bestimmte Gefahren, etwa politische Unruhen oder Naturkatastrophen, im Land? Erkundige dich auf der Webseite des Auswärtigen Amts (www.auswaertiges-amt.de) nach der aktuellen Situation im Land. Wie groß wird der organisatorische Aufwand sein? Dabei geht es nicht darum, dich abzuschrecken: Du musst wissen, worauf du dich einlässt, damit du dich richtig vorbereiten kannst!

Außerdem ist es wichtig festzustellen, wie schwer es dir fallen wird, einen Job vor Ort zu finden. Das hängt in erster Linie von deinen Ansprüchen ab: Wer nichts gegen Erntearbeit hat oder in einem gefragten Bereich hoch qualifiziert ist, wird natürlich leichter Arbeit finden als jemand mit hohen Ansprüchen ohne Berufserfahrung.

Spätestens jetzt solltest du auch einen Blick auf deine Finanzen werfen, um herauszufinden, wie sehr du auf die Arbeit im Zielland angewiesen bist. Im Notfall solltest du genügend Reserven haben, um bei einfachem Lebensstandard auch ohne Arbeit durchzukommen. So kann dir nichts passieren, wenn du eine Zeit lang keinen Job findest.

Wenn dein Reiseziel feststeht und du die aktuelle Situation im Land und den organisatorischen Aufwand der Reise recherchiert hast, kannst du abschätzen, ob du mit oder ohne Organisation besser fährst. Im Zweifelsfall ist es immer gut, mit Menschen zu sprechen, die bereits etwas Ähnliches gemacht haben, wie du es planst, und dir ein paar Tipps geben können!

HOSTELS, COUCHSURFING UND EIN BETT IM KORNFELD

Wenn feststeht, wohin die Reise gehen soll, gilt es, die nächste Frage zu klären: Wo kannst du dort unterkommen? Wenn du mit einer Organisation fährst, wird dir diese je nach Zielland entsprechende Vorschläge machen.

Eine Möglichkeit ist die Übernachtung in **Hostels**. Solche Jugendherbergen gibt es weltweit und sie haben eine ganze Reihe von Vorteilen: Sie bieten verschiedene Zimmerklassen an und sind damit meist so günstig, wie man sie haben möchte. Neben Einzel- und Doppelzimmern gibt es typischerweise Mehrbettzimmer, die im englischsprachigen Raum *dorm* heißen. Dabei gilt die Formel: Je mehr Betten im Zimmer, desto günstiger der Preis. Wer fest schläft, kann eine Menge Spaß mit den zehn neuen Mitbewohnern in den Stockbetten um sich herum haben.

Das Hostel ist ein Ort internationaler Begegnung und meist wird Englisch gesprochen. Man findet leicht Gleichgesinnte und kommt schnell mit anderen ins Gespräch. Die beliebtesten Gesprächseinstiege sind dabei auf der ganzen Welt gleich: *Where do you come from? Where are you going?* Bereite dich also darauf vor, immer wieder dasselbe zu sagen. Durch die vielen verschiedenen Antworten der anderen Hostelbewohner wird es trotzdem nicht langweilig. Gerade im englischsprachigen Raum geht es in den Hostels sehr locker zu, Mädchen und Jungs werden in den Zimmern beispielsweise im Gegensatz zu den Jugendherbergen in Deutschland nicht getrennt. Meist herrscht eine lustige, ungezwungene Atmosphäre vor, sodass es einfach Spaß macht, mit Leuten aus anderen Ländern etwas zu unternehmen oder auch nur beim Abendessen zusammenzusitzen.

Hiermit bist du übrigens schon beim nächsten Hostel-Vorteil: der Küche. Fast alle Hostels verfügen über mehr oder weniger gemütliche Gemeinschaftsküchen, die den Geldbeutel durch Selbstverpflegung schonen und dir im besten Fall einiges über die Spezialitäten aus anderen Ländern und Kulturen verraten, im schlechtesten Fall über Population und Wachstum von Schimmelpilzkulturen.

Ein weiterer Vorteil von Hostels ist, dass sie oft ein Veranstaltungsprogramm anbieten, an dem man teilnehmen kann. Angefangen bei Stadtführungen und den obligatorischen Kneipentouren, die im englischsprachigen Raum *Boose-Cruise* oder *Pub-Crawl* heißen, kann sich das Programm über sämtliche Sport- und Freizeitbereiche und kulturelle Angebote ausdehnen. Sogenannte »Working-Hostels« vermitteln den Backpackern, die vor der Farmarbeit nicht zurückschrecken, nebenbei als Extra-Service auch gleich einen Job.

Natürlich haben Hostels auch Nachteile: Wer sich sein Zimmer mit vielen Unbekannten teilt, kann auch um drei Uhr nachts noch durch den Fall eines schlafwandelnden Mitbewohners von der Hochbettleiter aufgeschreckt werden. Auch was die hygienischen Bedingungen angeht, gibt es je nach Land und Hostel große Unterschiede. Am besten erkundigt man sich vorab im Internet nach der Bewertung des Hostels und vermeidet damit die Bekanntschaft von Bettflöhen, Kakerlaken und anderem Ungeziefer.

Wenn kein besonderer Feiertag ansteht, genügt es in den meisten Ländern, wenn du dein Hostel am Tag vorher buchst. Eine Auswahl an Hostels an deinem Reiseort findest du mit Bewertungen im Internet (www.hostelbookers.de) oder im Reiseführer (bei Backpackern besonders beliebt sind »Lonely Planet« und »Let's go«).

Eine weitere Möglichkeit der Unterkunft im Ausland bieten **Gasteltern und Bekannte.** Wer bei Einheimischen wohnt, kann davon in vielerlei Hinsicht profitieren. So ist dir dort garantiert, dass du Land und Leute wirklich aus Lupennähe kennenlernst, und wenn du Glück hast sogar auf Zeit fast zur Familie gehörst.

Gerade für Sprachreisende ergibt sich darüber hinaus der Vorteil, dass sie ununterbrochen in der Fremdsprache sprechen müssen und somit auf dem schnellsten Weg ihre Kenntnisse erweitern. Gastfamilien empfehlen sich allerdings nur dann, wenn du planst, länger an einem Ort zu bleiben. Und natürlich kannst du auch mit einer Gastfamilie Pech haben, wenn ihr euch nicht gut versteht oder sich die Gasteltern nicht genügend um dich kümmern können.

Du hast keine Bekannten im Land deiner Träume oder möchtest lieber von Ort zu Ort reisen? Hostels sind dir dafür aber zu organisiert? Dann lies und staune: Ein paar Klicks entfernt bieten sich dir eine knappe Million Sofas weltweit zur Übernachtung an – und das kostenlos!

Die Organisation **Couchsurfing** zeigt dir freie Schlafplätze bei Mitgliedern der Community an, aber auch Leute, mit denen du einfach vor Ort einen Kaffee trinken kannst (www.couchsurfing.org). Im Gegenzug kannst du zurück zu Hause anderen Couchsurfern eine Übernachtungsmöglichkeit anbieten.

Das riesige Netzwerk hat neben der kostenfreien Übernachtung einen enormen Vorteil: Du lernst Menschen auf der ganzen Welt kennen und bekommst dadurch, dass du bei ihnen wohnst, einen ganz anderen Blick für Land und Leute. Mehr als 70 Prozent der Couchsurfer sind unter 29 Jahre alt. Du hast also jemanden, mit dem du weggehen und feiern kannst, und der, wenn ihr zusammenpasst, ein guter Freund werden kann.

Nach Angaben der Organisation haben mehr als 90 Prozent der Couchsurfer nur positive Erfahrungen gemacht. Einige Sicherheitsvorkehrungen solltest du beim Couchsurfing dennoch treffen, damit du die Reise wirklich genießen kannst.

Triff dich erstens immer zuerst an einem öffentlichen Ort und geh sofort, wenn du glaubst, dass mit deinem potenziellen Gastgeber etwas nicht stimmt. Außerdem ist es ratsam, nur bei verifizierten Mitgliedern unterzuschlüpfen. Das heißt, dass sich die Leute gegenüber der Organisation mit dem richtigen Namen und Wohnort ausgewiesen haben. Drittens bitte nur bei Leuten schlafen, die ausschließlich gute Referenzen von anderen Couchsurfern bekommen haben! Außerdem solltest du viertens einen Blick auf die Freundesliste des Gastgebers werfen. Neben den Namen findest du im Netzwerk grüne Punkte. Je enger die Freundschaft, desto heller das Grün. Leute mit engen Freundschaften solltest du bevorzugt besuchen. Fünftens ist ein Anzeichen dafür, dass du bei jemandem sicher bist, dass für die Person bereits »gevoucht« wurde. Das heißt, dass jemand anderes, der bereits dort untergekommen ist, die Hand dafür ins Feuer legt, dass diese Person vertrauenswürdig ist. Überprüfe, ob das beim Mitglied deiner Wahl so ist.

Darüber hinaus erhöht es natürlich die Sicherheit, wenn du nicht allein hingehst. Als Frau ist es außerdem eine gute Idee, vorzugsweise bei anderen Frauen zu übernachten. Zuletzt: Sieh dir das Profil der Person genau an. Wenn du trotzdem irgendwelche Bedenken hast, ob du dort gut aufgehoben bist, gehe auf keinen Fall hin! Im Gegenzug solltest du natürlich auch nicht jeden bei dir zu Hause übernachten lassen! Da gelten dieselben Sicherheitsregeln. Niemand kann dich zwingen, jemanden aufzunehmen.

Wer es rustikaler und abenteuerlicher mag und außerdem einen Campingkocher und einen guten Schlaf besitzt, kann campen. Am sichersten und umweltfreundlichsten sind Campingplätze, in einigen Ländern ist aber auch Wildcampen erlaubt. Ein Pfadfindertrick beim Bett im Kornfeld: Hänge dein Essen auf! Wer Nahrungsmittel auf dem Boden abstellt, ist entweder Insektenforscher oder unglücklich. Bei der Ameisenstraße überm Schlafsack endet die Camping-Romantik! Außerdem wichtig: Taschenlampe nicht vergessen!

Fast am Ende des Kapitels angekommen und noch immer keine passende Übernachtungsmöglichkeit gefunden? In einigen Fällen sind **Hotel oder Appartement** immer noch die besten Lösungen. Das gilt vor allem, wenn du am nächsten Tag früh, fit und gut angezogen zur Arbeit gehen musst oder es einfach etwas luxuriöser magst. Wer mindestens eine Woche im gleichen Hotel bleibt, kann übrigens oft vergünstigte Preise aushandeln. Wer einen Job sucht und für ein paar Wochen neugierig auf die Tourismusbranche ist, kann hier auch kurzfristig fündig werden, beispielsweise als Zimmermädchen oder -junge, Küchenhilfskraft oder an der Nachtrezeption.

JOBBEN IM AUSLAND

Mal im Ausland zu arbeiten wäre schon schön, aber du weißt nicht genau, wie du es angehen sollst? Hier bekommst du ein paar Anregungen. Während es allerdings für den einen ideal ist, auf einer Farm Würmer zu wenden, ist es für den anderen besser, sich als Touristenführer in der Großstadt zu betätigen. Such dir einfach nach deinen persönlichen Vorstellungen aus den folgenden Absätzen heraus, was dir Spaß machen könnte oder probier Verschiedenes aus.

Zunächst ein Blick auf die **unqualifizierten Jobs:** Davon gibt es meist viele und sie sind leicht zu bekommen. Am einfachsten sind in warmen und sicheren Ländern Erntejobs. Der Vorteil: Sie liegen quasi auf der Straße. Du findest sie durch Nachfrage in deiner Unterkunft, durch direkte Ansprache des nächsten vorbeifahrenden Traktorfahrers, durch das Verfolgen exkrementartiger Gerüche und durch Recherche im Internet.

Ein Tipp, der immer klappt: **Wwoofing.** Auf der Webseite der world wide opportunities on organic farms (www.wwoof. org) kannst du einem Netzwerk beitreten, das dir Jobs in der ökologischen Landwirtschaft weltweit sichert. Das Konzept: Du arbeitest vier Stunden am Tag auf dem Feld, mit Tieren oder im Garten. Dafür bekommst du freie Kost und Logis auf der Farm. Die restliche Zeit steht dir zur freien Verfügung. Du lernst Leute kennen, hast Spaß und keine Unkosten, bekommst aber auch kein Geld.

Brauchst du Geld, helfen dagegen **Working-Hostels** bei der Suche nach **Farmjobs.** Diese Hostels sind beispielsweise im Lonely Planet-Reiseführer verzeichnet. Die Voraussetzungen für solche Jobs sind Durchhaltevermögen und oft eine Menge Kraft und Energie. Nicht selten beginnt die Arbeit um vier Uhr früh, bevor die Sonne herunterbrennt und dauert mit nur kurzer Mittagspause acht Stunden lang. Besonders gut bezahlt wird die harte Arbeit normalerweise nicht. Leichter machen es die vielen Arbeitsgenossen, die oft aus aller Welt kommen, sodass du dich früher oder später trotzdem singend im Baumwollfeld wiederfindest.

Bei der ganztägigen Erntearbeit in warmen Gefilden solltest du mindestens drei Liter Wasser mit aufs Feld bringen. Die anstrengende Arbeit und die Sonne trocknen den Körper sehr stark aus. Außerdem sollten Sonnencreme mit hohem Lichtschutzfaktor und ein Hut deine ständigen Begleiter werden.

Alternativ arbeiten viele Backpacker als Kellner, hinter der Theke einer Bar, direkt im Hostel als Reinigungskraft oder Rezeptionist oder Hilfskraft in allen möglichen Berufen. Ab und an kann auch jemand als Schiffschaukelbremser mit einem Jahrmarktschausteller auf Tour gehen.

Mehr Geld und geistigen Input gibt es, wenn du bereits Berufserfahrung in einem bestimmten Bereich hast oder bestimmte Fähigkeiten und Kenntnisse mitbringst. Dann hast du beispielsweise gute Chancen, als Urlaubsvertretung in einem Büro als Sekretär oder Sekretärin zu arbeiten, Computer zu reparieren oder deinen Nebenjob in Deutschland zu einer ähnlichen Firma ins Reiseland zu verlegen.

Qualifizierte Jobs findest du über Stellenanzeigen in Zeitungen und Fachzeitschriften oder über die Zentrale Auslands- und Fachvermittlung der Bundesagentur für Arbeit (www.baauslandsvermittlung.de). Hier gibt es neben bezahlten **Kurzzeitjobs** auch **Praktika** weltweit. Mach dich auf jeden Fall über die Bewerbungskonventionen im Zielland kundig, bevor du deine möglichen Arbeitgeber anschreibst.

Neben unqualifiziertem und qualifiziertem Work&Travel gibt es eine dritte, sehr beliebte Möglichkeit, im Ausland tätig zu werden und dabei gleichzeitig noch etwas Gutes zu tun: **Freiwilligenprojekte im Umwelt- und Sozialbereich.** Organisationen, die solche Projekte in Europa anbieten, sind beispielsweise in der Datenbank der Europäischen Kommission (http://ec.europa.eu/youth/evs/aod/hei_en.cfm) verzeichnet. Projekte in allen hier gelisteten Organisationen werden vom Europäischen Freiwilligendienst (www.go4europe.de) finanziell gefördert, sodass dir auf der Reise keine Kosten entstehen.

Außerhalb von Europa bietet sich ein Hilfsprojekt im entwicklungspolitischen **Freiwilligendienst »weltwärts«** (www.weltwaerts.de) an. Hier kannst du dich direkt für Projekte bestimmter Entsendeorganisationen bewerben und beispielsweise Kinder in Afrika in Englisch unterrichten oder beim Bau von Schulen mithelfen.

Wenn du noch keine Jobidee hast, findest du Freiwilligenprojekte über das unabhängige **Netzwerk idealist** (www.idealist.org). Los geht's! Beziehungsweise noch nicht ganz ...

Wie immer in deinem neuen Lebensabschnitt brauchst du zunächst jede Menge Geduld, denn wer ins Ausland, aber nicht in Urlaub fährt, der ist ein Fall für die Bürokratie. Du brauchst ein **Arbeitsvisum.** Das gilt allerdings nicht für EU-Bürger, die in den EU-Staaten arbeiten möchten, und auch nicht für unbezahlte Freiwilligenarbeit. Wenn Letzteres also dein Ziel ist, dann nichts wie weg: Mit einem gültigen **Reisepass** hast du alles, was du brauchst!

Ausnahme: In den neuen EU-Mitgliedsstaaten gelten teilweise Übergangsregeln. Im Anhang findest du Adressen, bei denen du dich über das Visum informieren kannst, das du in deinem jeweiligen Reiseland brauchst.

Wenn du ein Arbeitsvisum benötigst, musst du bei der Botschaft deines Ziellandes einen Antrag stellen. Am einfachsten ist die Beantragung eines WorkingHoliday- oder Work&Travel-Visums. Diese Visa können für alle Länder angefordert werden, mit denen dein Heimatland ein bilaterales Abkommen geschlossen hat.

CHECKLISTE: VORAUSSETZUNGEN FÜR EIN WORK&TRAVEL-VISUM

○ Mindestalter: 18 Jahre

○ Ein gültiger Reisepass ist vorhanden (kannst du dir sonst beim Bürgeramt deiner Stadt ausstellen lassen).

○ Aufenthalt im Zielland: maximal 12 Monate

○ Visumskosten wurden bezahlt (variiert nach Land, ca. 100 Euro).

○ Es wird ein Nachweis erbracht, dass du genügend Taschengeld für die Reise mitbringst (In Australien sind aktuell 3.000 Euro Voraussetzung; Kontoauszug!)

○ Du hast für dieses Land noch kein Work&Travel-Visum beantragt.

○ ....

○ ....

○ ....

Die schwierigste Voraussetzung ist meist das sogenannte **Taschengeld**. Die Regierung des Ziellands fordert, dass du einen bestimmten Geldbetrag mit ins Land bringst. Nachweisen musst du das bei Einreise über einen aktuellen Kontoauszug. Oft lassen sich Backpacker die Summe kurzfristig von ihren Eltern auf das eigene Konto überweisen, reisen dann mit dem Nachweis ein und überweisen das Geld wieder zurück. Die Regierung des jeweiligen Landes will damit sichergehen, dass du auch ohne Job im Land durchkommst und später ein Rückflugticket nach Deutschland kaufen kannst.

Eine Besonderheit ist, dass du in jedes mögliche Land nur einmal im Leben ein **WorkingHoliday-Visum** ausgestellt bekommst. Aufgrund der Altersbegrenzung solltest du dir den Spaß aber auch nicht aufsparen, sondern zugreifen.
Auf den Webseiten der Botschaften der Zielländer findest du alle Infos zum Ablauf des Visumantrags. In Australien, Neuseeland, Kanada und einigen anderen Ländern kannst du das Visum direkt online beantragen. Im Anhang findest du die nötigen Links.
Übrigens: Die meisten Länder haben ein bestimmtes jährliches Kontingent an WorkingHoliday-Visa. Je früher du deinen Antrag abschickst, desto sicherer hast du bald das Visum in der Tasche.

Bevor es endgültig losgeht, noch ein Tipp zum Joballtag. Er kommt in Form eines Mantras: It's all part of the experience!
Manchmal wirst du deinen Job verwünschen, die Arbeitgeber verfluchen und sehnsuchtsvoll an die kreuzlangweiligen Lateinstunden in der Schule denken, als du selig auf deinem Tisch in der letzten Reihe entschlummert bist. Doch warte: Hast du dir damals nicht gewünscht, dass endlich etwas passiert? Da hast du's! Denke also daran, wenn du bei 40 Grad im Schatten auf dem vertrockneten Feld deine Kürbisse erntest,

dass du gerade deine eigene Suppe auslöffelst. Und wenn du das dann tatsächlich abends im Working-Hostel in Form einer frischen Kürbissuppe machst, wirst du dich sicher großartig fühlen, denn du hast es geschafft: Du bist flexibel, lässt dich auf das ein, was kommt und übernimmst dabei die Verantwortung für dich selbst. Da draußen wartet dein persönliches Abenteuer!

3 | SHOPPING & CO.

Kaufen, kaufen, kaufen! Konsum ist überall und prägt dein ganzes Leben – vorausgesetzt, du planst nicht, dich als Selbstversorger auf eine einsame Insel zurückzuziehen und fortan nur noch mit deinen Kartoffelpflanzen zu sprechen.

Unsere Gesellschaft definiert sich ganz wesentlich über Konsum: In Form eines schicken Autos oder der hippen Jeans tarnt er sich als Statussymbol, in Form von Relax- und Wellnesskauf als Belohnung und Entspannungsmethode.

Konsum kann über bestimmte Marken Identifikationssymbol sein oder Gemeinschaft und Zugehörigkeit ausdrücken. Als Stadtbummel mit dem besten Freund oder der besten Freundin wird Konsum zur Freizeitgestaltung oder sogar zum Hobby.

Konsum kann ebenso Spaß wie krank machen. Oniomanie nennen Mediziner diese Krankheit: Kaufsucht. Oft geht es dabei nur um die Kaufhandlung, mit der positive Gefühle verknüpft sind und negative Gefühle verdrängt werden sollen, und gar nicht um die gekauften Gegenstände, die dann nur achtlos in den Schrank geworfen werden. Die Kaufsucht ist eine Zwangshandlung, die behandelt werden muss. Sie tritt übrigens entgegen dem Vorurteil genauso oft bei Männern auf wie bei Frauen.

Neben den kleinen Shoppingerfolgen, die du mit deiner allgemeinen Haltung zum Konsum ausmachst, wirst du dir im Leben auch viele große Dinge anschaffen.

Bestimmt brauchst du mal einen neuen PC oder ziehst irgendwann von zu Hause aus und musst dir z. B. eine Einbauküche, eine Waschmaschine oder Wohnzimmermöbel zulegen.

Bei Anschaffungen in dieser Größenordnung solltest du vorher die Angebote in mehreren Geschäften vergleichen.

Dabei geht es neben dem Preis auch um die Bewertung des Produkts bei den einzelnen Herstellern. Unabhängige Tests dazu findest du z.b. auf der Webseite von Stiftung Warentest (www.test.de) oder im gleichnamigen Magazin im Zeitschriftenhandel.

Gerade wenn du wenig Geld zur Verfügung hast, lohnt sich auch ein Blick auf ebay oder in das Magazin »Sperrmüll«, das es in fast jeder Stadt im Zeitschriftenhandel gibt. Dort bieten Privatpersonen Secondhand-Artikel vom antiquarischen Toaster über das kostenlose 50-teilige Geschirrservice für Abholer bis hin zum Fahrradanhänger für Liebhaber an – für jeden Geschmack ist etwas dabei.

Doch wie kauft man Dinge, die man wirklich braucht, wenn man nicht genügend Cash zur Verfügung hat?

Eine Möglichkeit: auf Raten. Hast du dich schon einmal gewundert, wenn in der Werbung neben dem neuen Auto ein Preis von 99 Euro auftaucht? Dieser bezieht sich auf den Ratenkauf.

Du zahlst also monatlich über Jahre hinweg 99 Euro. Für viele Menschen hört sich das auf den ersten Blick angenehmer an. Für so wenig ein Auto ...? Doch insgesamt bringst du damit mehr Geld auf, als du bar auf die Hand gezahlt hättest, denn es kommen Zinsen zum Kaufpreis dazu. Je höher Zinssatz und Gesamtsumme sind, desto teurer ist das Produkt im Kreditkauf gegenüber der Barzahlung.

Kreditkäufe sind also nur sinnvoll, wenn du den Gegenstand unbedingt brauchst, denn mit jedem Kauf bindest du dich für eine lange Zeit.

Was das bedeuten kann? Vielleicht findest du den mittlerweile gebrauchten Gegenstand gar nicht mehr toll, wenn er dir endlich gehört. Soweit ist es nämlich erst, wenn die letzte Rate abbezahlt ist.

CLAUDIA CASPARI, 38,
ist Dipl. Soziologin und arbeitet
seit sechs Jahren bei CASHLESS-MÜNCHEN,
einem Projekt
zur Schuldenprävention
bei Jugendlichen

»Letztens war ich noch am Ende des Monats shoppen. Ich wusste, dass kein Geld mehr auf meinem Konto ist, war mir aber egal, ich hab einfach mit Karte bezahlt ...« oder »In der Schule sollten wir so ein Buch lesen, da hatte ich keine Lust drauf. Für eine Inhaltsangabe bin ich deswegen ins Internet. Hab auch eine Seite gefunden. Ich dachte, da sei alles gratis. Nach zwei Monaten hab ich dann doch eine Rechnung über 84 Euro bekommen. Erst habe ich nicht reagiert, doch dann haben die richtig böse mit Anwalt gedroht und irgendwann waren es dann 105 Euro ...« Und was jetzt?

Keine ungewöhnlichen Geschichten in Veranstaltungen von CASHLESS-MÜNCHEN, einem Projekt zur Schuldenprävention bei Jugendlichen. Seit sechs Jahren leite ich das Projekt. Wir informieren über alles rund um Geld und Schulden, warnen vor Schuldenfallen, geben Tipps zum Geldeinteilen, zeigen, wie man bei ersten finanziellen Problemen selbstständig Lösungen findet, und vermitteln bei richtigen Schuldenproblemen in die Schuldnerberatungsstellen vor Ort. Meine Finanztipps für deinen Alltag sind:

Einnahmen und Ausgaben im Griff behalten

Zur besseren Übersicht: erstmal regelmäßige Einnahmen auflisten und anschließend feste Ausgaben wie Fahrtkosten oder Beiträge (z. B. Fitnessstudio, Handykarte) davon abziehen – so erhältst du dein frei verfügbares Geld. Du weißt nun, wie viel du für Essen und Trinken, weggehen, evtl. Zigaretten, Kleidung, Körperpflege, Zeitschriften, Geschenke, ... ausgeben kannst. Ein Haushaltsbuch zum Eintragen der täglichen Ausgaben kann dabei helfen, den Überblick zu behalten und Prioritäten zu setzen. Wem es sehr schwer fällt, sein freies Geld zu kontrollieren, der teilt es in Wochenbudgets. Das monatlich frei verfügbare Geld durch 4,3 teilen und in einzelne Wochenkuverts legen. Selbst wenn das Geld für die Woche schon ausgegeben wurde, darf man am nächsten Montag wieder ein volles Wochenkuvert nehmen. Hilfreich kann es auch sein, jeden Tag nur das Bargeld einzustecken, das benötigt wird – nicht mehr, aber auch nicht weniger.

»Bares-Geld-los«?

Beim Bezahlen gilt: Immer alles bar – so verlierst du weniger leicht den Überblick. Die EC-Karte wirklich nur verwenden, wenn es nicht anders geht und du dir sicher bist, dass Geld auf dem Konto ist. Wer mit Karte einkauft, obwohl das Konto nicht ausreichend gedeckt ist, begeht einen Eingehungsbetrug und das kann strafrechtliche Folgen haben. Vorsicht auch vor dem schnellen Einrichten einer Kontoüberziehungsmöglichkeit, dem sogenannten Dispo. Hier zahlt man echt hohe Zinsen (zwischen 12–18 Prozent) und wenn man mal im Minus ist, ist es richtig schwer, wieder rauszukommen.

Verträge – deine Unterschrift zählt

Sehr gut überlegen solltest du dir auch alle regelmäßigen Verpflichtungen. Handyvertrag mit Grundgebühr, Fitnessvertrag, Zeitschriftenabo müssen gezahlt werden, auch wenn nicht telefoniert wird, die Steppstunden langweilen und man schon längst zu alt für die Teeniezeitung ist. Bei allen Verpflichtungen unbedingt die Vertragsbedingungen lesen und z. B. eine Erinnerung im Handy einrichten, wann die Kündigung rausgeschickt werden muss. Egal um welchen Vertrag es geht: Niemals sofort unterschreiben, sondern immer mit nach Hause nehmen, überlegen ob die Anschaffung wirklich wichtig ist und eventuell auch mit jemand anderem besprechen. Von jedem Vertrag unbedingt eine Kopie machen!

Verträge im Netz

Bei Vertragsabschlüssen im Internet oder der Eingabe von persönlichen Daten immer die Bestellung bzw. Belehrung aufheben und einen Screenshot der Seite machen. Bei Kostenfallen hast du dann einen Beweis und kannst dich an die Verbraucherzentrale wenden. Wichtig: Immer die AGBs lesen!

Blaue, grüne, gelbe und weiße Briefe öffnen!

Leider sieht man Briefen von außen nicht an, ob sie »richtig« oder »falsch« sind, deswegen alle Post öffnen. Rechnungen sind nicht erledigt, wenn du sie wegwirfst. Hol dir Hilfe bei unklaren Rechnungen und wende dich an eine Schuldnerberatungsstelle, wenn du nicht bezahlen kannst. Deine zuständige Schuldnerberatung findest du auf www.meine-schulden.de.

Weitere Finanztipps, Haushaltspläne u. v. m. auf www.cashless-muenchen.de

Neben dem Kreditkauf auf Raten, der oft im Versandhandel angeboten wird, lassen sich Kreditkäufe auch über eine

Bank abwickeln, die dir das Geld direkt leiht. Wenn du eine Anschaffung planst, die auf diese Weise finanziert werden soll, lass dich auf jeden Fall vorher gut beraten und gehe nur zu vertrauenswürdigen Banken. Vergleiche außerdem den effektiven Jahreszins und nimm den Kredit nur auf, wenn du dir zu hundert Prozent sicher bist, dass du dadurch keine finanziellen Schwierigkeiten bekommst.

Bevor du etwas auf Kredit kaufst, solltest du dir klarmachen, dass du dich damit über kurz oder lang verschuldest. Damit du am Ende nicht bei »Raus aus den Schulden« im TV landest, gilt es genau zu prüfen, wie die Finanzierung funktioniert. Immer wieder hört man in den Medien von Kreditvergaben an Personen, bei denen schon voraussehbar hätte sein müssen, dass sie das Darlehen nicht werden zurückzahlen können. Übrigens: Auch nach Vertragsabschluss sichert dir das Kreditrecht ein vierzehntägiges Widerrufsrecht zu. Falls du es dir anders überlegen solltest ... Denn ganz allgemein – und unabhängig vom Thema Schulden – ist es wichtig, bewusst zu konsumieren.

HANNA PODDIG, 24,
Vollzeitaktivistin und Buchautorin von »Radikal mutig«, lebt fast ohne Geld

»Du könntest echt was aus dir machen«, sagen mir Leute. Und dann denke ich immer an die »Anekdote zur Senkung der Arbeitsmoral«. Das ist eine Geschichte, in der es darum geht, dass ein Mann einem Fischer einreden will, dass er reich werden und ganz viel Geld verdienen könnte, würde er nicht faul in der Sonne liegen. Den Fischer beeindruckt das wenig, denn er kann sich nichts Schöneres vorstellen, als ein Leben zu leben, in dem er manchmal aufs Meer hinausfährt und ansonsten viel

Zeit hat, sich in der Sonne auszuruhen und die Welt zu genießen.

Klar will ich was schaffen in meinem Leben. Ich habe Lust
auf ein schönes Leben, auf nette Menschen, spannende Projekte. Aber dafür brauche ich doch kein Geld und ich muss
dafür auch bestimmt nicht acht Stunden am Tag in einer
Fabrik oder einem Büro an Dingen arbeiten, die mich gar nicht
so richtig interessieren. Ein Lehrer sagte mal in der Schule
zu mir, ich solle möglichst schnell studieren und mir dann
einen Job suchen, bei dem ich möglichst viel verdiene, damit
ich möglichst viel in die Rentenkassen einzahlen kann, damit
ich irgendwann eine Rente bekomme, von der ich wenigstens
überleben kann. Das fand ich gnadenlos absurd und mir war
klar: Es muss etwas anderes im Leben geben, als nur das Zuar-
beiten auf die Zeit meiner Rente. Ich will mein Leben leben
und selbst gestalten. Klingt realitätsfern und ideologisch? Ich
lebe fast ohne Geld – ich schenke, teile, bastle selber, was ich
brauche. Ich halte mich an Orten auf, die als Freiräume gedacht
sind – Menschen können dorthin kommen und an eigenen
Projekten arbeiten. Und vielleicht finde ich dort andere Leute,
die auch Lust darauf haben, mit mir gemeinsam etwas gegen
Atomkraft zu unternehmen und am nächsten Tag brechen wir
auf und stoppen einen Atommülltransport. Weil wir für eine
lebenswerte Zukunft streiten wollen und weil niemand das
Recht hat, uns einzureden, wir hätten für die Interessen von
irgendwem anders zu funktionieren. Und ich lasse mir auch
nicht erzählen, zum Glück gehöre ein teurer Fernseher, um
sich verblödenden Unfug anzuschauen oder ein Sportwagen,
der den Nachbarn beeindruckt. Das Wichtigste in meinem
Leben bin immer noch ich selber. Ich wünsche mir eine Gesellschaft von freien Menschen. Keine Chefs, keine Staaten, kein
Vaterland.

RAUCHEN, KIFFEN, ALKOHOL

Ab 16 Jahren darfst du in Deutschland Bier trinken, ab 18 Jahren rauchen und dir einen Schnaps genehmigen. Drogen besitzen darfst du ohne Erlaubnis des Bundesinstituts für Arzneimittel und Medizinprodukte überhaupt nicht. Die Gesetzeslage ist hier ziemlich kompliziert geregelt. Während Anbau, Besitz und Dealen mit Cannabis ohne Erlaubnis (bekommen beispielsweise Apotheker für den Verkauf) verboten ist, ist der Konsum selbst seltsamerweise nicht strafbar. Er kann allerdings als begründeter Verdacht eines strafbaren Drogenbesitzes ausgelegt werden.

Über diese Gesetze wird immer wieder diskutiert. In einem Bericht des Bayrischen Rundfunks hat Suchtexperte Rainer Thomasius geschätzt, dass mindestens 150 000 Kinder und Jugendliche in Deutschland leben, die trotz Illegalität cannabisabhängig sind. Ist es das Risiko, ertappt zu werden, das die Konsumenten reizt?

Bereits Cannabiskonsum kann schwerwiegende gesundheitliche Folgen haben. Neben der psychischen Abhängigkeit tritt laut verschiedener Studien unter anderem ein erhöhtes Risiko auf, eine Schizophrenie zu entwickeln. Psychische Folgen können als ausgeprägte Gleichgültigkeit auftreten, die so weit führen kann, dass quasi das ganze Leben bedeutungslos erscheint. Oft fühlen sich psychisch Abhängige von jeder Anforderung überfordert und ziehen sich immer mehr von Freunden und Familie zurück.

Insgesamt sterben laut Drogensuchtbericht der deutschen Bundesregierung jährlich 1477 Menschen durch illegale Drogen. Durch Alkoholmissbrauch sterben mit 73 000 Menschen noch mehr und ganze 110 000 Menschen infolge des Tabakrauchens.

Was immer du konsumierst – so sollte dein Leben nicht laufen, deshalb genieße Legales in Maßen oder genehmige dir lieber was anderes, vielleicht doch die neue Jeans aus dem superteuren Laden ...

ALLES, WAS RECHT IST

Du hast dir die neue Jeans gegönnt, kommst nach Hause und stellst fest: Der Hosenknopf ist kaputt. Mist, wo war doch gleich der Kassenbon?

Wenn dir diese Situation bekannt vorkommt, lies unbedingt weiter. Es gibt eine Menge Gerüchte, wenn es ums Konsumrecht geht. Zunächst: Vergiss den Kassenbon! Wenn du einen Zeugen hast, der mit dir die Jeans im Laden gekauft hat, genügt das für den Umtausch. Lass dir vom Verkäufer bloß nichts anderes einreden! Du bist im Recht!

Angenommen der Verkäufer ist einsichtig. »Ich schicke die Ware zurück an den Hersteller. Dort wird sie repariert und Ihnen zurückgeschickt.« Zugegeben kommt dieses Beispiel häufiger bei defekten Elektrogeräten vor. Ist das rechtens? Nein! Zumindest musst du dich nicht darauf einlassen, denn du hast ein Recht darauf, sofort und direkt vom Verkäufer ein Ersatzteil oder das Geld zurückzubekommen. Dem Hersteller gegenüber hast du nämlich offiziell gar keine Rechte; deine Kontaktadresse ist und bleibt der Laden, wo du das Teil gekauft hast, auch wenn dem Verkäufer das bei einer Reklamation ebenso wenig passt wie dir die Jeans ohne Knopf.

Dieses Recht hast du allerdings nur bei Mängeln an der Ware. Gefällt dir die Krone aus Swarowski-Steinen am Gesäß oder der Used-Look nun doch nicht so gut, muss der Verkäufer die Ware gesetzlich nicht zurücknehmen. Die meisten Menschen glauben irrtümlicherweise, dass sie ein Recht auf vierzehntägigen Umtausch haben. Viele Geschäfte bieten diesen kulanterweise auch an, rechtlich kann man sich darauf allerdings nicht berufen, denn hier gilt: »Gekauft ist gekauft.«

Anders übrigens, wenn du noch im Laden stehst. Nehmen wir an, die Jeans war eingeschweißt und du hast die Verpackung aufgerissen, um sie näher in Augenschein zu nehmen. Ein unfreundlicher Verkäufer kommt auf dich zu und droht: »Das ist Beschädigung der Ware und verpflichtet zum Kauf.« Was tun? Juristisch gesehen bist du nicht zum Kauf verpflichtet. Im Ernstfall könnte der Ladenbesitzer allerdings darauf bestehen, dass du für die Kosten der beschädigten Verpackung aufkommst. Also besser fragen, bevor du eine Packung unsanft öffnest.

Du verlässt den Laden. Es scheint wirklich nicht dein Glückstag zu sein, denn der Verkäufer läuft dir nach und bezichtigt dich des Diebstahls. Er will deine Tasche kontrollieren. Darf er das? Nein! Übrigens darf das auch nicht die Kassiererin im Supermarkt, obwohl hinter ihr oft ein entsprechendes Schild aufgehängt wurde, das sie dazu legitimieren soll. Bei Grund für solche Anschuldigungen darf dich der Verkäufer lediglich festhalten, bis die Polizei eingetroffen ist. Hoffen wir, dass dir ein Shoppingtag wie dieser dein Leben lang erspart bleibt.

NÜTZLICHE PARAGRAPHEN, AUF DIE DU DICH NOTFALLS BEZIEHEN KANNST

Umtausch mangelhafter Ware ohne Kassenbon:

Ein Gesetz, das den Kassenbon vorschreibt, gibt es nicht. Allerdings eines, das dem Verkäufer vorschreibt, dir eine Ware ohne Mängel zu verschaffen: **§ 433 BGB** (Bürgerliches Gesetzbuch)

Aufreißen der Verpackung verpflichtet nicht zum Kauf:

Im schlimmsten Fall muss der Karton bezahlt werden, nicht aber die Ware: **§ 309 Nr. 5 BGB**

Schweigen erlaubt:

Wenn man von der Polizei als Schuldiger vernommen wird, darf man schweigen: **§ 136 Absatz 1 Satz 1 StPO** (Strafprozessordnung)

....

....

MOTORISIERT UNTERWEGS: ON THE ROAD AGAIN

»Ich glaube an das Pferd.

Das Automobil ist eine vorübergehende Erscheinung.«

KAISER WILHELM II.

4 | FÜHRERSCHEIN: EIN LAPPEN FREIHEIT

Er sieht unscheinbar aus mit seinen knapp 8,5 auf 5,5 Zentimetern und den Farbtönen rosa und mintgrün, und doch bringt er dich im Idealfall lebenslang im Auto von A nach B und erfüllt außerdem bei Langeweile seinen Zweck als unterhaltsames Wackelbild: der PKW-Führerschein.

Schon lange kein Papier-Lappen mehr, sondern eine Karte im Kreditkartenformat lässt er sich nicht mehr so schnell zerstören und hilft einem sogar beim Türöffnen, wenn man den Hausschlüssel vergessen hat. Ein echtes Multitalent! Es lohnt sich also auf jeden Fall, den Führerschein zu machen.

FÜHRERSCHEIN: SO WIRD ER DEIN

Noch keine 18, aber Lust auf mehr Mobilität? Was die wenigsten wissen: **Mofa-Fahren** darfst du schon mit 15 (in der Schweiz sogar mit 14). Vorausgesetzt du nennst eine Mofa-Prüfbescheinigung dein eigen. Dieselbe Prüfung musst du übrigens auch machen, wenn du deinem Fahrrad einen Motor gönnst. Das Fahrrad darf dann mit maximal 20 km/h durch die Gegend brausen.

Voraussetzung für das Bestehen der Mofa-Prüfbescheinigung ist, dass du an sechs Kurs-Sitzungen à 90 Minuten in einer Fahrschule teilgenommen und mindestens eine einzige Fahrstunde von ebenfalls 90 Minuten absolviert hast. Gerade, wenn du vorher wenig Ahnung vom Straßenverkehr hattest, ist es allerdings ratsam, dass du zumindest die praktische Voraussetzung nicht beim Minimum belässt.

Ist der Abschlusstest bestanden, bekommst du deinen Mofa-

Lappen frühestens zu deinem 15. Geburtstag ausgehändigt. Insgesamt kostet die Prüfbescheinigung je nach Fahrschule etwa 140 bis 200 Euro.

Wenn du schon mindestens 16 bist und einen beliebigen anderen Führerschein bestanden hast, darfst du auch ohne speziellen Mofa-Führerschein fahren.

Mofa ist übrigens die Abkürzung für Motor-Fahrrad. In der Schweiz wird dieses auch liebevoll »Töffli« genannt. In Deutschland darfst du mit dem Mofa 25 km/h fahren, in der Schweiz 30 km/h und in Österreich darfst du bis auf 45 km/h beschleunigen, wenn du nicht gerade in der Tempo-30-Zone bist, versteht sich. Beim Mofa gilt, wie auch bei Moped und Roller, die Helmpflicht (außer beim Leichtmofa, z. B. Fahrrad mit Hilfsmotor).

Mit mindestens 16 ist vielleicht auch der **Roller- und Moped-Führerschein** das Richtige für dich. Mopeds und Roller gibt es im Gegensatz zum Mofa auch schon als Zweisitzer. Hierbei hast du zwei Möglichkeiten: Mit dem Führerschein Klasse M kannst du Roller und Mopeds fahren, die sogenannte Kleinkrafträder sind, und bis 50 Kubikzentimeter (ccm) Hubraum haben. Das heißt, dass sie bauartbedingt bis zu 45 km/h fahren. Mit dem Führerschein Klasse A1 kannst du dagegen schon Leichtkrafträder fahren, die bis 125 ccm Hubraum und eine Leistung von bis zu 11 kW haben. Damit kommst du unter 18 Jahren legal schon auf maximal 80 km/h.

Um den Führerschein Klasse M oder A1 dein eigen nennen zu dürfen, musst du zwei Prüfungen bestehen: eine theoretische und eine praktische. Welche schwerer ist, liegt an deiner persönlichen Vorliebe.

Für die theoretische Prüfung musst du vorher an mindestens zwölf Grundlagen-Sitzungen von je 90 Minuten in der Fahrschule teilgenommen haben. Wenn du bisher wenig Fahrpraxis hast und beispielsweise kein Mofa gefahren bist, brauchst du in der Regel ein paar Stunden mehr. Dazu kommen noch zwei Sitzungen speziell für deine Fahrzeugklasse M oder A1. Die theoretische Prüfung ist schriftlich. Dazu werden dir Fragebögen mit Multiple-Choice-Aufgaben ausgeteilt. Weil die Fragen frei zugänglich sind und auch im Internet kursieren, kannst du dich super darauf vorbereiten.

Die Vorbereitung auf die praktische Prüfung ist da viel individueller auf dich abgestimmt. Du nimmst so lange Fahrstunden, bis du dich sicher fühlst und dein Fahrlehrer dir dein Können bestätigt. Hier kommen bei Klasse A1 auch Sonderfahrten (z. B. Nachtfahrten) auf dich zu. Es ist wichtig, dass du das Gefühl hast, wirklich fahren zu können, bevor du dich für die praktische Prüfung anmeldest. Zwar wird der Führerschein teurer, je mehr praktischen Unterricht du nimmst, allerdings ist es noch teurer, wenn du durchfällst.

Und das ist auch gut so, denn schließlich willst du mit dem Ding auf die Straße. Bei Gefahren bist du gerade auf Roller, Moped und Motorrad ausgeliefert, da du natürlich auch mit Helm wesentlich weniger geschützt bist als ein Autofahrer. Also besser ein paar praktische Stunden mehr investieren und dafür gut fahren können.

Die Führerscheinpreise sind übrigens je nach Region sehr unterschiedlich. Für den Führerschein Klasse A1 liegen sie etwa zwischen 1.000 und 1.500 Euro für die Ausbildung. Außerdem solltest du auf keinen Fall an deiner Schutzausrüstung sparen, denn es kann sein, dass sie dir einmal das Leben retten muss. Veranschlage etwa 600 Euro dafür. Der Führerschein Klasse M ist günstiger. Die Ausbildungskosten belaufen sich je nach Bundesland auf ca. 400 bis 800 Euro.

Mit 16,5 Jahren kannst du dich für den regulären **Autoführerschein** Klasse B (Auto) oder BE (Auto mit Anhänger) anmelden, wenn deine Eltern ihr Einverständnis geben. Wenn du die Prüfung bestehst, bekommst du eine Bescheinigung und darfst ab deinem 17. Geburtstag ans Steuer eines Autos: Neben dir muss allerdings eine zugelassene Begleitperson sitzen. Das können beispielsweise deine Eltern sein. Den Führerschein ab 17 gibt es seit 2005 (in Niedersachsen seit 2004). Zunächst gab es eine Menge Einwände dagegen. In einer Studie der Uni Gießen (2010) hat sich allerdings gezeigt, dass die Unfallquote bei den teilnehmenden jungen Autofahrern tatsächlich um 28,5 Prozent unter denen der Fahranfänger ab 18 lag.

LILLI FINK, 17 Jahre alt, hat seit einem Monat den Autoführerschein

Ich habe meinen Führerschein bei der ACA-DEMY-Fahrschule Klopfer mit 16,5 Jahren begonnen und ca. vier Monate bis zur praktischen Prüfung benötigt. Jetzt fahre ich seit über einem Monat zusammen mit meinen Eltern Auto. Bei mir funktioniert das sehr gut, wenn ich Fragen habe, antworten meine Eltern und sind ansonsten eher zurückhaltend mit Kommentaren. Dadurch gewinne ich immer mehr Sicherheit. Es ist wichtig, dass sich die Eltern bewusst machen, dass sie nicht die Position des Fahrlehrers einnehmen sollen, sondern nur Hinweise geben oder bei Nachfrage mit ihrer Erfahrung weiterhelfen sollen.

Für mich ist es von Vorteil, dass ich meinen Führerschein schon in der elften Klasse machen konnte. Denn dann kann ich mich in der zwölften Klasse vollständig auf meine schulischen Dinge konzentrieren. Ein weiterer Pluspunkt ist: Die Zeit, in der man mit seinen Eltern fährt, zählt schon zur Probezeit. Somit ist man mit 19 Jahren aus der Probezeit entlassen, sofern man sich nichts zuschulden kommen lässt.

Auch bei der Versicherung greift dieses Programm dahingehend, dass die Versicherungsbeiträge ab dem 18. Geburtstag geringer sind, da man schon Fahrpraxis nachweisen kann. Selbst meine Eltern sind beruhigt, denn sie können mich mit 18 Jahren guten Gewissens alleine fahren lassen, da sie meine Fahrweise kennen und wissen, wie ich mich im Straßenverkehr verhalte. Alles in allem denke ich, dass das begleitete Fahren eine gute Sache ist.

Ob schon mit 17 oder mit 18 (hier darfst du frühestens sechs Monate vor dem 18. Geburtstag zur Fahrschule gehen): Auch für den Autoführerschein gilt es zunächst, die Führerscheinprüfung zu bestehen. Doch so schwer ist das nicht. Denke daran, wer das noch alles geschafft hat. Dir fallen sicher ein paar ganz erstaunliche Beispiele ein, die dir alle Nervosität vor der Prüfung nehmen werden.

Wie beim Führerschein für Moped und Roller besteht auch die Führerscheinklasse B aus einem theoretischen und einem praktischen Teil, der jeweils mit einer Prüfung abgeschlossen wird. Zur Theoriesitzung musst du mindestens zwölf Mal für den Grundstoff plus zwei Mal für den klassenspezifischen Stoff zum Auto in die Fahrschule kommen. Hast du bereits den Führerschein Klasse A1 gemacht? Dann reduzieren sich die Theorie-Grundstoffsitzungen auf acht Pflichttermine. Die Aufgaben zur schriftlichen Theorieprüfung findest du im Internet (www.fahrschule.de/testbogen).

Bei der praktischen Ausbildung sitzt du dann schneller am Steuer, als du dich anschnallen kannst, nämlich sofort. Allerdings hat auch der Fahrlehrer auf der Beifahrerseite Pedale, mit denen er, wenn nötig, eingreifen kann.

Abgesehen von zwölf vorgeschriebenen Sonderfahrten, zu denen Nachtfahrten, Fahrten bei Dämmerung, auf Landstraßen und Autobahnen gehören, liegt es bei dir, wie viele Fahrstunden du zusätzlich nimmst. Den Fahrstunden-Rekord hält dabei wohl die Engländerin Venida Crabtree. Sie machte 2005 mit 50 Jahren ihren Führerschein. Begonnen hatte sie mit 17. Während ihrer 33 Jahre Fahrunterricht fiel sie durch etwa 40 Fahrprüfungen durch.

Wenn du am Steuer sicher bist, wird dein Fahrlehrer vorschlagen, dass du dich zur Prüfung meldest. Damit hast du es dann fast geschafft! Kostenfaktor Auto-Führerschein: Der Führerschein Klasse B kostet je nach Bundesland, Fahrschule und deinen Fahrkünsten etwa 1.000 bis 1.800 Euro.

Als echter Motor-Fan bleibt dir noch der **Motorrad-Führerschein** Klasse A. Auch für diesen musst du mindestens 18 sein. Zwischen 18 und 25 machst du ihn zunächst mit einer Beschränkung. Du darfst Fahrzeuge bis zu 25 kW, jedoch nicht mehr als 0,16 kW pro Kilo Körpergewicht führen. Nach zwei Jahren wird die Beschränkung aufgehoben und die Motorradwelt steht dir offen.

Mit dem Führerschein Klasse B, der auf jeden Fall allein schon aus Sicherheitsgründen im Straßenverkehr vorher zu empfehlen ist, brauchst du für Klasse A nur noch sechs theoretische Grundstoff-Sitzungen von jeweils 90 Minuten. Hinzu kommen vier Sitzungen speziell zum Motorrad. In der Praxis werden mindestens zwölf Sonderfahrten von jeweils 45 Minuten erwartet. Wenn du sicher im Sattel sitzt, Slalom- und Kreisfahren ebenso wie Gefahrenbremsung, Stop and Go, Ausweichen und den ganz normalen Straßenalltag beherrschst, steht dem ultimativen Fahrvergnügen nichts mehr im Weg.

Das kostet der Führerschein (variiert je nach Bundesland):
Mofa: 140–200 Euro
Moped/Kleinkrafträder: 400–800 Euro
Miniauto/Quad: 700–1.000 Euro
Leichtkrafträder: 1.000–1.500 Euro
Motorrad: 900–1.200 Euro
Auto: 1.000–1.800 Euro

MICHAEL FILUSCH, 20,
hat seinen Führerschein mit 18 Jahren
gemacht.

Seit fast zwei Jahren habe ich meinen Führerschein. Mir wurde nahegelegt, erst die
theoretische Prüfung zu machen und dann
mit den Fahrstunden zu beginnen. Das ist sinnvoll, da man die
Verkehrszeichen schon kennen sollte. Am besten, man macht
sich im Theorieunterricht Notizen und bereitet sich auch zu
Hause mit den Übungsbögen auf die Prüfung vor.

Noch vor meinen Fahrstunden hat mein Vater vorgeschlagen,
dass ich mit ihm zusammen Auto fahre. Natürlich nicht auf den
öffentlichen Straßen, sondern auf dem Verkehrsübungsplatz.
Das kann ich jedem empfehlen. Eltern sind vielleicht nicht die
besten Fahrlehrer, aber mit ihnen kann man z. B. das Anfahren
lernen. Wie die Vorschriften auf den einzelnen Übungsplät-
zen sind, könnt ihr leicht im Internet recherchieren. Meistens
kostet es ein wenig, macht aber sehr viel Spaß und man lernt
viel!

Durch die Übungsstunden war dann die erste Fahrstunde
auch wirklich gut. Mit meiner Fahrlehrerin hatte ich großes
Glück, denn es war immer lustig und sie hat mich auf meine
Fehler freundlich hingewiesen. Eine Besonderheit in meiner
Fahrschule war, dass ich einen »Tagesausflug« machen konnte:
Morgens um 9 Uhr haben wir uns getroffen, dann fuhren wir
zwei Fahrschulstunden in den Harz. Auf dem Weg fuhren wir
jeden Park-/Rastplatz runter, um das Auf- und Abfahren zu
üben. Im Harz kamen noch zwei Fahrstunden als Landfahr-
ten dazu. Am Ziel angekommen, gab es Essen im Restaurant,
bevor es mit 90 Minuten Landfahrt wieder auf die Autobahn
und nach Hause ging. So hatte ich an einem Tag gleich alle
meine Autobahnstunden und vier Überlandfahrten fertig, was
natürlich zeitsparend war.

Da ich in der Ausbildung bin, habe ich mir für die praktische Prüfung dann extra einen Tag freigenommen. Der Prüfer, ein etwas älterer Herr, war mir von Anfang an sympathisch. Beim Einparken bin ich dann zwar fast durchgefallen, bin aber trotzdem ruhig geblieben und habe mir selber Mut gemacht. Danach habe ich mich wieder besser konzentrieren können, was am Ende mit dem Führerschein belohnt wurde!

Unterwegs mit meinen Freunden bin ich seitdem schon oft der Fahrer gewesen, da nicht jeder einen Führerschein besitzt. Auch wenn ich so auf Partys nichts trinken konnte, hat das an meiner Laune nichts geändert – ich habe trotzdem jedes Mal meinen Spaß.

MAL RICHTIG PUNKTEN IN FLENSBURG?

Flensburg ist eine Stadt im Norden Deutschlands. Die Bewohner haben das Pech, dass mit ihnen hauptsächlich Punkte assoziiert werden.

Bei den Flensburger Punkten handelt es sich nicht um Pluspunkte, sondern um Eintragungen im **Verkehrszentralregister** – die gibt es für **Verkehrsverstöße**. Gerade, wenn du noch in der Probezeit bist (das sind beim Auto die ersten zwei Jahre nach der Führerscheinprüfung), heißt es aufpassen. Denn dann kommen einen die Punkte im schlimmsten Fall mit Nachschulung teuer zu stehen.

Was viele nicht wissen: Auch auf dem Fahrrad kannst du in Flensburg Punkte sammeln. Wenn du beispielsweise den markierten Schutzstreifen für Radfahrer nicht benutzt und damit andere behinderst, kann dir neben 15 Euro Bußgeld auch ein Punkt aufgebrummt werden. Wer auf die falsche Fahrbahnseite radelt, bekommt zwei Punkte und 80 Euro Bußgeld. Wenn es durch die Verstöße zum Unfall kommt, kommen weitere Punkte und in schweren Fällen auch Autofahrverbot für einige Monate hinzu.

Auf der Webseite des Kraftfahrt-Bundesamts (KBA) kann man sich den Tatbestandskatalog downloaden, in dem ausführlich die Folgen für jede einzelne Verkehrssünde aufgelistet sind. Den genauen Link findest du im Anhang abgedruckt.

Übrigens ist etwa jeder siebte Deutsche mit Führerschein im Verkehrszentralregister registriert.

Das beliebteste Verkehrsdelikt ist hierzulande das Fahren mit überhöhter Geschwindigkeit. Interessant ist, dass entgegen vieler Frau-am-Steuer-Witze knapp 80 Prozent der registrierten Personen männlichen Geschlechts sind. Entweder verbringen Männer mindestens viermal so viel Zeit im Straßenverkehr wie Frauen oder männliche Fahrer versuchen mit Frau-am-Steuer-Witzen in Wahrheit nur von der eigenen Fahrkatastrophe abzulenken.

Die Spielregeln sind einfach: Hat man acht Punkte gesammelt, erhält man eine Verwarnung mit dem Hinweis zur Teilnahme an einem Aufbauseminar, das vier Punkte tilgen kann. Wer schon über acht Punkte beisammen hat, löscht mit dem Seminar nur noch zwei Punkte.

Ein solches Seminar darf nur einmal in fünf Jahren zur Punktetilgung verwendet werden. Ab 18 gesammelten Punkten wird der Führerschein entzogen.

Die Punkte werden allerdings nicht lebenslänglich addiert, sondern alle zwei Jahre gelöscht, wenn in dieser Zeit keine neuen Punkte hinzugekommen sind. Seinen aktuellen Punktestand kann man jederzeit kostenlos über das KBA abfragen. Momentan wird dort gerade an einer Online-Abfrage-Möglichkeit gebastelt, sodass du bald noch einfacher an deine Punkte rankommst.

Der Jackpot möge in diesem Fall allerdings an dir vorübergehen ...

IDIOTENTEST FÜR DUMMIES

Wer 18 Punkte gesammelt hat, verliert den Führerschein. In diesem Fall und wenn Alkohol (mehrfach oder einmal mindestens 1,6 Promille) oder Drogen bei Straßenverkehrsdelikten im Spiel waren oder eine besonders schwere Verkehrsauffälligkeit begangen wurde, wird außerdem der sogenannte »Idiotentest« fällig. Offiziell handelt es sich bei diesem Test um ein **Gutachten**, das beim **Medizinisch Psychologischen Institut (MPI)** eingeholt werden muss, um den Führerschein zurückzugewinnen. In besonders schweren Fällen muss zusätzlich die Führerscheinprüfung wiederholt werden.

Um die Testinhalte ranken sich eine Menge Gerüchte. Tatsächlich besteht der Test aus drei Schritten: einem psychologischen Gespräch, einer medizinischen Untersuchung und verschiedenen Leistungsüberprüfungen zu Aufmerksamkeit, Reaktionszeit und anderen für den Straßenverkehr wichtigen Eigenschaften.

Erschreckend ist: Fast 60 Prozent der Betroffenen fallen beim ersten Mal durch den Idiotentest durch. Beim zweiten Versuch sind es noch einmal etwa 50 Prozent der Verbliebenen. Wie es zu so hohen Durchfallquoten kommt? Der TÜV Rheinland meint, dass die Chancen, eine MPU (medizinisch psychologische Untersuchung) zu bestehen, vor allem von der eigenen Einstellung abhängen. Der Betroffene sollte sich kritisch mit dem eigenen Fehlverhalten auseinandergesetzt haben und genau darlegen können, was er in Zukunft anders machen wird. Das Gutachten wird nur demjenigen ausgehändigt, dem abgenommen wird, dass er tatsächlich bereit ist, das eigene Verhalten zu ändern. Eine gute Vorbereitung kann dabei auf keinen Fall schaden.

Zunächst sollte man genau wissen, was auf einen zukommt. Bei der medizinischen Untersuchung kann neben dem allgemeinen Gesundheitszustand eine Blut- und Urin-Abnahme zum Prozedere gehören. Damit soll sichergestellt werden, dass der Getestete nicht alkohol- oder drogenabhängig ist.

Vor dem psychologischen Test müssen am Computer Fragen zur Straßenverkehrsordnung sowie Testfragen zur eigenen Belastbarkeit und Aufmerksamkeit beantwortet werden. Beim psychologischen Test selbst wird der Betroffene von einem ausgebildeten Psychologen zur eigenen Einstellung befragt. Meist werden zunächst Fragen zum Tathergang gestellt. Daraufhin versucht der Psychologe herauszufinden, was man aus dem Fehler gelernt hat. Im Endeffekt geht es ihm darum sicherzustellen, dass man kein Wiederholungstäter ist. Er achtet darauf, dass sein Gegenüber nichts auswendig Gelerntes vorbetet, sondern das Problem tatsächlich reflektiert hat, ernst nimmt, nicht verharmlost und auch stark genug erscheint, um sein Verhalten in Zukunft zu ändern. Anders als es im Gerücht oft heißt, werden übrigens keine gemeinen Fangfragen gestellt, sondern es geht tatsächlich nur um die genannten Punkte.

Insgesamt kann eine MPU bis zu vier Stunden dauern. Ein vorläufiges Ergebnis bekommt man sofort, das endgültige Resultat wird erst später per Post zugestellt. Es gibt dabei drei mögliche Ergebnisse: Ein positives Gutachten macht den Weg zum Führerschein wieder frei, ein Gutachten mit Nachschulungsempfehlung bedeutet, dass teilweise Schwachstellen gesehen wurden und der Betroffene zunächst noch einmal vier Sitzungen zur Nachschulung besuchen muss, und ein negatives Gutachten bedeutet, dass der Führerschein zunächst verloren bleibt; stattdessen gibt es eine Empfehlung für ein Bestehen in Zukunft.

5 | DEIN ERSTES EIGENES AUTO

Da glänzt es rosarot aus deinem Geldbeutel, der schöne EU-Führerschein Klasse B steckt endlich drin. Doch ein Führerschein ohne Auto ist wie ein Leuchtturm unter der Erde, findest du. Und planst direkt weiter: Ein eigenes Auto, das wär's!

Diese Möglichkeiten hast du, um ans Ziel zu kommen:

Die sicherste, allerdings extrem teure Lösung ist ein **Neuwagen**. Dafür liest du dir am besten in Auto-Magazinen oder beim ADAC verschiedene Tests und Erfahrungsberichte durch und wählst dann entsprechend aus.

Finanzierbarer sind **Gebrauchtwagen**. Wichtig bei der Auswahl vom Händler oder von Privatpersonen ist, dass du dich nicht übers Ohr hauen lässt. Auch hier helfen zunächst Tests, die du im Internet downloaden oder in Fachzeitschriften einsehen kannst. Mindestens ebenso notwendig ist allerdings, dass du das Auto selbst einschätzen kannst. Du kaufst ein Auto mit Vorgeschichte, solltest also überprüfen können, dass es kein notdürftig gelöteter Unfallwagen ist, sondern ein fahrtüchtiges Schlachtschiff, das dich noch in fünf Jahren sicher von A nach B navigiert. Du musst mit deinem Auto keine Ehe eingehen, doch du solltest schon wissen, mit wem du es zu tun hast.

Wenn du jemanden kennst, der sich auskennt, nimm ihn mit zur Besichtigung. Kennst du niemanden, hilft dieser Tipp: Gerade bei günstigeren Autos gewähren Gebrauchtwagenhändler keine Garantie. Nimm einen solchen Wagen nur dann, wenn der Händler dir erlaubt, auf der Probefahrt einen Stopp bei einer unabhängigen Autoinspektion einzulegen, wie beispielsweise der DEKRA. Sie hat bundesweit Automobilstandorte, zu denen man sein Gefährt bringen kann. Für einen Preis von gut angelegten etwa 50 Euro sehen die Fachleute dem Auto innerhalb kürzester Zeit an, was es wirklich drauf hat.

Schenke im Zweifelsfall immer den Aussagen der Inspekteure mehr Glauben als denen der Händler, denn die sind schließlich nicht ganz unvoreingenommen und haben das Ziel, den Wagen loszuwerden.

Eine beliebte Ausrede von privaten Verkäufern ist, dass das Auto nicht zugelassen sei, und daher nicht zur Inspektion gefahren werden könne. Es sei aber alles in Ordnung mit dem Wagen. Klar! Kauf das Auto auf keinen Fall »blind«, wenn du keinen echten Fachmann dabei hast!

Besser ist in diesem Fall ein Gang zu einer **KFZ-Versicherung**. Dort erhältst du kurzfristig eine Versicherung für fünf Tage. Ein sogenanntes »**Kurzzeitkennzeichen**« für diese fünf Tage bekommst du bei der Zulassungsstelle deines Orts (meist im Rathaus). Insgesamt legst du dafür noch einmal 70 Euro hin. Das Kurzzeitkennzeichen befestigst du am Auto und kannst es dann ganz legal zur Inspektion fahren. Klingt nach viel Aufwand und zusätzlichen Kosten? Gemessen an der Zeit, die du den Wagen fahren willst, lohnt sich die Investition auf jeden Fall. In den meisten **Kaufverträgen von Gebrauchtwagen** steht nämlich die Formel »gekauft wie gesehen«, was bedeutet, dass du keinerlei Garantie auf dem Auto hast, wenn sich nach zwei Wochen herausstellt, dass es, statt dich in den Urlaub nach Südfrankreich zu befördern, den traurigen letzten Gang zum Schrotthändler antreten muss.

Neben dem grünen Licht von den Fachleuten bei der Autoinspektion gilt es, auch noch ein paar ökonomische Faktoren zu beachten:

Ein Auto hat neben dem **Kaufpreis** eine Reihe von **Folgekosten**, die du von Anfang an mit einplanen musst. Neben **Reparaturkosten** fallen **Kraftfahrzeugsteuer** und **KFZ-Versicherung** ins Gewicht. Die Steuer richtet sich dabei nach der Schadstoffklasse deines Wagens und dem Motor-Hubraum.

Schau vor dem Kauf in den Fahrzeugpapieren nach dem Stichwort »Emissionsklasse« und vergleiche mit anderen Wagen. Ideale Schadstoffklassen sind Euro 4, Euro 5 und Euro 6. Beim Gebrauchtwagenkauf wirst du diese allerdings selten vorfinden. Trotzdem gilt: Je höher die Zahl nach dem Euro, desto besser für Umwelt und Geldbeutel.

Lass dich außerdem von Versicherungsfachleuten beraten, bevor du den Kaufvertrag unterschreibst, denn auch die **Versicherungskosten** können sich von Wagen zu Wagen erheblich unterscheiden. Eine wichtige Kennnummer ist die Typklasse deines Wagens. Gib bei der Versicherung die Typschlüsselnummer – Punkt 2.2 bzw. 3 auf dem Fahrzeugschein oder Fahrzeugbrief – an und lass dir Auskunft geben. Weitere Tipps zur Versicherung findest du auch im nachfolgenden Unterkapitel.

Ist die Wahl getroffen und ein geeignetes Gefährt gefunden, kannst du einen **Kaufvertrag** eingehen. Zunächst zum **Kaufpreis**: Auf der Webseite des ADAC findest du eine Datenbank, die auf dem aktuellen Marktspiegel basiert und dir bei Eingabe von Marke, Modell, Kilometerleistung und Erstzulassung einen Anhaltspunkt dafür gibt, was du für dein gebrauchtes Auto zahlen solltest.

Im Vertrag steht außerdem ein Übergabedatum, das festlegt, ab wann dir das Auto gehört. Achte dabei darauf, dass auch eine genaue und stimmige Zeitangabe dazugesetzt wird. Mal angenommen der Verkäufer hat am gleichen Morgen noch ein anderes Auto mit deinem zukünftigen Wagen gerammt und einen Schaden verursacht, könntest ansonsten du haftbar gemacht werden.

Ratsam ist es übrigens, dein neues Auto in den ersten Wochen zur ganztägigen **Komplett-Inspektion** zu fahren. Die Kosten dafür liegen bei etwa 80 Euro, die sich lohnen. Zwar haben TÜV und DEKRA schon ihre Bewunderung für deine Errungenschaft ausgedrückt, doch diese Einrichtungen sorgen sich in erster Linie um die Sicherheit. Bei einer Komplett-Inspektion wird hingegen der gesamte Fitnesszustand deines Autos untersucht. So durchgecheckt hast du dann sicher lange Spaß mit dem Wagen.

VIOLA WINKELS, 20, hat sich den Wunsch vom ersten eigenen Auto erfüllt und eine Ausbildung zur Berufskraftfahrerin begonnen

Meinen Führerschein hatte ich schon eine Weile, ich war kurz vor Ende der Probezeit, als ich endlich zu meinem ersten Auto gekommen bin. Es war schon immer mein Wunsch, ein Auto zu haben, da wir in der Familie kein Auto besitzen und ich somit eigentlich nie die Möglichkeit hatte, Auto zu fahren.

Aber wie kann man sich als Schülerin ohne Einkommen schon ein Auto leisten? Ich konnte es jedenfalls nicht.

Nun ja, irgendwie arrangiert man sich damit und ich habe mir dann einfach gesagt »Machst jetzt eh erst deinen Motorradführerschein und dann holst dir halt ein Motorrad«.

Außerdem konnte ich mich damit trösten, dass ich in meiner damals bald beginnenden Ausbildung als Berufskraftfahrerin schon Autos und LKWs würde fahren dürfen.

Aber es kommt ja immer alles anders, als man es sich vorstellt. Als meine Ausbildung anfing, hatte ich ein Problem: Arbeitszeiten, die definitiv nicht bus- oder zugtauglich sind. (Um 2:00 Uhr nachts fährt einfach gar nichts mehr). Also musste ein Auto her, und zwar so schnell wie möglich. Aber wo kriegt man möglichst billig einen guten Wagen? Beim Autohändler eher nicht. Bei denen, die als einigermaßen seriös galten, hat mir schon ein Blick auf die Preise gereicht, um mich auf der Stelle umzudrehen. Internetportale wie z. B. mobile.de kamen für mich auch kaum in Frage. Zwar habe ich dort einige interessante Autos gefunden, aber nur fürs Anschauen wollte ich keine 500 km weit fahren.

Zu meinem Auto kam ich dann durch Zufall. Meine Mutter ist im Ort quasi einfach drüber gestolpert. Ein (damals) fast 20 Jahre alter Golf II in weiß. Er gehörte der Familie, die in meinem Ort die Tankstelle und gleichzeitig eine Werkstatt hat. So konnte ich mir einigermaßen sicher sein, dass das Auto technisch ok war. Nachdem ich es gesehen hatte, brauchte ich gar nicht weiterzusuchen, ich habe mich einfach in das Auto verliebt!

Klar, es ist kein Auto zum Angeben (54 PS, lediglich vier Gänge und keinerlei moderner Schnickschnack à la ABS etc.), aber für mich war es einfach der perfekte Wagen. Ich hatte mir zwar immer einen Twingo oder einen Corsa gewünscht, aber mittlerweile würde ich meinen Golf nie wieder hergeben.

Der Preis war aber immer noch ein Problem. Knapp unter 1.000 Euro wollte der Besitzer. Bei einem technisch völlig akzeptablen Auto und nur 66 000 gelaufenen Kilometern ist das ein guter Preis.

Glücklicherweise hat meine Mutter mir das Geld geliehen und ich habe es ihr dann im Laufe einiger Monate mit dem Geld, das ich in der Ausbildung verdient habe, zurückgezahlt.

Die Versicherung habe ich dann, wie so viele Fahranfänger das machen, auf meine Mutter laufen lassen, so bin ich die »Anfängerklasse« umgangen und konnte mit 140 Prozent einsteigen (immer noch teuer, aber besser als über 200 Prozent).

CHECKLISTE
ZUM GEBRAUCHTWAGENKAUF

○ Das Modell schneidet in Tests gut ab, ist also objektiv zu empfehlen.

○ Der vorliegende Kilometerstand ist für das Modell nicht zu hoch.

○ Der letzte TÜV ist noch nicht lange her (maximal ein Jahr).

○ Das Auto sieht äußerlich rundum einwandfrei aus (z. B. kein Rost, auch Auspuff checken, hinterlässt keine Öl- oder anderen Spuren).

○ Es gibt auch unter dem Auto keine Reparaturspuren. (Achtung: Unfallwagen!)

○ Die Reifen haben eine Profiltiefe von mindestens 2,5 mm.

○ Airbags sind vorhanden.

○ Sitze und Sicherheitsgurte sind in gutem Zustand.

○ Alle Kontrollleuchten und Schalter funktionieren.

○ Es fährt sich gut, sicher und ruhig (auch Bremsen kontrollieren).

○ Kupplungstest: Es sollte nicht möglich sein, im vierten Gang anzufahren (sonst ist die Kupplung verschlissen).

○ Das Auto wurde von einer unabhängigen Auto-Inspektion positiv getestet (sehr wichtig, wenn man sich selbst nicht gut auskennt!).

○ Du bekommst den ersten Fahrzeugbrief, kein später erstelltes Ersatzexemplar.

○ Du bekommst ein Inspektions-Scheckheft mit regelmäßigen Eintragungen.

⟫ **Alles angekreuzt?**
Willkommen auf der sicheren Seite!

WER DICH ABSCHLEPPT: VERSICHERUNG

Es kommt der Tag im Leben eines jeden Menschen, an dem einfach alles schiefgeht: Man fühlt sich schlecht und sieht noch schlechter aus, erinnert sich, dass man gerade einen wichtigen Termin verpasst und hetzt zum Auto. Während man sich in einem Versuch, den schlechten Tagesstart noch auszubügeln, im Auto die Zähne putzt, nimmt man das Handy beim Fahren ab (ohne Vorrichtung verboten), um sich für die Verspätung zu entschuldigen, wird gleichzeitig vom fest installierten Blitzer, den man doch eigentlich kennen müsste, zur Erinnerung geblitzt, und als man schon ganz verzweifelt ist, bleibt – sozusagen als i-Tüpfelchen – das Auto an einer wenig befahrenen Landstraße liegen.

In solchen Fällen hilft nur eins: ruhig bleiben und die Versicherung machen lassen. Das letzte Ereignis schafft sie aus der Welt, die ersten werden durch die Schwere des letzten relativiert und bald kommt ein neuer Tag.

Vorausgesetzt du hast die richtige Versicherung, denn bei **Autoversicherungen** gibt es große Qualitätsunterschiede! Die Formel ist einfach: Je mehr Leistungen du absicherst, desto teurer wird es. Es geht also darum, die richtige Auswahl an Dingen zu treffen, die abgesichert werden sollen.

Die Stiftung Warentest hat hier einen guten Vergleich aufgestellt. Wo es für den günstigsten Preis die beste Leistung gibt, kann man dennoch leider nicht pauschal sagen, denn die Tarife sind ständig in Bewegung und hängen neben der Leistung noch von vielen anderen Faktoren wie Alter, Anzahl der Fahrer, Typklasse des Autos, Region, etc. ab. Worauf du dennoch achten kannst, erfährst du hier.

Zunächst einmal gibt es zwei wichtige Arten von Autoversicherungen: die **Haftpflichtversicherung** und die **Kasko-**

versicherung. Pflicht ist in Deutschland der Abschluss einer Haftpflichtversicherung fürs Auto mit einer Deckung von mindestens 2,5 Millionen Euro für Personenschäden und 0,5 Millionen Euro für Sachschäden. Viele Versicherungen bieten über diese gesetzlichen Mindestwerte hinaus unbegrenzten Schutz an.

Die Versicherung der Person, die am Unfall die Schuld trägt, kommt dann für den Schaden auf, der dem anderen Unfallbeteiligten entstanden ist. Deine Versicherung trägt allerdings keine Schäden, die dir oder an deinem eigenen Auto entstehen.

Um Schäden, die an deinem eigenen Auto entstehen, abzusichern, kannst du zusätzlich und freiwillig eine Teil- oder Vollkasko-Versicherung abschließen, die bei einem Unfall je nachdem einen bestimmten Teil oder den ganzen Schaden am Auto ersetzt. Die Kasko-Versicherungen springen immer ein, egal wer die Schuld am Schaden trägt. Eine Ausnahme ist, wenn der Schaden fahrlässig herbeigeführt wurde, wenn du also absichtlich oder vorhersehbar einen Unfall gebaut hast, indem du zum Beispiel ein Rennen gefahren bist.

Ein wichtiger Aspekt bei der Autoversicherung ist dein Alter. Je jünger du bist und je kürzer du den Führerschein im Geldbeutel trägst, desto teurer wird es. Unter Umständen kann auch das ein Argument für den Führerschein ab 17 sein.

Für Wechsler wichtig: Die meisten Verträge laufen von Januar bis Dezember. Spätestens im November muss man kündigen. Wechsle aber auch nicht früher, denn einige Versicherungen erhöhen im Oktober noch einmal die Preise. So weißt du beim Wechsel genau, worauf du dich einlässt.

Bei den Versicherungen herrscht noch die Kollektivstrafe. Denn der Preis, den du zahlst, hängt zu einem großen Teil auch von der Typklasse deines Wagens ab. Die Typklasse wird jeden Oktober neu berechnet. Ausschlaggebend ist dabei, wie viel Schaden mit Automodellen wie deinem im vergangenen Jahr angerichtet wurde, also wie viele Unfälle damit gebaut wurden, wie oft sie gestohlen wurden, sogar wie oft Hagelschäden gemeldet wurden.

Tipp: Hier haben Neuwagen einen Vorteil. Weil mit ihnen noch kaum Schaden angerichtet werden konnte, ist ihre Typklasse zunächst sehr günstig.

Zurück zu deinem schlechten Tag. Du stehst auf der einsamen Landstraße und das Auto will einfach nicht mehr anspringen. Was machst du im Fall einer **Autopanne**? Zunächst solltest du sicherstellen, dass du nicht in Gefahr bist, falls doch noch ein Auto vorbeikommt. Am besten bist du ohnehin noch mit letzter Kraft an den Straßenrand gerollt. Stelle auf jeden Fall ein Warndreieck in ausreichend Reaktionsabstand auf deiner Straßenseite auf. Wenn dein Standort gesichert ist, zückst du dein Handy und rufst die Versicherung an.

Je nach Serviceleistung wirst du sehr schnell abgeholt und darfst dem Abschleppwagenfahrer angeben, wohin dein Auto gebracht werden soll (hast du Kontakt zu einer guten Werkstatt?). Du selbst wirst entweder heimgefahren oder in der Nähe abgesetzt, sodass du leicht heimkommst. Alternativ kannst du auch Freunde oder Familie anrufen, die dich auflesen. Den Autoschlüssel kannst du dann mit gutem Gewissen beim Fahrer abgeben. Meist musst du ihm dafür ein **Übergabeprotokoll** unterschreiben, das genau festhält, in welchem Zustand du das Auto übergibst. So ist der Fahrer abgesichert, denn du unterschreibst den schon bestehenden Schaden. Gleichzeitig bist du selbst abgesichert, falls der Fahrer – kann ja an einem echten Unglückstag alles passieren – auf dem Weg in die Werkstatt noch einen Unfall baut. Versuche bei all dem ruhig zu bleiben. So etwas kann vorkommen. Hauptsache keinem ist etwas passiert! Zumindest ist das die Art von Erlebnissen, an die man sich später erinnert.

MARKUS W., 18,
hatte einen Autounfall und noch einmal Glück im Unglück

Wenn ich den Leuten von meinem Unfall erzähle, ernte ich oft Kopfschütteln. Wie kann man nur so blöd sein, denken die Leute wohl. Manchmal regt mich das auf, denn ich weiß natürlich selbst, dass ich einen Fehler gemacht habe.

Ich hatte seit Kurzem meinen Führerschein und bin mit einem Freund auf Tour gegangen. Seine Freundin hat eine Party gefeiert und wir haben das Auto von meinem Vater genommen, um hinzufahren. Es war ziemlich lustig und mit der Zeit habe ich vergessen, dass ich nichts trinken durfte. Ich hatte es nicht weit, nur ein Dorf weiter durch den Wald. Es wurde ziemlich spät. Als ich ins Auto eingestiegen bin, dachte ich noch, dass es schon klappen würde und ich mich einfach zusammenreißen müsste. Mein Freund hat bei seiner Freundin übernachtet, sodass ich allein zurückgefahren bin. In einer Kurve hat es mich dann in die Leitplanke gehauen. Der Airbag ist sofort aufgegangen. Als ich ausgestiegen bin, habe ich am ganzen Körper gezittert. Der Kotflügel sah ziemlich zerbeult aus und der Scheinwerfer war gesprungen. Ich war ganz schön geschockt. Ein anderer Autofahrer hat gehalten und die Polizei gerufen. Die Polizisten haben gleich gemerkt, dass ich getrunken hatte. Auch zu Hause habe ich natürlich Ärger gekriegt. Seit dem Unfall habe ich keinen Führerschein mehr. Trotzdem hatte ich Glück im Unglück. Mir ist bis auf einen blauen Fleck nichts passiert. Ich bin auch froh, dass mein Freund nicht mitgefahren ist und sonst niemandem etwas passiert ist. Wenn ich irgendwann wieder einen Führerschein habe, werde ich nie wieder betrunken fahren. Das ist es echt nicht wert!

TÜV: FIT FÜR DIE STRASSE?

Alle zwei Jahre muss dein Auto zum TÜV. **TÜV** steht für Technischer Überwachungsverein und bezeichnet eine Gruppe weltweiter Vereine, die technische Sicherheitskontrollen durchführen. Dort wird dein Wagen in der **Hauptuntersuchung** auf **Sicherheit** durchgecheckt. Unter anderem die Bremsen, die Beleuchtung, aber auch die Scheiben werden auf ihre Zuverlässigkeit abgecheckt. Ein wichtiger Teilaspekt ist auch die **Abgasuntersuchung**, in der die **Umweltverträglichkeit** überprüft wird.

Woran du erkennst, dass dein Auto zum TÜV muss? Sieh dir einfach das hintere Nummernschild an. Dort klebt eine runde Plakette mit Zahlen. Die Zahl, die auf der **Plakette** direkt nach oben zeigt, steht für den nächsten TÜV-Termin. Zeigt beispielsweise 12/12 nach oben, muss das Auto im Dezember 2012 zur Hauptuntersuchung.

Tipp: Damit du den nächsten Termin zur Hauptuntersuchung nicht vergisst, kannst du dich online anmelden und per E-Mail an den Zeitpunkt erinnern lassen. Dort kannst du dich dann auch direkt zum Check anmelden. Verpasse den Termin nicht, denn wer zu spät kommt, muss Strafe zahlen und kann sogar zwei Punkte in Flensburg kassieren.

Ein bisschen Vorbereitung kann übrigens helfen, dass der TÜV nichts auszusetzen hat. Wichtig ist natürlich zunächst einmal, den Fahrzeugschein einzupacken.

Checke außerdem, ob deine Kennzeichen noch fest sitzen und gut erkennbar sind und der Tacho funktioniert. Prüfe nach, dass du Verbandskasten und Warndreieck an Bord hast.

Zuletzt hilft ein kleiner Rundgang ums Auto. Ist irgendetwas beschädigt, das du vorab noch reparieren lassen solltest? Überprüfe Fensterscheiben, Scheibenwischer, Innen- und Außenspiegel und die Beleuchtung. Mit einem Lineal kannst du nachprüfen, ob deine Reifen noch die Mindestprofiltiefe von 1,6 mm aufweisen.

Eine kurze Fahrt erledigt den Rest. Greift das Lenkrad gut und flattert nicht? Macht das Auto irgendwelche ungewöhnlichen Geräusche? Greifen die Bremsen sofort und lässt sich die Handbremse leicht einrasten? Wenn dir etwas Außergewöhnliches auffällt, fahre vor dem TÜV noch in die Werkstatt, um Probleme zu vermeiden.

Wenn der TÜV etwas auszusetzen hat, hast du maximal einen Monat Zeit, die Reparaturen vorzunehmen. Der Kostenfaktor der Hauptuntersuchung liegt je nach Bundesland bei etwa 80 Euro.

Neben der Hauptuntersuchung kann der TÜV für dich noch zur Ausstellung einer Feinstaubplakette interessant sein. Immer mehr Kommunen richten sogenannte Umweltzonen ein, in denen nur Autos fahren dürfen, die eine bestimmte Schadstoffklasse haben.

Für besonders schadstoffarme Autos wird dir eine grüne Plakette ausgestellt, in der du auch in den Umweltzonen unterwegs sein darfst. Auch eine gelbe Plakette reicht meistens aus. Eine rote Plakette bedeutet, dass du nur in Zonen fahren darfst, in denen die rote Plakette neben der gelben und grünen abgebildet ist. Für einige Autos kann ohne Nachrüstung keine Plakette erworben werden. Lass dich in diesem Fall beim TÜV beraten, um auch Umweltzonen in Ballungsgebieten befahren zu dürfen.

6 | TRAMPEN

Tramper trifft man oft an Autobahnraststätten. Erkennbar sind sie am weit ausgestreckten Daumen oder Schildern mit Zielortaufschriften wie »Peking«, »Rom«, »Paris« oder auch nur »Weg!«. Tramper reisen ohne eigenen Wagen und lassen sich von anderen Fahrern mitnehmen. Dabei geht es ihnen oft nicht in erster Linie darum, billig zu reisen; viele von ihnen reizt es, den Weg zum Ziel zu machen und dabei Menschen kennenzulernen, die sie sonst niemals getroffen hätten.

Aber Vorsicht! Manche Menschen will man gar nicht kennenlernen. Wenn man dann bereits neben ihnen im fahrenden Auto sitzt, hat man wenig Möglichkeit, noch auszuweichen und ist völlig ausgeliefert. Wie sehen Tramper diese Gefahr? Von den Vor- und Nachteilen, Reizen und Risiken des Trampens handelt dieses Kapitel.

SPONTANES MITFAHREN

Obwohl man Reisen per Autostopp meistens mit den Hippies verbindet, trampen laut Abgefahren e.V. heute mehr Menschen als je zuvor.

Es gibt sogar eine jährlich stattfindende Trampermeisterschaft, bei der es darum geht, wer am schnellsten von A nach B kommt. Ist Trampen eine Art Sport geworden? Und warum wählen Menschen eine Fortbewegungsart, die langsamer ist und mehr Überraschungen birgt als eine Reise mit der Deutschen Bahn?

Neben dem Kontakt zu neuen Menschen geht es vielen Trampern um die Suche nach Abenteuer und die Flucht aus dem Alltag. Sie beschreiben ein Stück Pappe mit Edding, stellen sich mit aufgerichtetem Daumen daneben und warten, bis sie jemand mitnimmt.

Für BWL-Student Christian, der im Internet eine Webseite (www.anhalterfreunde.de) betreibt, ist Trampen »sozial, ökonomisch und ökologisch«. Das statistische Risiko, dass bei dem ganzen Spaß doch einmal etwas passiert, bezeichnet er als relativ gering: »Statistisch gesehen sterben in Deutschland insgesamt 0,06% der Menschen durch einen tätlichen Angriff, was wiederum einen Anteil von 1,47% an den nichtnatürlichen Todesfällen ausmacht. Nimmt man jetzt diese – im Verhältnis gesehen geringe – Anzahl der 451 tätlichen Angriffe und bedenkt, welcher verschwindend geringe Prozentsatz davon wohl Tramper betrifft oder zuzuschreiben ist, kommt man auf eine Zahl, die nicht mehr ins Gewicht fällt. Das Risiko, eines nichtnatürlichen Todes zu sterben, verringert man demnach nicht entscheidend, wenn man das Trampen unterlässt oder keine Tramper mitnimmt.« (http://www.anhalterfreunde.de/frageundantwort.htm)

Natürlich muss nicht das Schlimmste passieren. Nicht unwahrscheinlich sind beim Trampen allerdings eine Reihe anderer unangenehmer Situationen, die nicht verschwiegen werden sollten: dass dir der Fahrer nach den ersten fünf Kilometern furchtbar auf die Nerven geht, dass der fremde Fahrer nicht Auto fahren kann und mit irrer Geschwindigkeit rechts an einem Porsche vorbeizieht, dass er aufdringlich wird oder sich als Psycho herausstellt. So oder so: Du gibst beim Trampen einen wesentlichen Teil deiner Freiheit auf – nämlich die Freiheit, dich umzudrehen und den fremden Typ einfach stehen zu lassen. Wer dieses Risiko dennoch eingehen möchte, sollte in jedem Fall die Checkliste der Sicherheitsvorkehrungen berücksichtigen.

SAFETY-CHECK FÜR TRAMPER

 Trampe niemals alleine!

 Trampe niemals nachts!

 Fahre lieber mit Frauen als mit Männern mit.

 Sieh dir den Autofahrer genau an, bevor du einsteigst, und schalte deine Menschenkenntnis ein.

 Sag »nein« und steig auf keinen Fall ein, wenn dir irgendetwas seltsam vorkommt.

 Präge dir vor dem Einsteigen das Autokennzeichen ein und schicke gut sichtbar im Auto eine SMS mit dem Autokennzeichen an einen Freund. Bringe das Gespräch freundlich auf das Thema à la: »Das mach ich immer so. Sind ja nicht alle Menschen so nett wie Sie!«

 Trete selbstbewusst auf. Sage deutlich, was du willst.

 Überlege dir, ob du es nicht lieber mit einer Alternative versuchen willst, z. B. www.mitfahrzentrale.de

....

....

....

....

CHRISTIAN N., 26,
hat ein außergewöhnliches Hobby:
Trampen

Begonnen hat alles in unserem kleinen Dorf. Jugendliche, die nicht ständig das Taxiunternehmen »Eltern« in Anspruch nehmen wollten, hatten nur die Möglichkeit des Trampens, um ins nächste Städtchen zu gelangen.

Irgendwann reizte mich das große Abenteuer und ich fragte mich, ob das, was zu Hause funktioniert, auch in der großen weiten Welt erfolgreich sein könnte. So stand ich kurz darauf mit weichen Knien an einer Autobahnraststätte und hob den Daumen gen Süden. Das war der Beginn meines am leidenschaftlichsten betriebenen Hobbys.

Während für die meisten Reisenden die Fahrt nur notwendiges Übel ist und schnell vorbeigehen sollte, ist beim Trampen der Weg das Ziel und Teil der Reise. Man kann sich vom Winde treiben und das Schicksal bestimmen lassen, wohin die Reise geht. Das Spannendste dabei sind die zahlreichen Begegnungen, die man unterwegs so macht. Man weiß vorher nie, mit wem man es zu tun bekommt. Mal hält die junge Mutter, mal der Geschäftsmann in seiner Nobelkarosse – oder doch der Brummifahrer in seinem 35-Tonner?

Man hört von vielen Schicksalen, Problemen, Erfolgsgeschichten und erlebt nicht zuletzt die zahlreichen amüsanten Gegebenheiten, die das Leben so schreibt.

Ein lustiges Erlebnis hatte ich in der italienischen Schweiz mit einem netten jungen Pärchen. Der Fahrer kündigte lange an, dass wir bei der nächsten Gelegenheit tanken sollten, unternahm aber nichts – so lange, bis wir an einem Hügel liegen blieben. So hievte ich das Gefährt knappe 20 Meter über die Kuppe, sprang in den rollenden Wagen und wir sausten beherzt den Berg hinunter. Wie es das Glück der Leichtsinnigen so mit sich bringt, konnten wir schwungvoll in die nächste Tankstelle einbiegen und kamen direkt an der Zapfsäule zum Stehen.

Der lustige Kerl entschuldigte sich mehrfach bei seiner Freundin und mir für unsere Unannehmlichkeiten. An mich gerichtet gab er allerdings zu bedenken, dass ich das verstehen müsse, schließlich seien sie Italiener. Ich habe selten so gelacht – seine leidgeprüfte Freundin fand es allerdings weniger lustig ...

Das rührendste Erlebnis war am Weihnachtstag in Australien. Ich stand einsam an einer verlassenen Landstraße, als langsam die Dunkelheit einbrach und keine Autos mehr fuhren. Verzweiflung – auch das ist Trampen.

Ein Familienvater befreite mich aus meiner verzwickten Lage und lud mich zum sommerlichen Weihnachtsfest mit seiner Großfamilie im Grünen ein. Ich habe selten solche Gastfreundschaft und Wärme erfahren.

So schön das Trampen auch ist, gibt es jedoch viel zu beachten. Man muss versuchen, sich vor eventuellen Gefahren zu schützen; man sollte auf keinen Fall seine Autobahnausfahrt verpassen, um nicht bei Nacht einsam und verlassen in der Provinz zu enden. Junge Frauen sollten sich ganz genau überlegen, ob sie das Risiko des Trampens eingehen wollen. Eine gute Idee ist es, nur in Begleitung zu reisen und allgemein gilt: Wenn dir jemand seltsam vorkommt, besser nicht einsteigen! Nicht zuletzt sollte jeder Tramper durch sein Auftreten und Verhalten einen positiven Eindruck bei den Autofahrern hinterlassen.

***

Wenn du dich nicht vom herkömmlichen Trampen abhalten lassen willst, klick dich zur Vorbereitung durch die Webseite der Anhalterfreunde (www.anhalterfreunde.de), bevor du den Daumen hochhältst. Ansonsten gibt es eine etwas sicherere Alternative: organisiertes Mitfahren.

ORGANISIERTES MITFAHREN

Tramper grenzen sich gern von den organisierten Mitfahrern ab. Während es Ersteren um das Lebensgefühl geht, geht es Letzteren oft ums Geld. Man fährt zusammen und teilt sich die Kosten. Organisiertes Mitfahren kann spannend sein und gleichzeitig entspannender, weil du sicherer bist.

Zunächst weißt du schon im Vorfeld, dass du mitgenommen wirst und wer dich mitnimmt. Über Portale wie die **Mitfahrzentrale** (www.mitfahrzentrale.de) findest du deinen Fahrer mit Namen, Automodell und -kennzeichen, Alter und Sternzeichen. Was auch immer dir Letzteres bringen mag. Sinnvoller ist, dass außerdem Fotos und Bewertungen abgegeben werden können. Fahrerinnen und Fahrer mit guten Bewertungen sind natürlich auf jeden Fall sicherer.

Willst du an einer Fahrt teilnehmen, schreibst du dem Fahrer oder rufst ihn an. Achte darauf, ob ihr euch sympathisch seid. Am Tag der Abfahrt solltest du alle **Fahrtdaten** bei einem Freund oder deinen Eltern hinterlegen. Überzeuge dich davon, dass **Nummernschild** und Person mit den ausgetauschten Angaben übereinstimmen. Besonders sicher ist es, wenn noch weitere **Mitfahrer** im gleichen Auto mitgenommen werden.

Ein **Zusatz-Tipp:** Vereinbare mit einem Freund oder deinen Eltern, dich während der Fahrt anzurufen und erzähle am Telefon, dass alles gut geklappt hat und du jetzt im Audi von Thomas sitzt o. ä., um der Person zu signalisieren, dass jemand über eure Fahrt Bescheid weiß.

Es kann Spaß machen, sich auf diese Weise auf eine neue Person und ein neues Umfeld einzulassen. So haben sich schon Freunde gefunden, ja, sogar Ehen wurden von Leuten geschlossen, die sich zwischen zwei Autobahnraststätten durch die Mitfahrzentrale kennengelernt haben ...

TEST:
STECKT IN DIR DAS TRAMPER-GEN?

1. Du fährst im Auto morgens eine Landstraße entlang. Da entdeckst du ein etwa 16-jähriges trampendes Mädchen. Wie groß sind die Chancen, dass du sie mitnimmst?

A Verschwindend gering. Das sollte man nicht unterstützen.

B Eigentlich mache ich das nicht, aber bevor sie von jemand Gefährlichem mitgenommen wird, mache ich eine Ausnahme.

C Klar halte ich an und nehme sie ein Stück mit.

2. Welche Mitnahmestrategie würdest du wählen?

A Ein am PC geschriebenes, ausgedrucktes und in Birkenholz gerahmtes Schild »Köln, vorzugsweise über Koblenz«.

B Mich bei der Mitfahrzentrale anmelden.
C Bewährt hat sich ein Daumen.

3. Was bedeutet Trampen für dich?

A Selbstmord.
B Trampen? Nie gehört.
C Eine umweltfreundliche Lösung, kostenlos von A nach B zu kommen und dabei hilfsbereite Leute kennenzulernen.

4. Ist Trampen legal?

A Nein.
B Wenn man die Straßenverkehrsordnung beachtet, ja.
C Natürlich!

AUFLÖSUNG:

Überprüfe, welchen Buchstaben du am häufigsten angekreuzt hast und lies in der passenden Auflösung nach.

☐ A:
Das Tramper-Gen hat deinen Genpool zum letzten Mal im Paläolithikum der Jäger- und Sammlergesellschaften gestreift. Nicht im Traum würdest du daran denken, in ein fremdes Auto einzusteigen, wenn du den Bus verpasst hast, es sei denn, es ist ein Taxi. Trampen ist nichts für dich und das muss es auch nicht sein. Ganz ungefährlich ist die Sache schließlich nicht!

☐ B:
Ob Trampen oder nicht, hängt bei dir von der Situation ab. Wenn es nicht unbedingt sein muss, wählst du lieber die sicheren Alternativen. Doch um im Urlaub mobil zu sein, vertraust du in der Gruppe schon mal einem Rentnerpaar, das den gleichen Weg hat. Natürlich berücksichtigst du dabei alle Sicherheitsvorkehrungen.

☐ C:
Keine Frage, du stehst auf Abenteuer. Du liebst daran vor allem das Gefühl, aus der kontrollierten Welt des Alltags auszubrechen und dich auf Neues einzulassen. Dabei genießt du den Weg, das Ziel ist zweitrangig. Das Tramper-Gen scheint schon in deinem DNA-Strang zu stecken. Aber bitte denke daran, auf deine Sicherheit zu achten!

AUSBILDUNG – GEH, WOHIN DEIN WEG DICH FÜHRT

»Ausbildung verhindert Einbildung.«

DEUTSCHES SPRICHWORT

7 | ICH BIN DANN MAL WEG: AUSZEIT NACH DER SCHULE

Du bist einzigartig. Solange es die Menschheit auch geben wird, dich gibt es nur hier und jetzt. Deinen Charakter, deine Talente, deine eigene Art, mit Herausforderungen umzugehen. Schau in den Spiegel und du siehst einen Menschen, der einfach alles aus seinem Leben machen kann: Ob mit dem Teleskop in der Hand und Blick in den Nachthimmel oder der Bierflasche in der Hand und Blick auf die lallende Clique, solche Gedanken hat sich jeder schon mehr als einmal gemacht. Was auch immer du tun wirst, dein Leben soll großartig sein!

Mit dem Ende der Schulzeit rückt der Moment der Entscheidungen plötzlich in Reichweite. Nichts hält dich mehr von deiner großen Zukunft ab, von der Verwirklichung deiner selbst und all deiner Pläne. Keine Frage, du wirst deinen Weg gehen. Doch wohin eigentlich genau?

Bei den vielen Möglichkeiten, die sich dir bieten, ist es ganz normal zu zweifeln, zu überlegen und zu verwerfen. Vor großen Entscheidungen sollte man keine Angst haben und Wegrennen ist keine Lösung, doch ein wenig Distanz kann manchmal trotzdem das Beste sein, wenn man sich mit sich selbst und seinen Lebensplänen auseinandersetzen muss. Warum gönnst du dir also nicht etwas Zeit, in der du etwas Sinnvolles tust, auf andere Gedanken kommst, dich und was es sonst noch alles im Leben gibt, kennenlernst, um dann mit frischem Input die richtige Entscheidung zu treffen. Klingt überzeugend? Dann findest du im Folgenden ein paar Möglichkeiten, dich für eine Zeitlang aus dem Staub zu machen und dabei neu zu entdecken.

HANDS ON EARTH:
FREIWILLIGES SOZIALES JAHR

Ein Freiwilliges Soziales Jahr (FSJ) oder Freiwilliges Ökologisches Jahr (FÖJ) gibt dir die Chance, dich mindestens sechs und maximal 18 Monate lang in bestimmten Einrichtungen für einen guten Zweck zu engagieren.

Einrichtungen, die für das **FSJ/FÖJ** zugelassen sind, sind vor allem in den Bereichen Kinder- und Jugendhilfe, Umwelt- und Naturschutz, Wohlfahrts- und Gesundheitspflege, Sport und Kultur aktiv. Sie ermöglichen dir, etwas Gutes zu tun, dabei erste Berufserfahrungen zu sammeln, möglicherweise interessante Leute, auf jeden Fall aber dich selbst und deine Interessen besser kennenzulernen.

Neben dem bekannteren **Freiwilligen Sozialen Jahr (FSJ)** gibt es die Möglichkeit, ein **Freiwilliges Ökologisches Jahr (FÖJ)** zu machen. Die Rahmenbedingungen sind dieselben, doch hier stehen Umwelt- und Naturschutz an erster Stelle. Einsatzmöglichkeiten gibt es beispielsweise auf ökologischen Bauernhöfen, in der biologischen Landwirtschaft, in Naturschutzgebieten, Umweltbüros, Wildparks, in der Kinder- und Jugendbildung oder auf dem Schiff zur Forschung über Wassertiere.

Wen es für eine gute Tat ins **Ausland** treibt, der kann auch dort sein FSJ oder FÖJ absolvieren. Voraussetzung dafür ist, dass die Trägerorganisation ihren Hauptsitz in Deutschland hat und die Gesetze und Bedingungen für das FSJ und FÖJ anerkennt. Es gelten dabei dieselben Rahmenbedingungen wie innerhalb Deutschlands.

Ein FSJ oder FÖJ ist mehr als eine Arbeitsstelle. Neben der Arbeit soll Zeit für Spaß bleiben. Viele Teilnehmer finden Gleichgesinnte und schließen Freundschaften fürs Leben. Außerdem bildet sich jeder Teilnehmer mit mindestens drei **Seminaren** fort, die mindestens je fünf Tage dauern. Bei einem einjährigen FSJ müssen sogar 25 Tage lang Seminare besucht werden.

Die Seminare sind Aus- oder Fortbildungen im Arbeitsbereich, die dir auch im späteren Berufsleben nützlich sein können. Das kann beispielsweise eine Ausbildung als Rettungssanitäter sein, die du später z. B. als Medizinstudent gut gebrauchen kannst. Alle Seminare sind für die Teilnehmer kostenlos.

Insgesamt sind momentan mehr als 35 000 Jugendliche im FSJ- bzw. FÖJ-Einsatz; 500 von ihnen sind im Ausland tätig. Die Zahlen sind innerhalb der letzten zehn Jahre immer weiter gestiegen. Warum sich so viele dafür entscheiden?

Den meisten Teilnehmern geht es neben der Unterstützung einer guten Sache darum, sich beruflich zu orientieren, indem sie in **soziale und ökologische Berufsfelder** hineinschnuppern. Es ist auch möglich, Einrichtungen während der FSJ-Zeit zu wechseln, um so gleich mehrere Bereiche nacheinander kennenzulernen.

Am Ende des FSJ oder FÖJ erhält jeder Teilnehmer eine **Bescheinigung** und ein **Zeugnis**. Der Nachweis ist auch bei späteren Arbeitgebern beliebt, denn er zeugt von sozialen Fähigkeiten und Engagement für andere.

CHECKLISTE:
IST EIN FREIWILLIGES SOZIALES ODER EIN FREIWILLIGES ÖKOLOGISCHES JAHR (FSJ ODER FÖJ) DAS RICHTIGE FÜR DICH?

Kreuze alle Aussagen an, die auf dich zutreffen.

○ Ich weiß noch nicht genau, was ich nach der Schule machen will.

○ Ich interessiere mich für den sozialen Sektor und möchte gerne mit Kindern, kranken, behinderten und alten Menschen oder Menschen, die soziale Probleme haben, arbeiten.

○ Ich will mich im Bereich Umwelt- und Naturschutz engagieren, weil ich weiß, wie wichtig dieser Bereich ist und mir die Arbeit draußen liegt.

○ Bereiche wie Sport oder Denkmalpflege interessieren mich, weil sie wichtige Funktionen für die Gesellschaft erfüllen und Spaß machen. Ich könnte mir gut vorstellen, mich dort für einige Zeit zu engagieren.

○ Ich würde mich nach der Schule gerne erst einmal selbst auf die Probe stellen und etwas Herausforderndes tun.

87

○ Ich möchte meinen Beitrag für die Welt leisten und etwas bewegen.

○ Ich würde gerne auch mal bei etwas Praktischem mit anpacken, wenn es sinnvoll ist.

○ Ich bin ein aufgeschlossener Mensch, der gut auf andere zugehen kann.

○ Ich bin geduldig im Umgang mit anderen.

....

....

....

Hast du fünf und mehr Kästchen angekreuzt oder sogar eigene Aussagen ergänzt? Dann könnte ein FSJ das Richtige für dich sein. Lies im Folgenden mehr dazu.

DARJA KLINNERT, 19, macht gerade ein FÖJ in einem Naturschutzgebiet

Für mich stand nach der Schule sofort fest, dass ich mich erst mal ausprobieren möchte, bevor ich mich auf irgendetwas einlasse. Als ich vom Freiwilligen Ökologischen Jahr hörte, war ich gleich begeistert, da mir der Schutz von Natur und Umwelt schon immer am Herzen lag und ich mich gerne dafür einsetzen wollte. Nach der Theorie in der Schule hoffte ich, durch ein Jahr praktische Arbeit den Kopf frei zu kriegen und herauszufinden, womit ich mich später gerne beschäftigen würde.

Ich habe mich für eine Einsatzstelle in einem Naturschutzgebiet am Rand von Hamburg entschieden und konnte damit idealerweise das Leben in der Großstadt mit der Arbeit in der Natur vereinen. Das Tolle an meiner Einsatzstelle ist die Abwechslung und Vielfalt der Aufgaben. Meine zwei FÖJ-Kollegen und ich sind z. B. viel mit Umweltbildung beschäftigt, also der Vorbereitung und Durchführung von Kindergruppen und Kinder-Natur-Geburtstagen. Wir unterstützen unsere Kollegen aber auch bei der Öffentlichkeitsarbeit, indem wir Flyer, Broschüren und Plakate für die Angebote in unserem Naturschutzgebiet erstellen und wir helfen dabei, Veranstaltungen zu organisieren. Außerdem haben wir ein Infohaus, das wir betreuen und da muss man auch mal am Wochenende ran. Einen Kontrast zur Arbeit im Büro bietet neben den Kindergruppen die Gebietspflege und Tierbetreuung von Schafen und Galloway-Rindern. So kommt es auch mal vor, dass man am eigenen Leib erfährt, was das eigenartige Wort »Entkusseln« eigentlich bedeutet, oder dass man gemeinsam mit drei Schafen in einem VW-Bus durch das Gebiet tuckert.

Neben der Arbeit in der Einsatzstelle bietet das FÖJ aber noch viel, viel mehr. Gemeinsam mit den anderen FÖJlern habe ich fünf einwöchige Seminare zu Themen wie z. B. »Nachhaltige Entwicklung« oder »Energie und Klimaschutz« besucht. Die Seminare fanden an verschiedenen Orten in der Umgebung von Hamburg statt und man übernachtete auch dort. So haben wir oft nach dem Programm lustige Abende miteinander verbracht.

Nebenbei nutze ich das Jahr auch für das FÖJler-Austauschprogramm »Ökiglück«, bei dem ich eine Woche in eine andere Einsatzstelle hineinschnuppern kann. Das ist in ganz Deutschland möglich!

Unter uns FÖJlern gibt es einen regen Kontakt und so kommt es zu vielen gemeinsamen Projekten, die nebenbei stattfinden. Wir sind z. B. segeln gewesen, haben einen Streckenpunkt bei der Anti-Atom-Kette und ein Konzert organisiert und das ist längst nicht alles! Dadurch sind viele Freundschaften entstanden, die auch außerhalb der Arbeit bestehen.

Mein FÖJ ist bis jetzt ein sehr erlebnisreiches Jahr, in dem ich viele Erfahrungen gesammelt habe und es hat mich in meiner Einstellung sehr geprägt: Ich bin kritischer, ich konsumiere bewusster und ich setze mich für meine Meinung ein. Viele Dinge, die ich vorher zwar auch schon wichtig fand, lebe ich nun konsequenter aus. Durch mein FÖJ ist mir klar geworden, wie fatal das Konsumverhalten in unserer Gesellschaft ist. Wir dürfen dieses Wissen nicht länger verdrängen, sondern müssen unsere Gewohnheiten ändern. Ich bin der Ansicht, dass man kaum materielle Dinge braucht, um glücklich zu sein und damit tut man obendrein unserem Planeten etwas Gutes. Und diese Erkenntnis ist doch etwas sehr Wertvolles, oder?

Zum FSJ oder FÖJ kannst du unabhängig von Schulabschluss oder Ausbildung zugelassen werden, wenn du nicht mehr schulpflichtig und zwischen 16 und 26 Jahre alt bist. Wichtig ist, dass du in der Lage bist, die ausgewählte Einrichtung aktiv zu unterstützen.

Die Arbeit beginnt entweder zum 1. August oder zum 1. September. Du arbeitest ganztägig und bekommst dafür neben Unterkunft und Verpflegung ein Taschengeld bezahlt. Außerdem erhältst du eine beitragsfreie Mitgliedschaft in der gesetzlichen Kranken-, Unfall-, Arbeitslosen-, Renten- und Pflegeversicherung. Deine Eltern bekommen während deines FSJ weiterhin Kindergeld (bis zum 26. Lebensjahr).

Wenn du Interesse hast, kannst du dich direkt bei den sogenannten **Trägerstellen** bewerben. Diese sorgen dafür, dass die Teilnehmer bei einer passenden Einrichtung unterkommen. Außerdem bieten sie weitere Informationen zu Bewerbungsformalitäten und -fristen. Normalerweise wird eine schriftliche Bewerbung erwartet, die aus Anschreiben, Lebenslauf und Zeugnissen besteht, sowie oft auch ein Motivationsschreiben. Ausführliche Infos zum Thema Bewerbung findest du in Kapitel 8.

Wer in der schriftlichen Bewerbung positiv ausfällt, erhält eine Einladung zum Bewerbungsgespräch. Im Anschluss erfahren die Kandidaten per Brief, ob sie die Stelle bekommen. Die Webseiten der wichtigsten FSJ- und FÖJ-Trägerstellen in Deutschland findest du im Anhang.

Wenn du überlegst, Freiwilligenarbeit zu machen, solltest du beachten, dass nur FSJ und FÖJ eine gesetzliche Grundlage haben: Das sogenannte **Jugendfreiwilligendienstegesetz (JFDG)** gibt hier genaue Regeln vor, um die Teilnehmer zu schützen und sorgt dafür, dass sie neben dem Arbeiten auch für sich persönlich möglichst viel mitnehmen. Die Einrichtungen, die Stellen anbieten, die als FSJ- oder FÖJ-Positionen anerkannt werden, müssen außerdem bestimmte Voraussetzungen erfüllen, z.B. pädagogisch wertvolle Seminare anbieten, den Versicherungsschutz stellen können und als gemeinnützig anerkannt sein.

Andere Freiwilligendienste fallen nicht unter das JFDG und sichern dich also nicht automatisch ab. Wenn du dich für einen solchen Dienst interessierst, solltest du die Bedingungen ganz genau prüfen und aufpassen, dass du nicht als billige Arbeitskraft ausgenutzt wirst.

EINMAL SUPER-NANNY: AU-PAIR

Au-pairs sind meistens junge Leute, die sich den Wind der Ferne um die Nase wehen lassen wollen und dazu weltweit in **Gastfamilien** in der **Kinderbetreuung** arbeiten.

Au-Pairs wohnen im Haus der Gasteltern, lernen dadurch den Alltag in einem anderen Land kennen und gehören quasi auf Zeit zur Familie. Für ihre Arbeit bekommen sie freie Übernachtung und Verpflegung sowie außerdem ein Taschengeld. Die Gastfamilie hat dadurch eine Entlastung bei der Kindererziehung und die Kinder haben Spaß mit einem neuen Spielgefährten, der ihnen tolle Geschichten aus seinem Heimatland erzählen und ganz nebenbei noch ein paar Worte in einer fremden Sprache beibringen kann. Schließlich bedeutet »aupair« wörtlich übersetzt »auf Gegenseitigkeit«.

Eine gute Sache für jeden, der gerne mit Kinder umgeht und Lust hat, ein neues Land und seine Bewohner ganz aus der Nähe kennenzulernen.

CHECKLISTE:
ENTDECKE DEIN SUPER-NANNY-POTENZIAL

Kreuze die Aussagen an, die auf dich zutreffen:

O Ich mag Kinder, kann gut mit ihnen umgehen und verbringe gerne Zeit mit ihnen.

O Ich würde sehr gerne mal längere Zeit ins Ausland gehen und ein Land aus der Perspektive seiner Bewohner kennenlernen.

O Ich bin zuverlässig. Wenn ich für jemanden oder etwas Verantwortung übernommen habe, hat es immer gut geklappt. Man kann sich auf mich verlassen.

O Ich bin ein selbstbewusster Mensch und nicht so leicht aus der Ruhe zu bringen.

O Ich bin sehr konsequent und fordere von anderen ein, dass sie sich an Vereinbarungen halten.

O Ich lerne leicht neue Leute kennen und schließe schnell Freundschaften – auch über Sprachgrenzen hinweg.

O Ich bin unkompliziert im Umgang mit anderen Leuten, geduldig und bei Streit nicht nachtragend.

O Ich bin ziemlich diplomatisch und versuche Probleme so zu lösen, dass alle Beteiligten damit einverstanden sind.

O Ich kann »nein« sagen, wenn ich mit etwas nicht einverstanden bin.

Hast du mindestens sechs Kästchen angekreuzt? Dann könnte dir ein Au-pair-Job Spaß machen. Auf den folgenden Seiten erfährst du mehr darüber.

ÜBERSICHT:
AU-PAIR-ALTERSGRENZEN

Australien: 18–30 Jahre
Deutschland: 18–24 Jahre, für Au-pairs aus einigen Ländern
bis 30 Jahre
Frankreich: 18–28 Jahre
Großbritannien: 17–27 Jahre
Italien: 18–30 Jahre
Kanada: Caregiver-Programm: 19–50 Jahre
Neuseeland: 18–30 Jahre
Niederlande: 18–25 Jahre
Schweden: 18–30 Jahre
Spanien: 18–27 Jahre
USA: 16–26 Jahre

Vorausgesetzt natürlich, man landet in einer netten Gastfamilie. Als Au-pair bist du auf die Gasteltern angewiesen, denn Arbeit und Freizeit finden am gleichen Ort und mit den gleichen Leuten statt. Wenn du überlegst, eine Weile als Au-pair ins Ausland zu gehen, solltest du deshalb vorher möglichst genaue Absprachen mit den Gasteltern treffen, um sicherzugehen, dass die Basis dafür stimmt, dass ihr euch später gut versteht. Spezielle **Agenturen**, die Au-pairs vermitteln, können dir helfen, in eine geeignete Familie zu kommen. Sie haben viel Erfahrung und stellen fest, ob die Familie die Idee von der Gegenseitigkeit ernst nimmt und nicht einfach eine billige Arbeitskraft sucht. Außerdem haben die Agenturen oft große Datenbanken und können dich, falls am Zielort dann doch etwas schiefgeht, in eine neue Familie vermitteln.

CHECKLISTE:
EINE GUTE GASTFAMILIE FINDEN

Erkundige dich zu den Punkten aus der Liste, die dir für deinen Au-pair-Aufenthalt wichtig sind.

O Wie alt sind die Kinder?

O Kann ich vorher mit allen Familienmitgliedern telefonieren, um sie besser kennenzulernen?

O Welche Aufgaben soll ich übernehmen?

O Wird erwartet, dass ich einen Führerschein habe?

O Wie viele Stunden arbeite ich täglich?

O Habe ich das Wochenende frei?

O Wie viele Tage erhalte ich Urlaub?

O Welche Möglichkeiten zur Freizeitgestaltung gibt es am Zielort?

O Was tue ich während eines eventuellen Urlaubs der Familie?

O Übernimmt die Gastfamilie die Kosten für Unterkunft und Verpflegung?

O Wie hoch ist das Taschengeld?

○ Übernimmt die Familie die Kranken- und Unfallversicherung?

○ Habe ich ein eigenes Zimmer?

○ Darf ich Freunde einladen?

○ Gibt es einen Telefon- und Internetanschluss, den ich nutzen kann, um mit meinen Eltern und Freunden zu Hause zu sprechen?

○ Wird auf bestimmte Ernährungsgewohnheiten von mir (Vegetarier, Veganer, Allergien, etc.) Rücksicht genommen?

○ Gibt es Haustiere? (z. B. bei Allergikern wichtig)

○ Ist Rauchen erlaubt (für Raucher)? Raucht die Familie im Haus (für Nichtraucher)?

○ Wenn über eine Agentur vermittelt wird: Gibt es die Möglichkeit, die Stelle im Notfall zu wechseln?

○ ....

Tipp: Versuche, Antworten auf besonders wichtige Fragen schriftlich zu bekommen, z. B. indem du per E-Mail fragst.

Je nach Zielland sind die Voraussetzungen, Bedingungen und die Dauer von Au-pair-Stellen auch gesetzlich geregelt. In den USA sollte ein Au-pair (Ausnahme Sommer-Au-pairs) beispielsweise mindestens ein Jahr lang in der Familie arbeiten, während in vielen europäischen Ländern auch dreimonatige Stellen angeboten werden. In Deutschland und den USA ist außerdem genau festgelegt, für welche Tätigkeiten ein Au-pair zuständig ist (eine Kinderbetreuung ist keine Putzhilfe!), wie lange die **Arbeitszeiten** sind und wie viel **Urlaub** und **Taschengeld** gegeben werden müssen. In Deutschland bekommt ein Au-pair aktuell 260 Euro monatlich Taschengeld, in den USA 195,75 US-Dollar. In beiden Ländern müssen ein eigenes Zimmer, eine Krankenversicherung und freie Unterkunft und Verpflegung gestellt werden.

Webseiten mit Infos zu den Regelungen speziell in deinem Zielland findest du im Anhang.

LINDA SCHEFFLER, 19, ist gerade für ein Jahr als Au-pair in London

Lange hatte ich überlegt, was ich nach meinem Abitur machen soll. Ein Studium oder gar eine Ausbildung anfangen? Nein, nach 13 Jahren Pauken musste erstmal eine Art »Lernstopp« her. Ich wollte eine Pause, Neues entdecken, ein kleines Abenteuer und Zeit, mich besser kennenzulernen. In England bin ich schon seit Jahren verliebt und in Kinder sowieso – also fiel meine Wahl für das Auslandsjahr ziemlich schnell auf das Projekt »Au-pair in London«. Nach der Entscheidung vor anderthalb Jahren ging es dann intensiv an die Vorbereitung: Ich hatte noch einiges an Referenzen zu sammeln, welche mir die

Bewerbung als Au-pair erst ermöglichten (z. B. Praktikum im Kindergarten und Babysitting). Auch bei der Wahl der Agentur habe ich mir ein paar Wochen Zeit gelassen, um sicherzugehen, dass ich das richtige Programm für mich persönlich auswähle.

Ich rate dir, den Aufenthalt über eine seriöse Agentur zu organisieren. Du bekommst dort viele nützliche Informationen und Tipps. Außerdem kannst du jederzeit ohne große Probleme die Familie wechseln, falls etwas nicht stimmen sollte. Eine seriöse Agentur erkennt man z. B. daran, dass sie Mitglied in einer oder mehreren freiwilligen Au-pair-Organisationen ist, welche Arbeitszeiten, Höhe des Taschengeldes etc. regeln.

»Au-pair« bedeutet »auf Gegenseitigkeit«. Das sollte man sich klarmachen, bevor man sich für dieses Projekt entscheidet. Beide Seiten – das Au-pair und die Gastfamilie – haben ihre eigene Vorstellung von dem, was die kommenden Monate oder Jahre bringen sollen (darüber sollte man ganz zu Anfang sprechen, um Missverständnisse zu vermeiden). Als Au-pair solltest du Geduld, Neugier und – ganz wichtig – eine gewisse Portion Selbstdisziplin mitbringen. Denn man ist nicht nur hier, um ein neues Land und andere Lebensweisen kennenzulernen. Man lebt zwar gemeinsam mit der Familie unter einem Dach, ist aber auch gleichzeitig »Arbeitskraft«. Ist man sich dieser Tatsachen bewusst, steht einem glücklichen Aufenthalt nichts mehr im Wege!

Ich bin nun seit zehn Tagen in London und bereue keine einzige Sekunde. Meine Gastfamilie war mir auf Anhieb sehr sympathisch, was mir den Einstieg in mein kleines Abenteuer erheblich erleichterte. Was ich hier den lieben langen Tag so mache? Mein »Arbeitstag« beginnt um acht Uhr mit dem Frühstück für die beiden Kinder und mich. Anschließend bringe ich die zwei Jungs (sechs und zehn Jahre) zur Schule, wasche die Wäsche, bügele und halte das Haus oberflächlich sauber. Wann ich das alles erledige, ist mir selbst überlassen – Hauptsache, ich mache es! Um 15:30 Uhr hole ich die kleinen Racker von der Schule ab, beschäftige mich ein wenig mit ihnen und um 18 Uhr steht das Abendessen für die Jungs und mich auf dem Tisch. Kurz darauf kommen die Eltern von der Arbeit nach Hause und ich bin »entlassen«. Natürlich läuft nicht jeder Tag so organisiert ab; wie es im normalen Familienleben nun mal so ist, ändern sich manche Pläne kurzfristig und man muss spontan umdenken.

Das Wochenende gehört aber komplett mir alleine. Ich nutze es, um London und Leute kennenzulernen.

In den zehn Tagen, in denen ich nun hier bin, habe ich bereits eine Menge erlebt und gelernt. Ich finde es total spannend, jeden Tag ein neues, kleines Highlight zu erleben (mit den Kindern zusammen kochen, mich verlaufen und den Weg auf eigene Faust wiederfinden, die Londoner Innenstadt entdecken ...). Ich habe mich auch schon mit einigen Au-pair-Mädchen aus aller Welt getroffen, ein deutsches wohnt sogar in meiner Nachbarschaft. Wenn man einfach ganz offen und freundlich auf andere Menschen zugeht, findet man schnell Anschluss. Nur Mut!

8 | DER EINSTIEG ALS AZUBI

Mathe, Deutsch, Englisch, ... Jahrelang hat dir die Schule deinen Tagesablauf vorgegeben. Auf einen Schlag fällt der feste Stundenplan weg. Das ist eine ganz schöne Umstellung. Fast jeder empfindet deshalb nach der Schule neben der Freude über den bestandenen Abschluss und der großen Lust, die neue Freiheit zu feiern, auch ein mulmiges Gefühl. Wie geht es jetzt weiter? Im Hinterkopf baut sich leicht eine Angst auf, nun Berufsentscheidungen treffen zu müssen, die das ganze Leben beeinflussen werden.

Tatsächlich heißt es, dass es Jugendlichen heute schwerer fällt als früher, nach der Schule über ihre Zukunft zu entscheiden. Das könnte damit zusammenhängen, dass Schülerinnen und Schüler heute einem stärkeren gesellschaftlichen Druck ausgesetzt sind, der sie schon früh auf Leistung als Ziel ausrichtet und sie die eigenen Wünsche und Bedürfnisse leicht vernachlässigen lässt.

Leistung wird zunächst an Noten gemessen. Für ein Fach, in dem man gute Noten hat, ist man eben begabt. Weil dieser Bereich am meisten Erfolg zu versprechen scheint, orientieren sich viele an solchen Fächern, wenn sie für die Zukunft Pläne schmieden. Klar, will jeder erfolgreich sein, doch willst du das um jeden Preis? Überlege dir also, ob dir das, worin du in der Schule immer so gut warst, überhaupt Spaß macht. Siehst du einen Sinn darin oder freut dich nur, dass du es gut kannst?

Eine andere Schwierigkeit ist, dass die Schule die Welt in Fächer aufgeteilt hat. Im Leben nach der Schule wird schnell klar, dass das so nicht stimmt. Jemand, der sich in der Schule für das Fach Biologie interessiert hat, kann natürlich von Beruf Biologe werden. Doch jemand, der Philosophie mag, wird es als Philosoph in unserer Gesellschaft nicht ganz so einfach haben. Zumindest wird er kaum einmal in die Situation kommen, sich in einer Stellenanzeige als Philosoph bewerben zu können, wenn er nicht zurück in die Fächerwelt der Schule oder eine ähnliche Lehrinstitution (z. B. Uni) will.

Allerdings eröffnet das auch Chancen, denn es gibt eine Menge zusätzlicher Berufe, denen in der Schule kein Fach entsprochen hat. Der Philosoph kann beispielsweise als Unternehmensberater arbeiten oder in der PR-Abteilung eines Konzerns einsteigen. Und wer in der Schule das Fach Deutsch mochte, muss nicht zwangsläufig Germanistik studieren, sondern kann sich beispielsweise auch für Buchwissenschaften, Journalistik oder eine Ausbildung im Verlag oder Buchhandel entscheiden. Wer sich auskennt, was es alles gibt, findet jetzt vielleicht einen Ausbildungsweg, der viel besser zu ihm passt, als es jede Schulfach-Aufteilung gekonnt hätte.

So ist es letztlich doch beruhigend, dass die Welt nicht in Fächer aufgeteilt werden kann, sondern voller noch unbekannter Chancen steckt. Finde heraus, welche Ausbildungsmöglichkeiten es abseits des geraden Schulfachwegs gibt! Vielleicht findest du so einen Traumjob, der dich wirklich interessiert. Denn Interesse und Spaß an der Sache sind die besten Antriebe für ein glückliches Arbeitsleben.

Ein weiterer Pluspunkt ist, dass immer weniger Menschen denselben Beruf lebenslang ausüben. So endgültig ist die Berufsentscheidung also gar nicht. Dir wird auch danach noch eine Menge Spielraum für die Weiterentwicklung, Kurskorrekturen oder sogar Neuanfänge bleiben.

Viel mehr Spielraum übrigens als allen Generationen vor dir, denn die lebenslange Weiterbildung, die heute von Berufstätigen gefordert wird, hat ihr Gutes und lässt zu, dass du immer wieder andere Richtungen einschlagen kannst. Lass dir also nicht einreden, dass du jetzt schon wissen musst, was du in zwanzig Jahren für einen guten Job hältst, sondern lebe aus, was in dir steckt, und wähle den spannendsten Beruf, den du dir heute erträumen kannst. Es ist schließlich dein Leben und es findet jetzt statt!

BERUFSWAHLFAKTOR ICH

Wie du deinen Traumjob findest? Hör auf dich selbst, hinterfrage deine **Wünsche und Bedürfnisse**, lerne mögliche Jobs kennen und wähle aus, was für dich stimmig ist!

Obwohl der erste Schritt der wichtigste bei der ganzen Suche ist, wird er oft übergangen. Nur wer sein Ziel kennt, kann den Weg finden, hat Laotse einmal gesagt. Wer nicht einmal weiß, wonach er sucht, der kann es hingegen naturgemäß nicht finden.

Um dir darüber klar zu werden, was du von deinem zukünftigen Beruf erwartest, kannst du beispielsweise eine Liste mit allem erstellen, was dir bei deinem Job wichtig ist. Möchtest du beispielsweise in einem Team arbeiten oder lieber alleine? Wären Nachtschichten für dich denkbar? Arbeitest du lieber draußen oder drinnen? Könntest du dir einen Tagesablauf vor dem Computer vorstellen? Welche kreativen Aspekte sollte der Job mit sich bringen? Wie wichtig ist dir dein späteres Einkommen?

Bewerte deine Punkteliste dann, indem du den wichtigsten Aspekten drei Sternchen gibst, den wichtigen zwei und den weniger wichtigen einen Stern.

Hier findest du ein Beispiel für eine solche Liste, anhand derer sich Jobs, von denen du erfährst, schnell daraufhin abgleichen lassen, ob sie für dich in Frage kommen.

Bei zwei Alternativen kannst du außerdem überprüfen, welche besser zu deinen Vorstellungen passt.

CHECKLISTE:
DAS IST MIR IN MEINEM
ZUKÜNFTIGEN BERUF WICHTIG

Vergib je nach Bedeutung ein bis drei Sternchen.

*** Ich möchte mit anderen Kollegen im Team
zusammenarbeiten.

*** Ich möchte eigenständig Verantwortung übernehmen
können.

*** Ich möchte einmal Führungsaufgaben übernehmen
und Projekte leiten können.

*** Ich möchte Aufstiegschancen haben.

*** Ich möchte einen Beruf mit vielen
Weiterbildungsmöglichkeiten haben.

*** Ich möchte einen Beruf haben, der abwechslungsreich
ist.

*** Ich möchte draußen/drinnen arbeiten (nicht
Zutreffendes durchstreichen).

*** Ich möchte einen Beruf, bei dem ich nicht den ganzen
Tag sltze.

*** Ich möchte einen Beruf, bei dem ich keine
Nachtschichten übernehmen muss.

*** Ich möchte einen Beruf mit guten Chancen auf dem Arbeitsmarkt.

*** Ich möchte nach der Ausbildung mindestens .... Euro monatlich verdienen.

Was mir ansonsten wichtig/unwichtig ist:

*** ....

*** ....

*** ....

*** ....

*** ....

*** ....

*** ....

Deine Checkliste kann natürlich im nächsten Schritt noch ausgebaut und ergänzt werden. Ergänze alles, was du gut kannst und unbedingt im Beruf nutzen möchtest. Das können auch Eigenschaften sein, für die du bekannt bist, z. B. Zuverlässigkeit, Pünktlichkeit, Unordnung, guter oder schlechter Zuhörer etc.

Im nächsten Schritt machst du dich an die **Recherche**: Du suchst nach dem Job, der zu deinen Anforderungen passt. Sei offen und lass ruhig zu, dass sich viele verschiedene Jobs bei dir bewerben!

Wenn du erstmal praktisch loslegen willst, anstatt weiter nur die Schulbank zu drücken, bieten sich dir laut Bundesinstitut für Berufsbildung ganze 249 anerkannte **Ausbildungsberufe** in Deutschland an. Nach der Ausbildungsmarktkrise in den letzten Jahren stehen dabei aktuell die Chancen, eine Ausbildungsstelle zu finden, wieder besser. Statistisch kommen auf 100 Ausbildungsplatzbewerber 100,8 offene Stellen. Dabei ist auch der Unterschied zwischen Ost- und Westdeutschland nicht so groß, wie es oft in den Medien heißt: In Westdeutschland sind es 101,3 Stellen pro 100 Bewerber, in Ostdeutschland 98,7 Stellen. Die Rechnung zeigt, dass es momentan nicht allzu schwer ist, eine Ausbildungsstelle zu finden.

Schwachpunkt der Statistik: Natürlich willst du nicht irgendeine Stelle, sondern genau die, die zu dir passt. Doch auch hier standen die Chancen schon schlechter: In Baden-Württemberg, Bayern und dem Saarland war eine organisierte Nachvermittlung von Ausbildungsplätzen im Januar 2010 nicht einmal nötig, da dort alle Jugendlichen, die im September 2009 auf der Suche nach Ausbildungsplätzen waren, bereits die richtige Stelle für sich gefunden hatten. Der langfristige Trend geht in Richtung Überangebot. Immer weniger Schulabgänger möchten direkt in eine Ausbildung starten. Entsprechende Stellen werden daher immer öfter auch leer bleiben.

In Deutschland gibt es ein duales Ausbildungssystem, bei dem du Berufsschule und Ausbildungsbetrieb parallel oder im Wechsel besuchst und dadurch Theorie und Praxis immer direkt verbinden kannst. Eine Ausbildung dauert je nach Beruf und Schulabschluss zwei bis dreieinhalb Jahre und endet mit einer schriftlichen und einer mündlichen Prüfung durch die Berufsschule oder entsprechende Kammer. Wenn du über diese Grundlagen hinaus mehr über genau deinen Wunschberuf wissen willst, gibt es nur eine Adresse für dich: das BIZ.

BERUFSINFORMATIONSZENTRUM BIZ: DAS NAVI UNTER DEN WEGBESCHREIBUNGEN

Das **BIZ**, unabgekürzt **Berufsinformationszentrum**, gibt es in allen **Agenturen für Arbeit** und es richtet sich genau an Leute wie dich, das heißt, an jugendliche Berufsein- und -umsteiger aller Schulsysteme. Ohne Anmeldung kann man hingehen, die Infos vor Ort durchstöbern und einen Termin für eine kostenlose Berufsberatung ausmachen. Wer schon etwas mehr über sein Berufsziel weiß, kann sich über die Jobbörse direkt nach einer passenden Lehrstelle umsehen und bewerben.

Ein Besuch im BIZ kann nie verkehrt sein. Schlimmstenfalls entdeckst du, welchen Job du auf keinen Fall ausüben willst. Wenn du gerade überhaupt keine Zeit hast und dennoch einen ersten Schritt gehen willst, gibt es einen idealen **Online-Test** für dich, der deine Interessen und Fähigkeiten herausfindet, auswertet und dir Ausbildungsmöglichkeiten ausspuckt, die genau zu deinem Profil passen sollen: http://portal.berufe universum.de. Der Test ist von der Bundesagentur für Arbeit für Real- und Hauptschulabgänger konzipiert worden, kann dir aber auch als Gymnasiast ein erster Anhaltspunkt bei der Berufsfindung sein. Die Ergebnisse des Tests kannst du als

Ideen abspeichern, solltest aber genau beleuchten, ob sie dich wirklich interessieren. Gegebenenfalls kannst du dadurch neue Punkte in deiner Checkliste ergänzen. Letztendlich ist aber natürlich kein Test der Welt komplex genug, um festzulegen, was du willst. Vor allem, solange du es selbst noch nicht genau weißt.

BERUFE OHNE ENDE: WAS ES ALLES GIBT

Die Informationen zur Berufswahl kannst du gut sortieren, indem du dir einen Berufsordner zulegst, in dem du alles abheftest, was dir bei der Jobwahl helfen kann, beispielsweise Tipps bei der BIZ-Beratung, Ergebnisse in Berufsfindungs-tests, Artikel über Jobs, die dich interessieren und anderes.

Wenn du nicht weißt, wo du bei so viel Angebot anfangen sollst, bietet sich die Webseite von **Planet Beruf** (www.planet-beruf. de) an. Sie wird von der Bundesagentur für Arbeit gesponsert und ist ansprechend aufgemacht.

Kommt dir in den Artikeln ein Job unter, der in die nähere Auswahl kommt, heißt es fernsehen. Gib die Berufsbezeichnung des Ausbildungsberufs ins **Berufenet** (http://berufenet. arbeitsagentur.de/berufe/index.jsp) ein und sieh dir an, was es damit auf sich hat, und ob dir der Arbeitsalltag in diesem Job liegen würde.

Findest du auf dem Weg über Info und Beratung in BIZ, Planet Beruf oder Berufenet nichts, was dich gleich auf den ersten Blick reizt, ist es Zeit für das Telefonbuch der Ausbildungsberufe.

Diese sehr lange, vollständige Liste findest du beispielsweise im Internet auf der Webseite des **Bundesministeriums für Wirtschaft und Technologie** (www.bmwi.de/BMWi/Naviga tion/Ausbildung-und-Beruf/ausbildungsberufe.html).

Hier ist vom klassischen Handwerk (z. B. Maurer, Elektroinstallateurin, Metallbauer) über Fachinformatikerin, Fotograf oder Tiermedizinische Fachangestellte bis hin zu Diamantschleifer, Steinmetz, Spielzeugherstellerin, Modeschneider, Maskenbildnerin oder Weinküfer einfach alles verzeichnet, was es an Ausbildungsberufen in Deutschland gibt.

Gehe die Berufe der Reihe nach durch und überlege, was dich interessieren könnte. Notiere alles, was dir gefällt, im Berufsordner.

Auch **Bücher** können bei der grundlegenden Berufsfindung weiterhelfen.

Sehr gut ist beispielsweise der Jugendratgeber zur Berufsfindung ›Arbeit – Leben – Glück. **Wie man herausfindet, was man werden will**‹ von *Gina Schulze*.

Hast du einen ersten Einblick gewonnen, kannst du deinen Traumjob systematischer einkreisen. Das geht beispielsweise, indem du dich ihm über Bereiche näherst.

Die meisten Leute fühlen sich instinktiv einem oder mehreren Bereichen zugehörig, die ihnen dann bei der weiteren Auswahl helfen können. In dieser Checkliste findest du eine Übersicht. Die übrigens folgt der Einteilung des Arbeitsmarktservice Österreich in 24 Berufsbereiche.

CHECKLISTE: BERUFSBEREICHE

In welche Richtung willst du gehen?
Kreuze ein oder mehrere Bereiche an.

O   Büro, Wirtschaft und Recht

O   Bau, Baunebengewerbe und Holz

O   Chemie, Kunststoffe, Rohstoffe und Bergbau

O   Elektro und Elektronik

O   Garten-, Land- und Forstwirtschaft

O   Gesundheit und Medizin

O   Glas, Keramik und Stein

O   Grafik, Foto und Papier

O   Handel, Verkauf und Werbung

O   Hilfsberufe und Aushilfskräfte

O   Hotel- und Gastgewerbe

O   Informationstechnologie

O   Körper- und Schönheitspflege

- ○ Lebensmittel

- ○ Maschinen, KFZ und Metall

- ○ Medien, Kunst und Kultur

- ○ Reinigung und Haushalt

- ○ Reise, Freizeit und Sport

- ○ Sicherheitsdienste

- ○ Soziales, Erziehung und Bildung

- ○ Textil und Mode

- ○ Umwelt

- ○ Verkehr, Transport und Zustelldienste

- ○ Wissenschaft, Forschung und Entwicklung

- ○ ....

- ○ ....

- ○ ....

- ○ ....

Wenn du einen oder mehrere Bereiche gefunden hast, die für dich in Frage kommen, wird das Feld überschaubarer, in dem dein Berufsziel liegen könnte, und du kannst konkret nach Berufen in diesem Feld Ausschau halten.

Das geht beispielsweise, indem du die entsprechenden Verbände kontaktierst oder ein Praktikum in einem Unternehmen aus dem Bereich machst. Du kannst dabei direkt angeben, dass es dir wichtig ist, in mehrere Berufsprofile aus diesem Feld hineinzuschnuppern, um einen ersten Eindruck zu gewinnen. So viel Engagement wird dir normalerweise positiv ausgelegt. Natürlich solltest du dann auch ausreichend Zeit einplanen, um dich im Unternehmen umsehen zu können.

Nimm dir für deine Entscheidung ruhig Zeit, doch schiebe sie nicht untätig auf. **Ausbildungsbeginn** ist meist im August und September. Die **Bewerbungsphase** beginnt daher oft schon während des letzten Schuljahrs, wenn du im Herbst starten willst. Fange also so früh wie möglich mit deiner Planung an!

Wenn du ein paar Berufe gesammelt hast, solltest du mit Leuten sprechen, die sie ausüben. Vielleicht hast du Bekannte, die in dem Bereich arbeiten. Wenn nicht, helfen aber auch eine Mail oder ein Anruf mit freundlicher Anfrage an jemanden, der in diesem Beruf arbeitet. Du findest Leute mit so ziemlich allen Berufen im Internet, z. B. in **Karrierenetzwerken** wie XING (www.xing.com) oder den Gelben Seiten. Normalerweise freut sich jeder, ein bisschen von seinem Alltag erzählen zu dürfen und man ist gleich doppelt froh, wenn sich jemand für den eigenen Beruf interessiert, also trau dich!

Besonders einfach kommst du gleich mit einer großen Anzahl von Leuten aus deinem Favoritenbereich ins Gespräch, indem du eine Berufsmesse besuchst. Ein Verzeichnis der aktuell stattfindenden **Jobmessen** findest du auch im Internet (www.jobtastic.de/karriereportal/berufseinstieg/jobmessen. php).

Letztendlich gibt es also eine riesige Menge an Angeboten, die dir bei der Berufswahl helfen. Halte die Augen offen und du wirst das Richtige für dich finden!

ALEX RIPKE, 19, hat gerade seine dreijährige Ausbildung zum Kaufmann im Einzelhandel beendet

Als ich meine letzte Bewerbung abgeschickt hatte, waren die Hoffnungen, in letzter Minute noch einen Ausbildungsplatz zu ergattern, sehr gering. Die Überraschung und Freude, dass ich dann doch zu einem Vorstellungsgespräch eingeladen wurde, war riesig. Daraus ist dann ein Praktikumsplatz für ein Jahr geworden, wo ich mich einmal die Woche im Betrieb beweisen und nebenbei den erweiterten Hauptschulabschluss erlangen konnte. Durch gute Noten in der Schule und den Willen, es zu schaffen, ist es mir schließlich gelungen, im gleichen Betrieb einen Ausbildungsplatz zum Verkäufer zu bekommen. Die Anfangszeit war sehr schwierig. Ich habe viele Fehler gemacht und war leider auch zu unkonzentriert. Das Ganze in der Probezeit! Zum Glück hat mein Ausbilder meinen Einsatz gesehen und mich nicht rausgeworfen.

In der Berufsschule lief es recht gut. Ich habe immer zufriedenstellende Noten gebracht und hatte dort keine großen Probleme. Da ich nur einen Ausbildungsvertrag zum Verkäufer hatte, ging die Zeit schnell vorbei und ich hatte Angst davor, wie es weitergehen sollte. Im Betrieb wurde ich immer besser und hatte eine Eins in der Zwischenprüfung vorzuweisen. Das kam mir zugute, als es darum ging, ob ich einen neuen Ausbildungsvertrag für ein weiteres Jahr zum Kaufmann im Einzelhandel erhalten sollte.

Die Bedingung dafür, dass ich ein weiteres Jahr bleiben konnte, war, dass ich jeden Tag 30 km zu einer anderen Filiale fahren musste. Ein neuer Laden, neue Kollegen – das war eine ziemliche Umstellung für mich. Aber ich habe mich in diesem Jahr weiterentwickelt, habe Neues dazugelernt und viel Lob bekommen. Als die Ausbildung zu Ende ging, hieß es wieder: zittern. Neue Arbeit? Übernahme oder arbeitslos?

Ich bekam einen Brief, in dem stand, dass ich nicht übernommen werde. Mein Frust war groß. Sollten drei Jahre Einsatz umsonst gewesen sein? Ich hatte wochenlang Angst. Zwei Monate vor dem Ende bekam ich dann die erlösende Nachricht, dass ich doch übernommen werde! Zwar wieder in einer neuen Filiale, aber da ich ein Auto habe, war auch das kein Problem. Nach meinem letzten Urlaub als Azubi bin ich noch vor der mündlichen Prüfung dorthin gewechselt und bin auch nach der Prüfung dort geblieben.

Die Ausbildungsjahre waren für mich eine Berg- und Talfahrt der Gefühle. Es gab besonders zu Beginn viel Kritik, aber auch Lob. Dazu zweimal die Angst, ohne Arbeit dazustehen. Doch mein Einsatz und meine freundliche Gelassenheit haben dazu geführt, dass ich weiter im Betrieb arbeiten kann, meine Ausbildung beendet habe und nun gute Zukunftschancen habe. Daher kann ich jedem Azubi nur den Rat geben, nicht beim ersten Gegenwind alles hinzuwerfen. Jeder macht Fehler und besonders zu Beginn der Ausbildung ist das normal. Aber wer sich bemüht, der wird auch erfolgreich sein.

PRAKTIKA: PROBIER'S EINFACH AUS!

Eine gute Möglichkeit, um tatsächlich herauszufinden, ob ein Job aus der engeren Auswahl das Wahre für dich ist, ist ein **Praktikum**. Damit kannst du nach der Schule erst einmal unverbindlich starten, ohne Zeit zu verlieren, denn jede Praxiserfahrung wird sich beim nächsten Job (oder Praktikum) doppelt auszahlen. Am Praktikum führt ohnehin kaum ein Weg vorbei, weil viele Arbeitgeber dir erst mit Vorerfahrung eine **Azubi- oder Traineestelle** oder ein **Volontariat** anbieten werden. Insofern schlägst du gleich zwei Fliegen mit einer Klappe: Du selbst wirst dir sicherer, was du tun willst, und du sammelst die formale Praxiserfahrung, die du für deine Bewerbungen ohnehin brauchen wirst.

Das Prinzip Praktikum ist einfach: Du weißt, wohin du willst und brauchst jetzt einen Arbeitgeber auf Zeit. Wenn du auch schon weißt, in welchem Unternehmen du später gern arbeiten möchtest, ist es natürlich am besten, direkt dort auf der Matte zu stehen. Ansonsten findest du geeignete Unternehmen über die Gelben Seiten, Internetrecherche, Familie, Freunde und Bekannte, Stellenausschreibungen oder durch Jobmessen. Im folgenden Abschnitt erfährst du, wie du dich auf ein Praktikum oder eine Ausbildungsstelle bewerben kannst.

BEWERBUNG MACHT DEN MEISTER

Regel Nummer Eins, damit es klappt: Lass dich nicht von Stellenausschreibungen einschränken. Je weniger du dich bei deiner Bewerbung davon beeinflussen lässt, desto besser, denn auf Gesuche bewirbt sich auch die Konkurrenz.

Das heißt nicht, dass du den Job nicht kriegen kannst, doch ein Blick auf das Konkurrenzunternehmen, das gerade keine Anzeige geschaltet hat, heißt ein Bewerbungsmonopol für dich! Greif also zu und bewirb dich ohne Einschränkung einfach dort, wo du hinwillst.

Zunächst solltest du mit einem **Anruf** klären, ob im Unternehmen Praktikanten bzw. Auszubildende genommen werden.

Erkläre, dass du dich dafür interessieren würdest, und erkundige dich nach der richtigen Ansprechperson.

Wenn dein Ansprechpartner ans Telefon geholt wird, kannst du in den verschiedensten Formulierungen letztlich mit nur zwei Fragen rechnen: »*Wer sind Sie?*« und »*Warum wollen Sie zu uns?*«. Du hast natürlich eine Antwort vorbereitet und hinterlässt damit einen guten Eindruck.

Zur Antwort auf die erste Frage gehört nicht nur dein Name, sondern auch alle Eigenschaften, die dich für das Unternehmen geeignet wirken lassen. Zähle aber nicht willkürlich auf »*Ich bin lernfähig, engagiert und kreativ*«, sondern belege genau das, was dich deiner Meinung nach insbesondere zu einem guten Kandidaten für das Unternehmen macht, mit einem Beispiel. Bewirbst du dich bei einem Werbefotografen, könnte das beispielsweise die Kreativität sein. Statt sie einfach nur in den Raum zu stellen, könntest du sagen: »*Ich bin eine begeisterte Fotografin. Letztes Jahr habe ich in der Schule eine Ausstellung mit Fotos von Industrieanlagen gemacht, die mit einem Preis ausgezeichnet wurde. Auf Ihrer Webseite habe ich gesehen, dass Sie auch Fotos in diesem Bereich machen.*«

Das bleibt mit Sicherheit in Erinnerung und zeigt neben der Kreativität auch gleich Eigenschaften wie Eigeninitiative und Interesse an genau diesem Unternehmen.

Normalerweise wirst du am Telefon dazu aufgefordert werden, deine schriftlichen **Bewerbungsunterlagen** einzureichen. Meist beschränken sich diese Unterlagen auf ein Anschreiben, einen Lebenslauf und Zeugnisse.

Im **Anschreiben** legst du in knapper Form (maximal eine getippte DIN A4-Seite) deine Motivation dar, genau in diesem Unternehmen genau diesen Job auszuüben.

Versuche auch hier, möglichst konkret zu formulieren. Allgemeine Floskeln bekommt die Personalabteilung ständig zu lesen, da fallen eigenständige Bewerbungen gleich positiv auf.

Formuliere dein Anschreiben klar und verständlich und versetze dich in den Leser hinein: Er möchte gerne einen guten Praktikanten bzw. Azubi haben, hat aber wenig Zeit. Welche Art von Bewerbung wird ihn wohl am ehesten überzeugen? Eindeutig eine, die klare Aussagen knapp auf den Punkt bringt und damit zeigt, dass der Bewerber weiß, worauf es ankommt. Verzichte allerdings trotz Einfachheit auf umgangssprachliche oder sogar dialektale Wendungen, sondern beweise mit verständlicher Standardsprache, dass du die Konventionen kennst.

Diese beginnen übrigens bereits bei der äußeren Form des Anschreibens. Oben steht zunächst deine eigene Adresse, dann, nach einem Absatz, die deines potenziellen Arbeitgebers. Darunter schreibst du im Fettdruck den Betreff deines Schreibens (z.B. *Bewerbung um ein Praktikum im Kindergarten*). Das Datum wird in der Regel rechtsbündig in die nachfolgende Zeile gesetzt.

Jetzt beginnt das eigentliche Anschreiben mit *»Sehr geehrte/r Frau/Herr ...«*. Nach einem Absatz folgt eine knappe Einleitung, die meist nur aus einem oder zwei Sätzen besteht. Wenn du bereits ein Telefongespräch mit deinem Ansprechpartner geführt hast, kannst du darauf Bezug nehmen, beispielsweise: *»nochmals herzlichen Dank für das nette und informative Telefongespräch am .... Wie besprochen sende ich Ihnen beiliegend meine Bewerbungsunterlagen für ein Praktikum/eine Ausbildung im Bereich ... bei ... (Name des Unternehmens einfügen).«*

Der Hauptteil wird durch einen weiteren Absatz eingeleitet und gehört ganz deiner Qualifikation und Motivation. Wichtig ist, dass du überzeugend darstellen kannst, warum dich der jeweilige Bereich interessiert und warum du dafür geeignet bist. Achte darauf, deine Argumente sauber zu gliedern und verwende hierzu, wenn nötig, weitere Absätze.

Zum Schluss kannst du noch einmal zusammenfassen, was du willst. Schreibe beispielsweise *»Deshalb möchte ich ein Praktikum/eine Ausbildung als ... in der Firma ... absolvieren.«*

Mit diesem Satz betonst du, dass dir an der Stelle gelegen ist. Tatsächlich vergessen Bewerber oft zu schreiben, was Sie eigentlich wollen. Sie denken, dass die Angabe »Bewerbung um ...« in der Betreffzeile schließlich indirekt schon aussagt, worum es Ihnen geht. Für einen Arbeitgeber liest sich das allerdings demotiviert und leicht so, als wüsste der Bewerber nicht genau, was er will. Das, worauf es in dem Schreiben eigentlich ankommt, sollte man schon auch einmal explizit ausgesprochen haben!

Das Anschreiben kannst du beispielsweise mit diesen Sätzen schließen. »*Bitte kontaktieren Sie mich, wenn Sie weitere Unterlagen benötigen. Ich würde mich freuen, Ihnen bei einem persönlichen Gespräch meine Motivation näher darlegen zu dürfen und Sie und das Team besser kennenzulernen.*«

Darunter setzt du nach einem Absatz den üblichen Gruß »*Mit freundlichen Grüßen*«. Es ist üblich, handschriftlich zu unterschreiben.

MUSTER-ANSCHREIBEN:

Anna Schmidt

Bewerberstraße 1a • 0000 DEF-Stadt • Deutschland

Telefon: +49 3333 444444   E-Mail: Anna.Schmidt@xxx.de

ABC Hotel
Frau Lydia Sommer
Berufsstraße 7
1234 Stadt

Bewerbung um ein Praktikum im Bereich Tourismus

10.08.2011

Sehr geehrte Frau Sommer,

sind Sie auf der Suche nach einer hochmotivierten und kompetenten Praktikantin mit guten Sprachkenntnissen? In diesem Fall würde ich mich Ihnen gerne vorstellen und Sie davon überzeugen, dass es für Sie lohnenswert ist, mit mir in Kontakt zu treten.

Momentan schließe ich an der ABC-Schule in DEF-Stadt meine Mittlere Reife ab und werde voraussichtlich im Juli 2012 die Schulzeit erfolgreich beendet haben. Mein Berufsziel ist es, später einmal im Bereich Tourismus zu arbeiten. Ein Praktikum im ABC Unternehmen während der Sommerferien wäre für mich der erste konkrete Schritt in diese Richtung.

Aufgrund meiner guten Noten im Fach Englisch bin ich in der Lage, sehr gut mit Ihren Hotelgästen zu kommunizieren.

Darüber hinaus besuche ich seit zwei Jahren die Spanisch AG meiner Schule, um meine Fremdsprachenkenntnisse weiter auszubauen. Durch meinen Nebenjob als Kellnerin bin ich Kundenumgang ebenso gewöhnt wie die körperliche Anstrengung, ständig auf den Beinen zu sein. Neben der Schule bin ich im Jugendverein ABC Mitglied und organisiere dort gemeinsame Ausflüge in die nähere Umgebung. Neben Organisationstalent bringe ich daher auch eine sehr gute Teamfähigkeit und viel Eigeninitiative mit.

Sehr gerne möchte ich im Rahmen eines Praktikums für das ABC Hotel tätig werden. Beiliegend sende ich Ihnen meine Bewerbungsunterlagen zu. Bitte setzen Sie sich mit mir in Verbindung, wenn ich Ihnen weitere Informationen oder Unterlagen zukommen lassen darf oder Sie mich bei einem Gespräch besser kennenlernen möchten.

Mit freundlichen Grüßen
Anna Schmidt

Anlagen

Der zweite entscheidende Teil der schriftlichen Bewerbung ist der **Lebenslauf**. Hier hältst du in chronologischer Reihenfolge die offiziellen Stationen in deinem bisherigen Leben fest. Viele Musterbeispiele findest du in Büchern oder im Internet. Wähle am besten eine Lebenslaufform aus, die rückwärts chronologisch ist, bei der also dein jüngster Schulabschluss ganz oben steht und die länger zurückliegenden Fakten weiter unten. So fällt das Wichtigste direkt ins Auge. Natürlich sollten alle Anlagen sauber und ordentlich aussehen und nach dem Ausdrucken handschriftlich unterschrieben werden, bevor du sie abschickst.

Seit einigen Jahren macht sich die Europäische Kommission für eine einheitliche Lebenslaufform innerhalb der EU stark. Einen solchen sogenannten **EUROPASS-Lebenslauf** kannst du im Internet direkt downloaden und brauchst ihn nur noch auszufüllen (den ausführlichen Link findest du im Anhang). Ein großer Vorteil: Wenn du dich im europäischen Ausland bewirbst, findest du zum EUROPASS-Lebenslauf bereits übersetzte Musterlebensläufe, die du für deine Bewerbung direkt übernehmen kannst und nur noch mit deinen Daten auszufüllen brauchst.

Nach Versenden der schriftlichen Bewerbung hilft ein weiteres, kurzes Telefongespräch, bei dem du dich erkundigst, ob deine Bewerbung gut angekommen ist. Deine Stimme ist jetzt beim Ansprechpartner bestens abgespeichert und du hast dein Möglichstes getan. Wenn alles gut geht, wirst du im nächsten Schritt zum Vorstellungsgespräch eingeladen.

Für das **Vorstellungsgespräch** ist es gut zu wissen, dass es letztlich nur fünf Fragen gibt, die du beantworten können musst, um den Fuß in der Bürotür zu haben. Probiere es aus, es stimmt tatsächlich!

FÜNF FRAGEN ZUM VORSTELLUNGSGESPRÄCH

1. Warum wollen Sie bei uns arbeiten?
2. Was können Sie für uns tun? (Fähigkeiten)
3. Was für ein Mensch sind Sie? (Persönlichkeit, Eigenschaften)
4. Was ist an Ihnen anders, als an 19 anderen Kandidaten mit gleichen Fähigkeiten? (Hier geht es um herausstechendes Merkmal: Was macht *dich* besonders?)
5. Kann ich Sie mir leisten?

Diese fünf Fragen zum Vorstellungsgespräch formuliert Richard Nelson Bolles in seinem Buch ›Durchstarten zum Traumjob‹ (Campus, 2002, S. 254). Ein empfehlenswertes Handbuch für alle Ein-, Um- und Aufsteiger!

Mit den Antworten zu diesen Fragen im Kopf sitzt du bald darauf in anständigen Klamotten deinem zukünftigen Lieblingschef gegenüber und erzählst das, was dir nicht schwerfällt, denn damit hast du dich schließlich die ganze Zeit beschäftigt: warum du in diesen Beruf und zu diesem Unternehmen willst. Außerdem stellst du natürlich auch deine Fragen. Erkundige dich beispielsweise nach deinen Aufgaben im Job, nach der Zusammensetzung des Teams und dem Arbeitsplatz. Fragen nach Urlaub und Überstundenvergütung kommen dagegen beim ersten Gespräch schlecht an.

Versuche selbstbewusst zu wirken (auch wenn du in dieser Situation aufgeregt bist), halte offenen Augenkontakt und sei freundlich und höflich. Je authentischer du wirkst, desto sympathischer wirst du in Erinnerung bleiben. Übertreibungen, Arroganz oder Besserwisserei werden leicht durchschaut und kommen in der Regel nicht gut an. Denke daran: Du bist zum Gespräch eingeladen worden, hast also gute Chancen auf eine Zusammenarbeit!

Nach dem Gespräch ist noch nicht alles vorbei. Verfasse zum Abschluss eine kurze E-Mail mit einem Dankeschön für das Gespräch. So bleibst du gut in Erinnerung.

GELD ALLEIN MACHT NICHT GLÜCKLICH, ABER ZUMINDEST REICH

Es gibt eine gute und eine schlechte Nachricht für die Ohren eines angehenden Azubis. Die schlechte Nachricht: Azubis erhalten kein Gehalt. Doch bevor du dir Sorgen machst, kommt hier die gute Nachricht: Stattdessen bekommst du eine sogenannte **Ausbildungsvergütung**. Diese unterliegt genauso der Sozialversicherungs- und Steuerpflicht wie ein Gehalt, doch die Höhe hängt von anderen Faktoren ab als beim Gehalt, nämlich beispielsweise von deinem Alter und dem Ausbildungsjahr. Jedes Jahr deiner Ausbildung steigt die Vergütung etwas an.

Wie viel du bekommst, legt meist nicht dein Chef allein fest, denn Ausbildungsberufe verfügen oft über **Tarifverträge**. Solche Verträge schließen die Arbeitgeberverbände, die auch deinen Arbeitgeber vertreten, zusammen mit den Gewerkschaften ab, die für die Arbeitnehmer sprechen. Darin einigt man sich nicht nur über die **Vergütungshöhe** der Arbeitnehmer in der jeweiligen Branche, sondern auch über die **Arbeitszeiten, Urlaubstage** und die **Arbeits- und Arbeitsvertragsbedingungen**.

Wie es dann dennoch zu unterschiedlichen Arbeitsbedingungen für Leute mit dem gleichen Job kommt? Das liegt vor allem an der Organisation von Arbeitgeberverbänden und Gewerkschaften. Sie sind regional organisiert und vertreten bestimmte Branchen. Die Verhandlungen finden also jeweils für eine bestimmte Branche in einer bestimmten Region statt. In den unterschiedlichen Regionen kommt es zu unterschiedlichen Ergebnissen, weil die Kosten in der Region vielleicht unterschiedlich hoch sind oder weil die Gewerkschaften unterschiedlich stark sind, das heißt, mal mehr, mal weniger Mitglieder in einer Region haben. In den letzten Jahren kam es bei den Gewerkschaften allgemein zu einem Rückgang der Mitgliederzahlen.

Aktuell ist die Tendenz bei der **Azubi-Vergütung** übrigens steigend. Durchschnittlich bekommt ein Mechatroniker-Azubi beispielsweise 842 Euro in Westdeutschland, 821 Euro in Ostdeutschland im Monat brutto. Ein Friseur-Azubi bekommt dagegen 269 Euro durchschnittlich in Ostdeutschland, 449 Euro in Westdeutschland. Die durchschnittliche Höhe der Vergütung in deinem Ausbildungsberuf kannst du im Internet einsehen (Link im Anhang).

Wenn du einen Arbeitsvertrag unterschreibst, ist es wichtig, dass du abklärst, ob dein Arbeitgeber tarifgebunden ist. Wenn nicht, besteht für den Arbeitgeber keine Pflicht, die Tarifverträge einzuhalten und du könntest wesentlich weniger Geld bekommen als üblich.

Außerdem musst du wissen, dass die Ausbildungsvergütung ein **Brutto-Wert** ist. Das heißt, dass davon noch **Steuern** und **Sozialversicherungen** (also Beiträge für die Kranken-, Renten-, Pflege- und Arbeitslosenversicherung) abgezogen werden. Die Höhe der Steuern richtet sich nach deinem Einkommen und deiner Steuerklasse. Als unverheirateter Arbeitnehmer ohne Kinder gehörst du der Steuerklasse I an. Meist bleiben Azubi-Vergütungen aber unterhalb der Steuerfreigrenzen, sodass du keine Steuern bezahlen musst.

Weitere Infos zum Thema Steuern findest du auch in Kapitel 12.

AZUBI-VERGÜTUNG: WER KRIEGT DURCHSCHNITTLICH WIE VIEL IM MONAT (BRUTTO)?

Der erste Wert bezieht sich auf Westdeutschland, der zweite auf Ostdeutschland.

- Bäcker/in: 500 Euro/390 Euro
- Florist/in: 460 Euro/312 Euro
- Gärtner/in: 591 Euro/498 Euro
- Koch/Köchin: 601 Euro/473 Euro

- Maurer/in: 916 Euro/725 Euro
- Medizinische/r Fachangestellte/r: 573 Euro/573 Euro
- Industriekaufmann/-kauffrau: 813 Euro/747 Euro
- Industriemechaniker/in: 841 Euro/803 Euro
- Verwaltungsfachangestellte/r: 747 Euro/747 Euro

[Datenquelle: Datenbank Ausbildungsvergütung (DAV) des Bundesinstituts für Berufsbildung, 2010]

Du überlegst, wie du von diesem Verdienst deine Miete bezahlen sollst? Wenn nicht genug zum Leben übrig bleibt, solltest du erstmal nicht verzweifeln. Bei der Bundesagentur für Arbeit in deiner Stadt kannst du einen Antrag auf **Berufsausbildungsbeihilfe** stellen, wenn dein Verdienst zu gering ist, um deine Kosten zu decken. Ob dir die Beihilfe gewährt wird, hängt vom Einkommen deiner Eltern ab, aber auch von deinen Lebensbedingungen, also ob du beispielsweise von zu Hause ausziehen musstest, um deinen Betrieb erreichen zu können. Für Auszubildende mit Behinderung kann auch ohne Auszug von daheim Beihilfe gewährt werden.

Neben dem Verdienst sind im Arbeitsvertrag auch weitere Bedingungen wichtig, wie z. B. die Arbeitszeiten, die Urlaubstage, das »Abfeiern« oder die Vergütung von Überstunden und die Kündigungsfristen. Am besten ist es, wenn du Gleichgesinnte kennst, die in einer ähnlichen Situation stecken, um direkt zu vergleichen, wie diese Bedingungen dort gelöst wurden. Kennst du niemanden, kannst du auch online in Netzwerken aktiv werden und deine Fragen stellen. Im Anhang findest du geeignete Adressen.

Der Vertrag ist aufgesetzt, du bist einverstanden und setzt deine Unterschrift darunter. Spätestens jetzt wirst du dazu aufgefordert, deine **Bankverbindung** anzugeben, denn dein Gehalt wird dir auf ein Girokonto überwiesen. Der Vorteil ist, dass du von diesem Konto jederzeit am Bankautomaten Geld abheben oder auch in Geschäften bargeldlos mit Karte bezahlen kannst.

Wenn du noch kein **Girokonto** hast, musst du dir jetzt eins zulegen. Weil man in Deutschland offiziell schon mit sieben Jahren mit Beschränkungen geschäftsfähig ist, kann man ab diesem Alter ein Konto bei einer Bank eröffnen. Solange du unter 18 bist, kannst du ein sogenanntes **Jugendkonto** abschließen, das besondere Konditionen bietet. Hier musst du beispielsweise meist keine **Kontoführungsgebühren** bezahlen und kannst normalerweise auch kostenlos mit deiner Bankkarte und der Pin-Nummer an Bankautomaten deiner Bank Geld abheben. Viele Bankinstitute bieten zusätzliche Vorteile für Jugendliche an, beispielsweise besonders gute Zinskonditionen. Auch **Online-Banking** ist möglich, das heißt, dass du über das Internet Überweisungen durchführen, Daueraufträge einrichten oder deinen Kontostand checken kannst. Im Gegensatz zu manchen Konten für Erwachsene kannst du dein Konto nicht überziehen, also nicht mehr Geld ausgeben als sich auf dem Konto befindet.

Um das beste Angebot für dich zu finden, lohnt sich ein **Kontenvergleich**. Einen solchen Vergleich gibt beispielsweise die **Stiftung Warentest** heraus. Besonders wichtig ist auf jeden Fall, dass die Kontoführung für dich kostenlos ist. Wenn du oft im Ausland bist, solltest du auch darauf achten, ob du international kostenlos an bestimmten Bankautomaten abheben darfst. Ansonsten solltest du im Vergleich das Konto nehmen, das dir die höchsten Zinsen verspricht. Von Bedeutung ist aber auch, ob es an deinem Wohnort Bankautomaten gibt, an denen du von diesem Konto kostenlos abheben kannst.

CHECKLISTE:
SO FINDEST DU EIN GUTES GIROKONTO

○ Die Kontoführung ist für dich kostenlos.

○ Es gibt in deiner Nähe, deutschlandweit und international Bankautomaten, an denen du kostenlos Geld abheben kannst.

○ Online- und Telefon-Banking sind möglich.

○ Persönliche Beratungsgespräche sind möglich.

○ Das Konto bietet im Vergleich mit anderen Konten gute Zinsen.

○ Die Bank ist Mitglied im deutschen Einlagensicherungsfonds (mehr dazu später).

○ ....

Alle Kriterien erfüllt?
Gratuliere! Du hast ein gutes Girokonto gefunden.

Wenn du unter 18 bist, brauchst du für die Eröffnung des Bankkontos eine Unterschrift und einen Ausweis deiner Eltern. Außerdem musst du deinen eigenen Ausweis mitnehmen, um dich zu identifizieren.

Für dein Bankkonto selbst sind drei Zahlenfolgen entscheidend, die du dir einprägen solltest: die **Bankleitzahl**, die sozusagen die Adresse deines Bankinstituts ist, die **Kontonummer**, die direkt auf dein Konto bei diesem Bankinstitut verweist und die **Pin**. Letztere ist die Geheimzahl, mit der du am Bankautomaten abheben kannst. Im Gegensatz zu den anderen beiden Zahlenfolgen gibst du sie niemandem weiter, sondern behältst sie aus Sicherheitsgründen für dich.

Neben diesen drei Zahlenfolgen wird dir die Bank per Post eine **Online-Pin-Nummer** und eine Reihe von **Tan-Nummern** zuschicken.

Diese Nummern brauchst du zum Online-Banking. Mit der Online-Pin kannst du deinen Kontostand über das Internet abrufen; mit den Tan-Nummern lassen sich Transaktionen wie beispielsweise Überweisungen von Rechnungen durchführen. Bevor eine Transaktion online ausgeführt wird, wirst du dazu aufgefordert, eine bestimmte Tan-Nummer aus deiner Liste einzugeben, um zu bestätigen, dass du diesen Vorgang durchführen möchtest.

Aus Sicherheitsgründen darfst du daher natürlich auch die Online-Pin und die Tan-Nummern niemals herausrücken. Geht dir eine der geheimen Zahlenfolgen oder die Bankkarte doch einmal verloren, solltest du sofort bei deinem Kreditinstitut anrufen und das Konto sperren lassen, um Unbefugten keine Möglichkeit zu geben, dein Geld abzuheben.

Neben dem Girokonto hast du die Möglichkeit, verschiedene Arten von **Sparkonten** zu eröffnen, auf denen du Geld über kurz oder lang ansparen kannst. Die wichtigsten Sparkonten sind das Sparbuch und das Tagesgeldkonto.

Das **Sparbuch** ist das beliebteste Sparkonto in Deutschland. Hierauf kannst du jederzeit und ohne Kosten Geld überweisen, das dann mit einem bestimmten Zinssatz verzinst wird. Dabei wird ein bestimmter Höchstsatz mit der Bank vereinbart, den du monatlich abheben darfst. Brauchst du mehr als per Höchstsatz drin ist, musst du sogenannte Vorschusszinsen bezahlen. Das Sparbuch gilt als sehr sichere Geldanlage, weil das darauf liegende Geld quasi nicht verloren gehen kann. Der Nachteil: Die Zinsen sind meist verschwindend gering.

Höhere Zinsen bekommst du meist bei **Tagesgeldkonten**. Zahlst du deinen Notgroschen oder das gesparte Geld für die geplante Indien-Reise hier ein, hast du außerdem den Vorteil, dass du ohne Kosten jederzeit in beliebiger Höhe abheben darfst, so viel du angespart hast. Auch ein Tagesgeldkonto ist gebührenfrei, sodass es gegenüber dem Sparkonto eigentlich nur Vorteile bietet.

Bei allen Konten, die du eröffnest, solltest du allerdings darauf achten, dass die Bank Mitglied im deutschen **Einlagensicherungsfonds** ist, das heißt, dass dein Geld auch bei Insolvenz der Bank, also, wenn sie pleite geht, über den Fonds ausgezahlt werden kann.

Wenn du langfristig etwas auf die hohe Kante legen willst, bekommst du auf **Festgeldkonten** meist mehr Zinsen als beim Tagesgeldkonto. Ein Nachteil ist dort natürlich, dass du an das Geld bis zum vereinbarten Auszahlungstag nicht rankommst oder dafür zumindest hohe Gebühren bezahlen müsstest. Wenn du ein Festgeldkonto eröffnen willst, schaust du dir am besten einen Kontenvergleich eines unabhängigen Instituts an, z. B. wieder bei der Stiftung Warentest, und entscheidest dich für einen der Testsieger mit einer hohen Zinseshöhe.

DIE ERSTEN 100 TAGE IM NEUEN JOB

Du hast den Job, der Vertrag ist unterschrieben und das Organisatorische geklärt. Der erste Arbeitstag steht bevor. Damit es genauso erfolgreich für dich weitergeht, ist es wichtig, jetzt im Job zu überzeugen. Gerade in den ersten Tagen machen sich dein Chef und deine Kollegen ein Bild von dir. Ist es ein gutes, wirst du dich später leichter tun, wenn du mal einen schlechten Tag hast; ist es nicht gut, musst du dich anstrengen, um das später wieder wettzumachen. Die ersten 100 Tage im neuen Job haben sich daher als magische Frist eingebürgert, die dir für die Eingewöhnung zur Verfügung steht und in der besonders wichtig ist, welchen Eindruck du hinterlässt. Die 100 Tage sind dabei jedoch nur ein Erfahrungswert. Je nachdem wie lang deine Probezeit dauert, wirst du schon davor bewertet werden.

Die allererste Bewertung erwartet dich genau genommen sehr viel früher: in der ersten Zehntelsekunde. Die amerikanischen Psychologen Todoroc und Willis haben in einer Studie an der Princeton Universität herausgefunden, dass das menschliche Gehirn genau so lange braucht, um einzuschätzen, ob es sein Gegenüber sympathisch findet oder nicht. Kannst du die erste Zehntelsekunde im neuen Job beeinflussen?

Zugegeben, hier hast du wenig Spielraum, doch einige grundlegenden **Spielregeln** kannst du beachten: Da wäre beispielsweise angemessene Kleidung, ein gepflegtes Gesicht, als Frau dezentes Make up, als Mann keine stark gegelte Frisur; Gesichtspiercings lassen sich für die ersten Tage herausnehmen, bis du weißt, wie locker es im Betrieb tatsächlich zugeht. Natürlich sollst du dich nicht verstellen, doch ein wenig Anpassung in den ersten Tagen hat wohl auch noch niemandem geschadet.

Der Eindruck der ersten Zehntelsekunde ist natürlich nicht in Stein gemeißelt. Du kannst deinen ersten Tag also ohne Druck angehen. Wahrscheinlich werden dir zunächst Vorgesetzte und Kollegen vorgestellt. Versuche dir ihre Namen einzuprägen. Wenn du freundlich, höflich und aufmerksam bist, hast du gute Karten. Stell dich mit Handschlag und Namen vor und finde die wichtigsten Regeln heraus: Wer sitzt mit wem in welchem Zimmer? Wer ist wofür zuständig? Wie sind die Pausen geregelt?

Bis dir das »Du« angeboten wird, solltest du deine Kolleginnen und Kollegen mit »Sie« anreden (ausgenommen sind natürlich andere Azubis). Wenn du die Möglichkeit dazu hast, gehe auf jeden Fall mit deinem Team zusammen Mittagessen. Fragen sind ganz normal und werden in den ersten Wochen sogar von dir erwartet. Scheue dich also nicht davor, dein Team zu löchern. Besser jetzt fragen als Dinge später falsch machen ...

Am Ende des ersten Arbeitstages solltest du nicht als Erster gehen, musst aber auch nicht gleich Überstunden machen. Am besten du gehst zusammen mit einem Kollegen. Hinterlasse deinen Arbeitsplatz ordentlich.

In den ersten Tagen ist es wichtig, die groben Abläufe im Unternehmen zu verstehen. Was genau wird von dir erwartet? Wofür bist du zuständig? Auch persönliche Kontakte sind wichtig: Wer ist mit wem befreundet? Wer ist besonders vertrauenswürdig? Vielleicht ist es erstmal eine Umstellung für dich, dass die Teams im Beruf viel unterschiedlicher sind als eine Schulklasse. Meist arbeitest du mit älteren und jüngeren Kollegen gleichermaßen. Versuche trotzdem, dich von Anfang an möglichst gut zu integrieren, ohne aufdringlich zu sein.

Ein ganz schlimmer Fehler wäre, sich am Lästern über Kollegen zu beteiligen. Du bist neu und willst vor allem eines: als loyales Teammitglied akzeptiert werden. Also sei fair und lass dich von niemandem dazu überreden, Partei zu ergreifen. Halte dich gerade am Anfang auch von gut gemeinten Verbesserungsvorschlägen und Übermotivation fern. Die Kollegen könnten dich sonst als Streber wahrnehmen.

Innerhalb der ersten Wochen steht in der Regel ein Gespräch mit deiner Betreuerin oder deinem Betreuer an. Bereite wichtige Fragen vor, die du stellen möchtest, und mache dir während des Gesprächs Notizen. Falls du aufgeregt bist, hast du damit etwas zum Festhalten und außerdem immer eine Möglichkeit, durch eifriges Notieren vor einer Antwort unauffällig Zeit zum Nachdenken zu schinden. Zudem wirkt es auf deinen Chef aufmerksam, interessiert und professionell, wenn du die wichtigsten Punkte mitschreibst.

Vereinbare beim Gespräch konkrete Ziele, die du während der ersten Monate erreichen solltest. So weißt du später ganz genau, wo du stehst, und erlebst beim nächsten Bewertungsgespräch keine bösen Überraschungen. Wenn dein Chef möchte, kannst du ihm nach dem Gespräch auch ein Protokoll schreiben, in dem du eure Vereinbarungen zusammenfasst.

Darauf solltest du setzen	Das solltest du vermeiden
• Freundlichkeit	• Desinteresse, Langeweile
• Selbstbewusstsein	• Besserwisserei und
• Anpassungsfähigkeit	Arroganz
• Loyalität	• Lästern
• Leistung	• Strebertum, Übermotivation
• Spaß an der Arbeit,	• Jammern, Beschuldigungen,
gute Laune	negative Stimmung
• Pünktlichkeit	• Über die Unpünktlichkeit
	anderer schimpfen

TEST:
BIST DU REIF FÜRS ARBEITSLEBEN?

Kreuze jeweils die Antwort an, die dir richtig erscheint.

1. Was machst du, wenn es am Kopierer einen Papierstau gibt?

A | Ich bitte meine Kollegen um Hilfe.
B | Ich öffne den Kopierer und versuche, das blockierende Papier herauszuziehen.
C | Ich mache mich schnell aus dem Staub.

2. Eine Kollegin bittet dich, eine Schicht für sie zu übernehmen. Es ist das dritte Mal in diesem Monat und du hättest dich eigentlich gern mit Freunden getroffen. Was machst du?

A | Die ersten beiden Male war das ja in Ordnung, aber jetzt wird es mir zu viel. Ich sage, dass ich keine Zeit habe.
B | Lehrjahre sind keine Herrenjahre, wie es so schön heißt. Ich beiße die Zähne zusammen und sage zu.
C | Ich bitte sie, doch mal bei Herrn Winter nachzufragen. Der sitzt schließlich eh meist nur rum und hat sicher auch nichts Besseres zu tun.

3. Betreuungsgespräch mit deinem Chef: »Also, das letzte Woche, das war ja wirklich ganz großer Mist!« Du weißt, was er meint, du hast einen Termin verpasst. Wie reagierst du?

A | »Na ja, ich finde, dass das schon mal vorkommen kann und doch gar nicht so schlimm ist.«
B | »Die anderen Kollegen kommen auch oft zu spät und da sagt niemand was.«
C | »Das tut mir leid, wird wirklich nicht wieder vorkommen!«

4. Chef: »Ihre Schrift ist eine Krankheit. Ich gebe Ihnen zwei Tage, um zu lernen, lesbar zu schreiben.« Welche Antwort könnte von dir kommen?

A | »Ich gebe Ihnen einen Tag, um zu lernen, meine Schrift zu lesen.«
B | »Was gefällt Ihnen denn an meiner Schrift nicht?«
C | »Zwei Tage? In der Zeit lernt man in der Schule grade mal das O.«

AUFLÖSUNG:
Zähle anhand des Punkteschlüssels in der Tabelle deine Punkte zusammen und lies in der Auflösung nach.

	A	B	C	
1	2	3	1	___
2	3	2	1	___
3	2	1	3	
4	2	3	1	

4–6 Punkte

»Leider können wir Sie nicht einstellen«, hörst du beim Bewerbungsgespräch. »Wir haben keine Arbeit für Sie.« Darauf du: »Das würde mich eigentlich nicht stören.« Du bist nicht gerade heiß darauf, dich krumm und bucklig zu arbeiten. Genau genommen bist du eigentlich überhaupt nicht motiviert. Woran liegt das? Wenn dich der angepeilte Job nicht interessiert, solltest du unbedingt jetzt handeln. Welcher andere Beruf könnte dich begeistern? Versetze dich außerdem in dein Team hinein. Was für einen Mitarbeiter würde man sich dort wünschen? Steck den Kopf nicht in den Sand, sondern nimm dein Leben in die Hand! Los geht's!

7–9 Punkte

Arbeiten gehen, das ist für dich eine Medaille mit zwei Seiten. Einerseits freust du dich auf die neue Freiheit, das Plus an Selbstbestimmung und Erwachsensein. Andererseits fürchtest du die Langeweile eines immer gleichen Alltags, unangenehme Kollegen und einen Chef, von dem abhängt, wie du bewertet wirst. Alle anderen kennen sich und jeder weiß erstmal besser über den Betrieb Bescheid als du ... Aller Anfang ist schwer, doch für jemanden wie dich wird es auch nicht so leicht zu Ende sein. Du machst deinen Weg schon, ganz auf deine Weise!

10–12 Punkte

Endlich raus aus der Schule und das machen, was du schon immer machen wolltest. Du freust dich auf die neue Umgebung, die neuen Leute, die neue Tätigkeit, das neue Wirkungsfeld: alles eine einzige Herausforderung! Endlich geht es los und dich kann wahrhaftig nichts mehr stoppen. Viel Erfolg und lass dich nicht unterkriegen! Du bekommst schon, was du willst.

WENN ES NICHT KLAPPT

»Wer nicht mit der Zeit geht, der muss mit der Zeit gehen«, sagt Stromberg im Fernsehen. So einfach ist es allerdings längst nicht. Es kann tausend Gründe haben, wenn du gehen musst oder möchtest. In den meisten Fällen hat es nichts mit mangelnden Fähigkeiten zu tun. Vielleicht fühlst du dich einfach in diesem Job, in diesem Unternehmen oder in diesem Team nicht wohl. Und es kann sogar sein, dass du dich wohlfühlst und dein Arbeitsverhältnis dennoch mit der Probezeit endet. Die wichtigsten Gründe findest du hier.

HÄUFIGE GRÜNDE FÜR KÜNDIGUNGEN IN DER PROBEZEIT

- Der Beruf ist doch nicht das Richtige für dich.
- Das Tätigkeitsfeld in der Ausbildung ist nicht das Richtige für dich.
- Das Unternehmen ist nicht das Richtige für dich.
- Der Chef ist nicht der Richtige für dich.
- Die Kollegen sind nicht die Richtigen für dich.
- Du bist nicht der Richtige für die Kollegen oder den Chef.
- Die Situation war nicht die Richtige.

Wenn du dich bemüht hast, keine beruflichen oder persönlichen Fehler gemacht und dich korrekt verhalten hast, es aber dennoch nicht klappt, beherzige bitte auf jeden Fall diesen Ratschlag: Mach dir keine Vorwürfe! Die Schuld muss nicht bei dir liegen!

Es gibt viele Gründe, warum Unternehmen sich von Mitarbeitern trennen. Vielleicht stecken wirtschaftliche Gründe dahinter, die man dir verschwiegen hat, und das Unternehmen kann sich dich einfach nicht mehr leisten, oder es wurde mit dem zusätzlichen Arbeitnehmer falsch kalkuliert und es gibt nicht genügend Arbeit für dich.

Außerdem kann es natürlich auch eine Menge von Gründen geben, warum du dich vom Unternehmen trennen solltest: Es ist einfach der falsche Beruf, du lernst nichts dazu, niemand kümmert sich um dich oder – ganz schlimm – Mobbing.

Bei **Mobbing** hilft nur eins: Farbe bekennen. Diplompsychologe Dr. Rolf Merkle schätzt, dass etwa eine Million Berufstätige in Deutschland unter Mobbing durch den Chef oder die Kollegen leiden. Bei 84 Millionen Deutschen, von denen etwas mehr als 40 Millionen berufstätig sind, heißt das, dass einer von 40 Kollegen unter Mobbing leidet! Fazit: Es kann wirklich jeden treffen, weshalb Scham die falsche Reaktion ist.

Wenn du Mobbing-Opfer geworden bist, solltest du zunächst mit der betreffenden Person sprechen, um herauszufinden, ob sich das Problem lösen lässt.

Wenn die Fronten bereits verhärtet sind, hilft es, eine neutrale dritte Person zum Gespräch dazu zu bitten. Hört die Person trotz des Gesprächs nicht auf, dich fertigzumachen, musst du das Thema unbedingt offen ansprechen.

Manche Psychologen raten dazu, das vor dem gesamten Team zu tun, beispielsweise beim Meeting oder gemeinsamen Mittagessen. Ist dir das vor so vielen Menschen zu unangenehm, vielleicht, weil du Angst um deinen Ruf hast, solltest du ein Gespräch unter vier Augen mit dem Chef führen.

Auch wenn du vor Wut schäumst: Vermeide im Gespräch unfaire Beschuldigungen, denn das kann nach hinten losgehen.

Effektiver ist es, sachlich und in ruhigem Tonfall zu schildern, was passiert ist, und um Unterstützung zu bitten. Du petzt dabei nicht, sondern handelst völlig korrekt. Nach dem **Betriebsverfassungsgesetz** (§ 84 I BetrVG) darfst du

Beschwerde beim Chef einlegen und dieser muss sich der Sache annehmen. Wenn die betroffene Person auch dann nicht aufhört, unfair gegen dich vorzugehen, kann der Chef ihr eine Abmahnung aussprechen.

In großen Unternehmen gibt es für Mobbing-Fälle Unternehmenspsychologen, mit denen du einen Termin vereinbaren und über das Problem sprechen kannst. Sie sind zum Stillschweigen verpflichtet und werden nur dann mit dem Mobber sprechen, wenn du das möchtest.

Was auch immer der Grund dafür ist, dass es mit dem neuen Job nicht klappt: Du bist nicht allein! Aus einer Leadership-IQ Studie von 2009, an der 5247 Personalmanager in 312 Unternehmen teilnahmen, ging hervor, dass ganze 46 Prozent der Neueinsteiger in Unternehmen innerhalb der ersten 18 Monate »scheitern«, das heißt, entweder gefeuert wurden, mehrmals abgemahnt wurden oder schlechte Leistungsbeurteilungen bekamen. Insgesamt endet etwa jedes dritte Arbeitsverhältnis schon während der Probezeit! Auch in der Gruppe der Auszubildenden sind es immerhin 13,5 Prozent, die während des ersten halben Jahres ihre Stelle wieder verlassen.

Im Ernstfall kann eine Trennung vom neuen Arbeitsplatz eine weise Entscheidung sein. Und vielleicht steckt sogar eine neue Chance dahinter, die du ergreifen kannst. Jetzt gilt es erstmal, den Kurs zu korrigieren. Dafür musst du zunächst wissen, wie es um deine Rechte steht.

Der **gesetzliche Kündigungsschutz** für Arbeitnehmer greift nach sechs Monaten Tätigkeit im Job. Während der Probezeit gilt allerdings eine zweiwöchige Kündigungsfrist für beide Seiten. Als Azubi gibt es hier noch einmal eine Ausnahme: Du kannst von einem auf den anderen Tag gehen bzw. zum Gehen aufgefordert werden.

Wenn du kündigen willst, ist es wichtig, dass du formal korrekt vorgehst. So hat eine **Kündigung** nur Gültigkeit, wenn sie schriftlich erfolgt. Bitte um ein Gespräch mit deinem Vorgesetzten. Erkläre ihm, warum du keine Möglichkeit mehr siehst, deine Tätigkeit fortzusetzen. Lasse dich nicht auf Vorwürfe und Beschuldigungen ein, sondern bleibe sachlich. Wird dein Chef laut, so kannst du ihn ruhig darauf aufmerksam machen, dass er so nicht mit dir reden darf. Lege ihm am Ende des Gesprächs die schriftliche Kündigung vor.

Wenn keine schwerwiegenden Fehler begangen wurden, solltest du auf jeden Fall versuchen, eine Trennung im Guten hinzubekommen. Nicht nur deshalb, weil dir dein Chef ein Arbeitszeugnis schreiben kann, das du später vielleicht einmal bei einer anderen Arbeitsstelle vorzeigen musst ...

Doch auch beim **Arbeitszeugnis** gelten gesetzliche Regelungen, an die dein Chef oder deine Chefin sich halten muss, und du bist als Arbeitnehmer/-in nicht schutzlos ausgeliefert. Zunächst einmal hast du einen Anspruch auf ein Arbeitszeugnis. Im Notfall könntest du dieses also sogar einklagen. Das gilt natürlich auch dann, wenn du selbst gekündigt hast. Allerdings solltest du deinen Vorgesetzten möglichst schnell und im Zweifelsfall schriftlich darauf hinweisen, dass du ein Zeugnis haben möchtest, denn in einigen Arbeits- und Tarifverträgen sind Ausschlussfristen geregelt, mit deren Verstreichen dein Anspruch auf das Arbeitszeugnis verloren geht. Überprüfe im Zweifelsfall besser noch einmal deinen Vertrag.

Redet sich dein ehemaliger Chef mit der vielen Arbeit heraus, die noch auf seinem Schreibtisch liegt, gibt es einen guten Trick, zu einem überdurchschnittlich guten Zeugnis zu kommen: Du schreibst es selbst. Das ist gar nicht unüblich. Informiere dich davor gut über die besondere Zeugnissprache, den Aufbau und die Benotungsformulierung. Im Anhang findest du dazu vertiefenden Lesestoff.

DIE GEHEIME ZEUGNISSPRACHE

Arbeitgeber scheuen sich davor, ihren Angestellten negative Bewertungen ins Gesicht zu sagen. Um dennoch Bewertungen abgeben zu können, nutzen sie die folgenden Codes im Text.

Er/Sie erfüllte seine Aufgaben *stets* zu unserer *vollsten* Zufriedenheit.

► entschlüsselt: Note 1.

Er/Sie erfüllte seine Aufgaben *stets* zu unserer *vollen* Zufriedenheit.

► entschlüsselt: Note 2

Er/Sie erfüllte seine Aufgaben zu unserer *vollen* Zufriedenheit.

► entschlüsselt: Note 3

Er/Sie erfüllte seine Aufgaben zu unserer Zufriedenheit.

► entschlüsselt: Note 4

Keine Aussage dazu im Text, wie die Aufgaben erledigt wurden.

► entschlüsselt: Note 5 und 6.

Schicke das Zeugnis per Mail oder per Post an den Ex-Chef und erkläre, dass du verstehst, dass er viel zu tun hat und du ihn auch nicht aufhalten willst und daher selbst einen Zeugnisvorschlag beilegst, den er nur noch unterschreiben und an dich zurückschicken könnte. Du hast nichts zu verlieren und viele Chefs lassen sich darauf ein!

Angenommen das Zeugnis scheitert nicht an der Zeit deines Chefs, sondern an den guten Worten. Im Klartext: Du wirst darin richtig mies bewertet. Auch hier solltest du deine Rechte kennen: Du hast Anspruch auf ein korrektes Zeugnis, das heißt Fehler jeder Art müssen berichtigt werden. Die Beweislast liegt dabei beim Arbeitgeber, solange er dich unterdurchschnittlich bewertet hat. Das bedeutet, dass er eine schlechte Bewertung mit Beweisen begründen muss, um diese vor Gericht aufrechterhalten zu können. Normalerweise wird es kein Arbeitgeber darauf ankommen lassen und du solltest beim Chef einfach um die Ausstellung einer korrigierten Zeugnisfassung bitten. Am besten du schlägst die gewünschten Änderungen direkt vor, sodass dein Chef sie nur noch übertragen muss.

Von deinem Recht auf ein korrektes Zeugnis abgesehen, solltest du dir allerdings Kritik vom Arbeitgeber auf jeden Fall anhören. Mache dir Gedanken, inwiefern du diese aufnehmen möchtest, damit du in Zukunft vor ähnlichen Situationen verschont bleibst. Kommt dieselbe Kritik von mehreren Personen, solltest du in dich gehen und ehrlich überlegen, was du ändern könntest. Das bringt dir mehr als jede Verschwörungstheorie – auch, wenn es schwieriger ist.

Misserfolge gleich zu Beginn der beruflichen Karriere sind nicht leicht zu bewältigen. Doch gerade jetzt stehen dir noch viele Türen offen. Zieh deine Schlüsse aus dem Erlebten und sieh nach vorn. Das Leben geht weiter und du bestimmst, wo es hingehen soll! Vielleicht reizt dich vor der nächsten Ausbildung auch eine höhere Qualifikation. Im nächsten Kapitel erfährst du alles, was du wissen musst, um ein Studium zu beginnen.

9 | DURCHSTARTEN IM STUDIUM

Du bist neugierig, hattest in der Schule schon Spaß daran, dir immer neue Gebiete zu erschließen und willst es jetzt noch genauer wissen? Dann ist ein **Studium** das Richtige für dich! Insgesamt 2 119 485 Leute hatten ähnliche Absichten, denn so viele waren im Wintersemester 2009/10 als Studentinnen und Studenten an Universitäten, Fachhochschulen oder Berufsakademien eingeschrieben.

Die allgemeine Voraussetzung für ein Studium an einer **Universität** bzw. **Fachhochschule** ist das **Abitur** bzw. **Fachabitur**. Wer Mittlere Reife gemacht hat, kann bei entsprechenden Noten noch am Gymnasium draufsatteln und sich die Qualifikation erwerben. Was wenige wissen: Diese Voraussetzung lässt sich umgehen. Auch ohne Abi oder Fachabi kann man bestimmte Fächer studieren.

Weil Bildung in Deutschland Ländersache ist, unterscheiden sich die Regelungen allerdings in den einzelnen Bundesländern. Hamburg gilt als besonders offen fürs Studium ohne Abi. Hier kann man unter anderem seinen Bachelor in Europäischer Betriebswirtschaftslehre an der Euro-FH machen. Dieser Studiengang ist als Fernstudium aufgebaut, sodass ein Großteil der Kurse am heimischen Computer absolviert werden kann. Man muss dazu noch nicht einmal in Hamburg wohnen. Alternative Voraussetzungen zur allgemeinen Hochschulreife sind bestimmte fachspezifische Fortbildungsprüfungen (z. B. als Meister, Fachkaufmann oder staatlich geprüfter Techniker) oder eine beliebige abgeschlossene Berufsausbildung und mindestens dreijährige Berufserfahrung. Zudem muss man eine Eignungsprüfung bestehen, die wie eine Probezeit aufgebaut ist. Wer die ersten Prüfungen im Studium besteht, besteht ohne weitere Tests die Eignungsprüfung.

Ratsam ist es allerdings, auch für solche Studienfächer mindestens die Mittlere Reife zu machen, weil die Studienmöglichkeiten dann weniger eingeschränkt sind und dir die in der Schule gesammelte Allgemeinbildung als Basis fürs fachspezifische Studium nützlich sein wird. Webadressen zur Info über das Studium ohne Abi oder Fachabi findest du im Anhang.

Es führen also viele Wege zum akademischen Titel. Insgesamt haben so derzeit auch etwa 12 Prozent der Deutschen einen Hochschulabschluss.

In diesem Kapitel erfährst du mehr darüber, welche Fächer es gibt, welche Hochschulen sich dafür anbieten und wie du reinkommst ins Studium deiner Wahl.

DIE FÄCHERAUSWAHL: VON ARCHÄOLOGIE BIS ZOOLOGIE

Die derzeit beliebtesten Studienfächer

1. Betriebswirtschaftslehre (BWL)
2. Rechtswissenschaften
3. Germanistik/Deutsch
4. Medizin
5. Maschinenbau/-wesen
6. Informatik
7. Wirtschaftswissenschaften
8. Wirtschaftsingenieurwesen
9. Mathematik
10. Biologie

Insgesamt kannst du aus weit mehr als 10 000 Studienfächern auswählen, sodass du nicht unbedingt bei den zehn beliebtesten hängenbleiben musst. Und wer sagt denn, dass du in

Deutschland studieren musst? Schließlich sind Auslandsstudien im Trend.

Wie du da einen Überblick über das **Fächerangebot** bekommen sollst? Zunächst einmal musst du nicht alle Studiengänge kennen, sondern nur die, die deinen Interessen entsprechen und dich zu deinem Berufsziel führen können. Denke beim Festlegen deines Interessengebiets aber nicht nur an Schulfächer, die dir Spaß gemacht haben, oder in denen du besonders gut warst, sondern gehe allgemeiner vor. Beispielsweise gibt es kein Schulfach Recht, aber Jura zu studieren mag vielleicht keine schlechte Idee sein.

Überlege zunächst, ob du mehr technisch, natur- oder geisteswissenschaftlich, sozial-, rechts- oder wirtschaftswissenschaftlich, sprachlich oder künstlerisch interessiert bist. Gehe dann die **Studienfächer** durch, die in deinen Bereich fallen. Recherchieren kannst du diese beispielsweise über Datenbanken im Internet (etwa www.hochschulkompass.de oder www.studienwahl.de, weitere Adressen im Anhang).

Ein wichtiger Tipp: Lege dich nicht zu schnell auf ein Fach fest. Es gibt zahlreiche neue Studienfächer, die noch weitgehend unbekannt sind und vielleicht gut zu dir passen könnten. Informiere dich gründlich und melde dich mit konkreten Fragen zur Studienberatung beim Hochschulteam der Agentur für Arbeit in deiner Stadt an.

Auch Gespräche mit Eltern und Freunden können helfen, denn oft unterscheiden sich Eigen- und Fremdwahrnehmung und eine ehrliche Meinung kann dich bei der Studienfachwahl nur weiterbringen. Lass dir aber auch nichts ausreden, von dem du überzeugt bist. Oft bewerten Studienberater und Eltern Fächer stark nach wirtschaftlichen Aspekten. Natürlich solltest du diese Aspekte nicht ausblenden, du solltest sie aber auch nicht überbewerten. Bei einem Bachelorstudiengang dauert es mindestens drei Jahre, bis du fertig bist. Bis dahin kann die wirtschaftliche Situation und Nachfrage längst ganz anders aussehen. Letztlich wichtig ist, dass du ein Fach wählst, das dich erfüllt und dir Spaß macht!

Doch dazu musst du wissen, was auf dich zukommt. Viele Erstsemester in Philosophie stöhnen, wenn sie bemerken, wie viel die Philosophie mit formaler Logik zu tun hat. Sie hätten niemals gedacht, dass sie ihre dunklen Erinnerungen an den Matheunterricht für dieses Fach noch einmal gehörig auffrischen müssen. Germanistikstudenten wissen oft nicht, dass sie auch Mittelhochdeutsch belegen müssen, obwohl sie sich eigentlich wegen ihres Interesses an neuerer deutscher Literatur für das Studium entschieden hatten. Und wer in Baden-Württemberg auf Lehramt am Gymnasium studiert, wundert sich erstmal, dass er Seminare in den Grundlagen der Ethik besuchen muss. Diese Beispiele ließen sich beliebig fortsetzen.

Damit dir solche Überraschungen erspart bleiben, solltest du dich vorab gut informieren. Lies eine **Einführung** in das Studienfach, das dich interessiert. Solche Bücher findest du in jeder Unibuchhandlung oder bei den Internetbuchhandlungen. Lies außerdem Foren für deinen Studienbereich im Internet, um zu sehen, womit sich Studenten in diesem Fach beschäftigen. Je besser du vorbereitet bist, desto weniger überlässt du dein Studienglück dem Zufall!

Vielleicht hast du auf diesem Weg ein oder mehrere Fächer gefunden, die etwas für dich sein könnten. Wenn du einen echten Startvorteil haben möchtest, dann berücksichtige diesen Rat, den sicher tausende Erstsemester ignorieren, obwohl er einer der wichtigsten ist: Das Studium ist ein Weg. Dein Ziel ist der Beruf. Ein Studium dauert maximal zehn oder elf Semester. Berufstätig wirst du mindestens 40 Jahre lang sein, deswegen solltest du dir vorab gut überlegen: Auf welche Berufe arbeitest du mit diesem Studium zu?

Wenn du dieses Ziel ungefähr umreißen kannst, steht dir wirklich die Welt offen. Ein ungefähres Ziel könnte beispielsweise sein, Germanistik zu studieren, weil man einen Beruf rund ums Lesen und Schreiben ergattern will. Idealerweise weiß man auch schon, was in einem Verlag vor sich geht und hat eine ungefähre Vorstellung von Redaktions- oder Lektoratsarbeit. Wer nur »irgendwas mit Medien« machen möchte, wird am Ende des Studiums Probleme haben, wenn er erkennt, dass man mit einem Studium der Theaterwissenschaften längst nicht Schauspieler werden kann, und kein Plan B vorbereitet in der Schublade liegt. Ganz wichtig: Nie den Kopf hängen lassen! Es gibt viele Wege zu deinem Traumberuf und ein Studium wird dich nie in eine Sackgasse führen, sondern ist immer ein Plus im Lebenslauf.

Wenn du während des Studiums bereits ein **Berufsziel** vor Augen hast, bringt dir das zusätzliche Vorteile: Erstens kannst du gezielt darauf hinarbeiten. In den ersten Semesterferien wirst du noch viel Freizeit haben. Wenn du dein Berufsfeld kennst, kannst du sie für Praktika nutzen. Selbst wenn sich dabei herausstellt, dass der angedachte Beruf doch nichts für dich ist, weißt du schon mehr als die Studenten, die einfach mal drauflos studieren und diese Erfahrung erst Jahre später – und umso schmerzhafter – machen.

Ein zweiter Vorteil ist, dass du deine Seminare gezielter auswählen kannst. Natürlich ist es trotzdem wichtig, dass du einfach deinen Interessen folgst und dich in Seminare setzt, die du spannend findest. Doch manchmal wirst du mit für deinen Beruf wichtigen Seminaren extra punkten können und später zusätzliche Erfahrungen gesammelt haben, auf die du zurückgreifen kannst.

Drittens wirst du mit dem ungefähren Ziel vor Augen nicht verzweifeln, wenn zwischen dir und dem Traumjob noch die schwere Statistikprüfung liegt. Manch anderer Student, dessen Planung mit dem Studienabschluss endet, wird sich bei solchen Schwierigkeiten überlegen, das Studium abzubrechen. Du dagegen wirst weniger schnell dazu neigen, dein Studium infrage zu stellen, weil es für dich schließlich zusätzlich zum Selbstzweck auch ein Schritt in einem größeren Plan ist. Last but not least macht es auch einfach mehr Spaß, wenn du einen Sinn in dem entdecken kannst, was du tust. So kannst du dich neben dem Weg zusätzlich auch auf ein Ziel freuen, das mit der Zeit immer näherrücken wird.

Hast du ein Studienfach entdeckt, das dich tatsächlich begeistert, kommt der nächste Schritt. Welche **Studienabschlüsse** lassen sich damit anstreben? Dabei ist zunächst ein Unterschied wichtig: Einen Hochschulabschluss kannst du an Universitäten, Fachhochschulen, Technischen oder Kunsthochschulen erreichen, an Berufsakademien jedoch nicht.

Wer an der Berufsakademie studiert, befindet sich quasi zwischen einem Studium und einer Ausbildung und nimmt an einem Qualifikationsprozess teil, bei dem er einerseits wie die Azubis in einem Betrieb ausgebildet wird, andererseits an der BA in Klassengemeinschaften lernt. Im Gegensatz zur Uni ist diese Art der Ausbildung schulähnlicher organisiert, denn du sitzt meistens mit denselben Personen in einer weitgehend fest gebildeten Klasse und folgst einem Stundenplan. In der Uni stellst du dir diesen zumindest teilweise selbst zusammen und bist dadurch immer mit wechselnden Leuten unterwegs.

Ob sich ein Hochschulabschluss oder ein Abschluss an einer Berufsakademie besser für dich eignet, liegt vor allem an deinem Studienziel. Bei den meisten Studienfächern wird ohnehin gleich klar sein, ob du dafür an eine Uni, FH oder Berufsakademie gehst.

Allgemein lässt sich feststellen, dass du an **Universitäten** theoretischer ausgebildet wirst, während an **Fachhochschulen** die Praxis und der unmittelbare Berufsbezug im Vordergrund stehen. Allerdings lässt sich hier gerade in den letzten Jahren ein Trend zur Annäherung feststellen. Rein vom Verdienst her liegen Uniabsolventen im Gesamtdurchschnitt noch ein Stück vor den Kollegen an der Fachhochschule und Fachhochschulabsolventen noch ein Stück vor BA-Absolventen, wobei Letztere allerdings den Vorteil haben, dass sie durch den dualen Bildungsweg, also das aufgeteilte Lernen in Betrieb und Schule, schon während des Studiums Geld verdienen. Je nach Fachbereich können diese Verdienstabstufungen allerdings auch anders ausfallen.

Wenn du dein Studium an einer Uni oder FH beginnst, wirst du dich normalerweise für einen **Bachelorstudiengang** einschreiben. Doch Bachelor ist nicht gleich Bachelor. So gibt es in den Naturwissenschaften den Bachelor of Science, bei dem du nur ein einziges Fach studierst, in den Geistes- und Sozialwissenschaften erringst du dagegen mit zwei Fächern – einem Haupt- und einem Nebenfach oder zwei Hauptfächern – den Bachelor of Arts. Auch Berufsakademien verleihen den Bachelor als staatliche Abschlussbezeichnung, mit der du allerdings keinen akademischen Grad erringst. Alle Bachelorarten dauern in der Regel sechs Semester, also drei Jahre, können sich aber gerade, wenn du Auslandssemester einplanst, auf sieben bis acht Semester ausdehnen. Mit dem Bachelor kannst du direkt ins Berufsleben einsteigen. Alternativ kannst du noch den Master dranhängen, denn ein Bachelor-Grad ist oft die Voraussetzung fürs Masterstudium.

Neben dem Bachelor gibt es jedoch noch weitere Möglichkeiten, beispielsweise das **Lehramtsstudium**. Möchtest du Lehrer oder Lehrerin am Gymnasium werden, schreibst du dich an einer Uni für die gewünschten Fächer in ein Lehramtsstudium ein. Achtung: Hier gibt es bestimmte Regeln zu zulässigen Fächerverbindungen! Am Ende des Studiums machst du dein Erstes Staatsexamen. Mit dem Ersten Staatsexamen in der Tasche kannst du ein Referendariat beginnen, währenddessen du bereits an einer Schule unterrichtest. Je nach Bundesland dauert das Referendariat 18 Monate bis zwei Jahre. Am Ende steht das Zweite Staatsexamen, das dich als Lehrer oder Lehrerin befähigt. Von der Studienzeit her ist das Erste Staatsexamen mit dem Master vergleichbar, der auf den Bachelor folgt. Dennoch kannst du dich auch mit einem Ersten Staatsexamen noch auf einen Master bewerben.

Beim **Master** wirst du noch einmal verschiedene Auswahlmöglichkeiten in Bezug auf Fachbereich, Forschungs- oder Anwendungsorientierung und Dauer haben. Die meisten Masterstudiengänge dauern noch einmal zwischen zwei und vier Semestern. Manchmal ist es auch möglich, den Master berufsbegleitend neben der Arbeit zu machen, um sich weiterzuqualifizieren. In einigen Berufsfeldern wird der Master für die Berufsausübung aber auch vorausgesetzt. Mit einem solchen Berufsziel führt also kein Weg daran vorbei.

Doch selbst mit dem Master sind deine Bildungsmöglichkeiten noch lange nicht ausgeschöpft. Du brauchst jetzt noch nicht dein halbes Leben durchzuplanen, doch es ist gut zu wissen, dass du auch jenseits des Masters noch viele Möglichkeiten hast. Da gibt es beispielsweise den Doktorgrad, also eine **Promotion**. Diese dauert zwischen einem (z. B. in Medizin möglich) und sechs Jahren. Die Promotion ist Voraussetzung für die höchste universitäre Prüfung in Deutschland, die **Habilitation**. Diese ist vor allem interessant, wenn du später an der Universität oder in einer Forschungseinrichtung als Wissenschaftler arbeiten möchtest und zum Beispiel Professorin werden willst.

DIE UNIAUSWAHL: VON AUGSBURG BIS ZÜRICH

Wenn du dein Studienfach gewählt hast, findest du auf der Webseite von Hochschulkompass (www.hochschulkompass.de) einen **Gesamtüberblick der Hochschulen**, an denen du dein Fach studieren kannst. Bei der näheren Auswahl hilft das deutschlandweit umfassendste **Hochschulranking**, das der CHE in Kooperation mit der ZEIT herausgibt (<u>www.che-ranking.de</u>). Dort erfährst du, wo du mit deinem Fach und den für dich persönlich wichtigsten Kriterien objektiv die besten **Studienbedingungen** vorfindest.

Doch es gibt auch einige subjektive Faktoren, die deine Wahl beeinflussen könnten. Da wären beispielsweise die Nähe zu deinen Eltern, deinem Freund oder deiner Freundin oder bestimmte regionale Vorlieben. Obwohl Ratgeber zur Studienwahl das oft verschweigen, hat wohl jeder Studienanfänger bestimmte subjektive Vorlieben, die auf diesen Kriterien aufbauen. Vielleicht möchtest du auch gerade besonders weit weg von allem, was du kennst, um mal etwas Neues kennenzulernen? Höre auf jeden Fall auf das, was dir dein Bauchgefühl sagt. Schließlich sollst du dich an deinem neuen Studienort wohlfühlen!

Nach Angaben der HIS-Studienortbefragung bewerten die meisten Erstsemester bei der Hochschulwahl das Fachinteresse als wichtigstes Kriterium. Das zweite Kriterium ist allerdings bereits die Nähe zum Heimatort.

Weitere wichtige Kriterien für die Studienortwahl können der Preis sein, den du vor Ort für eine Wohnung oder ein WG-Zimmer bezahlen musst, die Studiengebühren oder die Praktika- und Werkstudienmöglichkeiten an interessanten Unternehmen vor Ort. Diese Faktoren sind alle allein genommen nicht ausschlaggebend, doch im Gesamtpaket ganz wesentlich.

Wenn du noch genügend Zeit hast, erkundige dich über die Webseite der Hochschule oder durch einen kurzen Anruf im Sekretariat deines angestrebten Fachbereichs (Telefonnummer findest du im Web) nach den nächsten **Hochschulinformationstagen**. An diesen Tagen der offenen Tür kannst du gezielt in dein Wunschfach hineinschnuppern, dich mit deinen zukünftigen Dozenten unterhalten und sehen, ob dir das Klima zusagt. Hast du hingegen weniger Zeit, solltest du den Lagecheck dennoch auf keinen Fall auslassen. Fahre hin und sieh dich um, bevor du zum Einschreiben gehst. Stell dir die Frage: Möchte ich hier mindestens drei Jahre lang wohnen?

Auch an deiner Zielhochschule kannst du dich noch einmal beraten lassen. Besonders empfehlenswert ist oft die **Studienberatung der Fachschaft** in deinem Fachbereich. Dort stehen dir Studenten Rede und Antwort, die noch vor ein paar Semestern wie du neu an den Studienort gekommen sind und genau wissen, was auf dich zukommt. Erkundige dich bei den Kommilitonen in spe – das sind deine Mitstudenten – danach, wie schwer es ist, eine Wohnung vor Ort zu finden, welche Möglichkeiten es in Wohnheimen gibt und danach, was man in der Stadt sonst so machen kann. Ganz nebenbei findest du auf diese Weise vielleicht gleich Anschluss und kannst zu einem Verein, zum Unisport oder einer Kneipentour mitkommen.

ANMELDEN AN DER UNI: SO KOMMST DU REIN

Hast du erst einmal dein Studienfach gewählt, heißt es reinkommen in die Hochschule oder Berufsakademie. Das Fachwort dafür lautet **Immatrikulation**, was so viel wie **Einschreibung** bedeutet.

Je nach Fach kann das mehr oder weniger leicht erreichbar sein, denn für einige Fächer gilt an bestimmten Hochschulen ein **numerus clausus**, oder kurz auch **NC**, ein bestimmter Notendurchschnitt, den du in deiner Abiturprüfung erreicht haben musst, um dich einschreiben zu können.

Der Notendurchschnitt ergibt sich aus der Nachfrage von Studienanfängern, die sich für dieses Fach an dieser Hochschule einschreiben möchten in Relation zu den Studienplätzen, die zu vergeben sind. Die Besten bekommen dann die Plätze. Sind die Noten der Besten weniger gut als die der Besten im Vorjahr oder gibt es viele Studienplätze, liegt der NC niedriger und es wird leichter, reinzukommen. Der NC ändert sich also bei jedem Bewerbungsverfahren. Daher solltest du nicht erschrecken, wenn in deinem Zielfach ein Schnitt von 1,8 vorgegeben steht und du auf 2,0 stehst. Das könnte auch nur dafür sprechen, dass sich im letzten Semester besonders viele Studienanfänger mit guten Noten für dieses Fach beworben haben und muss nicht heißen, dass du nun auch eine 1,8 brauchst.

Ob auf einem Fach ein NC ist, hat man lange bei der **Zentralstelle für die Vergabe von Studienplätzen (ZVS)** erfahren (www2.zvs.de). Inzwischen wurde die ZVS von der **Stiftung für Hochschulzulassung** übernommen. Jetzt erfüllt **hochschulstart.de** die Aufgaben von zvs-online und unterstützt dich zukünftig bei der Bewerbung für dein zulassungsbeschränktes Studienfach. Informationen findest du unter www.hochschulstart.de. Dort erfährst du wie du dich bewerben musst und nach welchen Kriterien ausgewählt wird. Erreichst du die NC-Note nicht, kannst du alternativ auch über Wartesemester Zugang bekommen.

Ein **Wartesemester** ist jedes halbe Jahr nach deinem Abi, das du mit etwas anderem als einem Studium verbringst, beispielsweise, wenn du zunächst eine Ausbildung oder ein Praktikum machst oder ein halbes Jahr ins Ausland gehst. Wartesemester werden positiv angerechnet und steigern die Wahrscheinlichkeit, dass du trotz schlechterem Notendurchschnitt einen Studienplatz bekommst. Klassische NC-Fächer sind momentan beispielsweise Medizin, Tiermedizin und Pharmazie. Außerdem gibt es örtliche Auswahlverfahren.

Wenn du dich für ein Fach mit NC entscheidest, ist es vor allem wichtig, dass du so früh wie möglich recherchierst, wann die Bewerbungsfrist für deinen Studienstart und deine gewählte Hochschule ansteht. Wenn du diesen Termin verpasst, kannst du dich erst wieder ein halbes Jahr später um Aufnahme bewerben. Bei Studienfächern, bei denen die Plätze nicht zentral vergeben werden, ist der Zugang etwas einfacher.

Doch auch hier kann es Anfangshürden zu nehmen geben: Für einige Fächer wie beispielsweise Sport, Musik, Kunst oder Architektur brauchst du eine **Eignungsfeststellung**, in der bestätigt wird, dass du einen Eignungstest bestanden hast. Auch hier solltest du dich frühzeitig auf der Webseite der Zielhochschule über die Termine informieren, damit die Bewerbungsfrist nicht verstreicht, während du gerade ausgiebig dein Abi feierst. Informiere dich über die Inhalte und Abläufe des Studiums und bereite dich auch auf Fragen nach deiner Motivation, den Gründen für deine Studienwahl und dem Ziel, das du mit diesem Studium verfolgst, vor. Eignungstests können nämlich sowohl aus inhaltlichen Fragen als auch aus Fragen nach dir, deinen Plänen, Zielen und Ansichten über das Studienfach bestehen. Lass dich nicht von einem Eignungstest vom Wunschstudium an der Wunschuni abschrecken. Ein Eignungstest kann seine Vorteile haben. Er zwingt dich nicht nur, wirklich ehrlich zu reflektieren, ob das Studienfach für dich das richtige ist, sondern kann gerade für Leute mit schlechtem Abiturdurchschnitt eine echte Chance bieten. In diesem Fach zählt nämlich nicht allein die Abiturnote, sondern dir stehen noch alle Türen offen. Ein Vorteil, den du nutzen kannst!

Bei etwa der Hälfte aller Fächer werden weder Eignungstest noch hochschulstart.de-Bewerbung vorausgesetzt. Hier kannst du dich direkt einschreiben. Die Termine zur **Einschreibung** findest du auf der Webseite deiner Universität oder durch Anruf bei deren Verwaltung. Zur **Immatrikulation** musst du in der Regel persönlich anwesend sein. Die Checkliste gibt erste Anhaltspunkte über die Unterlagen, die du dabei normalerweise in die Hochschule mitbringen musst. Weil es bei einigen Hochschulen allerdings zu Abweichungen kommen kann, ist es auf jeden Fall notwendig, dass du dich vorher genau informierst, ob weitere Nachweise nötig sind!

CHECKLISTE: DAS BRAUCHST DU ZUR ANMELDUNG

O   Personalausweis oder Reisepass

O   Passbild für den Studienausweis

O   Abitur- oder Fachhochschulreifezeugnis im Original

O   Nachweis der Krankenversicherung

O   Nachweis der Überweisung des Sozialbeitrags, der neben den Studiengebühren für die Verwaltungskosten zu entrichten ist

O   gegebenenfalls Zulassungsbescheid (siehe oben unter NC)

O   gegebenenfalls Eignungsfeststellung (siehe oben)

O   gegebenenfalls ein Führungszeugnis, das du beim Bürgeramt in deiner Stadt bekommst

O   oft viel Geduld (großer Andrang und lange Schlange)

....

Tipp: Nutze die Anmeldung am besten direkt, um dich nach den Kosten für das Semesterticket zu erkundigen. Damit kannst du das ganze Semester über im öffentlichen Nahverkehr fahren.

Studien beginnen meist zum **Wintersemester**, das heißt, dass du Mitte Oktober startest. In vielen Fächern kann man zusätzlich auch im **Sommersemester** loslegen, Start ist dann Mitte April. An einigen Unis und FHs gibt es diesbezüglich Unterschiede, z. B. an der Uni Mannheim, die sich aufgrund der vielen Studenten aus dem Ausland an andere Starttermine angepasst hat.

Und was machst du, bevor das erste Semester losgeht? Neben Urlaub, feiern und entspannen, brauchst du, wenn du noch nicht am Uni-Ort wohnst, eine Bleibe. Worauf es bei der Wohnungssuche und dem Umzug ankommt, findest du in Kapitel 13 und 14. Für Studentinnen und Studenten ist interessant, dass viele Uni-Städte eine sogenannte **Erstwohnsitzprämie** für Studierende bezahlen, die die Stadt als Erstwohnsitz, also als den Ort, an dem sie sich vor allem aufhalten und auch wählen gehen, angeben. Die Höhe der Prämie ist ganz unterschiedlich; manchmal erhalten die Studenten alternativ auch Gutscheinhefte oder Sachprämien. Auf jeden Fall schadet es nicht, wenn du dich beim Ummelden beim Einwohnermeldeamt danach erkundigst ...

Außerdem gibt es noch ein paar Dinge, die du tun kannst, um dich ein bisschen vorzubereiten. Im Internet kannst du schon jetzt auf der Webseite deines Fachbereichs die **Studienordnung** herunterladen, in der du erfährst, welche Kurse du in den nächsten Semestern belegen musst.

An der Hochschule wird im Gegensatz zur Schule zwischen verschiedenen Veranstaltungstypen unterschieden. So gibt es Seminare, Vorlesungen, Übungen oder Tutorien und in manchen Studiengängen auch Praktika. Seminare und Vorlesungen unterscheiden sich dadurch, dass du in Seminaren aktiv gefordert wirst, also Fragen stellen kannst, Referate halten oder auch Hausarbeiten anfertigen musst. Vorlesungen sind dagegen wesentlich anonymer. Du sitzt in einem Saal, meist mit vielen anderen Studenten, und hörst einem Professor zu. Deine Aufgabe besteht darin, zu verstehen und mitzuschreiben. Fragen zum Stoff kannst du in den Übungen oder Tutorien stellen. Hier liegt der Schwerpunkt nicht darauf, neues Wissen zu vermitteln, sondern dir beim Verstehen der Seminare und Vorlesungen zu helfen. Die Tutorien werden in der Regel von Kommilitonen aus höheren Semestern geleitet. Bei den Praktika führst du, wie der Name schon sagt, Versuche in der Praxis durch. In geisteswissenschaftlichen Studienfächern haben Praktika an der Hochschule daher meist keine zentrale Bedeutung (dafür sind Praktika außerhalb der Uni umso wichtiger, doch das ist ein anderes Thema).

Für jede Veranstaltung, die du erfolgreich abschließt, sammelst du sogenannte **Credit Points**. Die Anzahl der Credit Points wird festgelegt, indem geschätzt wird, wie viele Arbeitsstunden du für die Veranstaltung benötigen solltest. Ein Credit Point soll dabei für etwa 25 bis 30 Stunden Arbeit stehen. Damit sind die Credit Points auch für dich ein guter Kontrollwert. Wie lange du tatsächlich für die Veranstaltung gebraucht hast, wird dabei jedoch nicht berücksichtigt.

Neben den Credit Points bekommst du, wie in der Schule, **Noten**. Doch Achtung: Alle Noten zählen in deine Endnote hinein! Diese steht als Notendurchschnitt in deinem Bachelorzeugnis. Zusätzlich zu diesen absoluten Noten gibt es seit einiger Zeit auch noch die relativen Noten, die sogenannten **ECTS-Grades** (European Creditpoint Transfer System-Grades), die auf Grundlage der absoluten Noten errechnet werden. Sie sind europaweit geregelt und sollen dazu beitragen, die Noten innerhalb der EU vergleichbarer zu machen. Das System selbst ist allerdings nicht ganz fair. Es orientiert sich nämlich nicht allein daran, wie gut du bei einer Prüfung abgeschnitten hast, sondern setzt dein Ergebnis in Relation zu deinen Kommilitonen. Die besten zehn Prozent erhalten die Note A, die nächsten 25 Prozent die Note B, etc. Das führt dazu, dass du für dieselbe Leistung in unterschiedlich guten Studierendengruppen eine andere Note erhalten kannst. Als Vorteil wird dagegen oft genannt, dass das System die »Entwertung« von Noten verhindert, weil es nicht zulässt, dass alle Kandidaten einer Uni mit netten Professoren nur Einsen und Zweier bekommen.

ECTS-GRADES: SO FUNKTIONIERT DAS RELATIVE NOTENSYSTEM

Note A: erhalten die besten 10 Prozent
Note B: erhalten die nächstbesten 25 Prozent
Note C: erhalten die folgenden 30 Prozent
Note D: erhalten die nächstbesten 25 Prozent
Note E: erhalten die verbliebenen 10 Prozent

Mehr Infos zum Studium findest du in *Madlen Ottenschlägers* empfehlenswertem Handbuch ›**Das Uni-Einmaleins. Studieren – alles, was man wissen muss**‹.

MELANIE HIELSCHER, 23,
Studentin an der Friedrich-Alexander-Universität Erlangen-Nürnberg

»Mein erster Tag an der Uni war im wahrsten Sinne des Wortes überwältigend. Ich befand mich in einem der drei ›Türme‹ der Philosophischen Fakultät, umgeben von vielen unbekannten Gesichtern und kam mir ziemlich verloren vor. Obwohl ich in der Nähe wohnte, musste ich feststellen, dass ich mich in Erlangen kaum auskannte. In den ersten Wochen kam mir die Stadt wie ein großes Labyrinth vor, in dem an jeder Ecke eine andere Fakultät zu stehen schien. Doch diese Verwirrtheit löste sich schließlich viel schneller auf als gedacht. Nach den ersten Stunden in meinen Seminaren kannte ich schon einige meiner neuen Kommilitoninnen und Kommilitonen, was mich sehr freute, da ich vor meinem Studienbeginn nur zwei Mädels kannte, die wie ich Theater- und Medienwissenschaft studieren wollten. Mit dem Uni-Start habe ich festgestellt, dass man im Endeffekt immer hilfsbereite Kommilitonen oder auch Dozenten findet, die einem bei der Stundenplanerstellung und anderen organisatorischen Dingen helfen. Man ist also nie allein, auch wenn es sich zu Beginn in einer neuen Stadt vielleicht so anfühlen mag. Am besten ist es, wenn man sich von kleinen Rückschlägen nicht unterkriegen lässt, sondern stattdessen versucht, sich durch die vorab angebotenen Informationsveranstaltungen und die Homepage der Uni schon einmal über die wichtigsten Dinge wie z. B. Anmeldefristen für zu besuchende Vorlesungen oder sprachliche Einstufungstests zu informieren. Neben den organisatorischen Fragen interessiert die meisten vor allem der Ablauf der gewählten Kurse und wann die dazugehörigen Prüfungen stattfinden werden. All das bespricht der jeweilige Dozent in der Regel während der ersten Stunde. Wenn dann die Prüfungen geschrieben sind und am Ende nicht die Noten auf den Scheinen stehen, die man sich gewünscht hat, kann das sehr frustrierend sein. Meiner Meinung nach ist es an diesem Punkt sehr wichtig, sein Ziel nicht aus den Augen zu verlieren und sich vor allem nicht sofort von einzelnen, weniger guten Leistungen entmutigen zu lassen. Ich kenne viele, die mindestens eines ihrer gewählten Fächer noch nach Studienbeginn gewechselt haben und nun sehr glücklich mit ihrer neuen Wahl sind. Solange man diese Entscheidung nicht zu lange hinauszögert, ist ein Wechsel meist kein Problem.

Ich bin nun fast am Ende meiner Studienzeit angelangt und denke, dass ich sie bald sehr vermissen werde. Es ist und bleibt eben eine Zeit mit viel Arbeit, aber auch ebenso viel Freiheit.

STUDIENFINANZIERUNG:
BAFÖG, STIPENDIEN, NEBENJOBS

Wie zum Kopf die Ohren gehört zum Studenten das Adjektiv arm. Was genau steckt eigentlich dahinter? Wie viel Geld brauchen Studierende zum Leben und woher bekommen sie es?

Studenten brauchen Geld für die Studiengebühren – wenn sie an einer Hochschule mit Studiengebühren studieren –, für Miete und Mietnebenkosten, Telefon und Internet, Bücher und Lernmaterialien, die Krankenversicherung (Achtung: Unter 25 Jahren kannst du auch bei den Eltern mitversichert bleiben!), Lebensmittel, Kleidung und Freizeit.

Das meiste Geld geht dabei für die **Miete** drauf. Durchschnittlich blättert ein Student hierfür 281 Euro monatlich hin, wobei die eigene Wohnung monatlich im Durchschnitt etwas mehr als 60 Euro teurer ist als die Wohngemeinschaft (WG). Am günstigsten wohnen Studenten, die einen Wohnheimplatz ergattert haben. Sie zahlen durchschnittlich 222 Euro Miete im Monat. Dabei gibt es je nach Wohnort allerdings immense Unterschiede: Während man in der Münchner Innenstadt dafür höchstens einen Platz in der Tiefgarage findet, kann man in ländlichen Regionen Ostdeutschlands mitunter eine 2,5-Zimmerwohnung davon bezahlen.

An zweiter Stelle behauptet sich bei den Studentenausgaben das **Essen**. 159 Euro geben die werdenden Akademiker pro Monat für ihren Magen aus. Während monatlich 51 Euro für Kleidung draufgehen, werden 33 Euro für Lernmittel ausgegeben. Die Mobilität durch Auto oder öffentliche Verkehrsmittel kostet im Durchschnitt 76 Euro monatlich, Freizeit, Kultur und Sport lassen sich die Studis 63 Euro im Monat kosten.

Ein Student verfügt nach den Berechnungen der 19. Sozialerhebung der Deutschen Studentenwerke pro Monat im Durchschnitt über insgesamt 812 Euro. Dabei haben allerdings ein

Fünftel der Studenten weniger als 600 Euro zur Verfügung, 17 Prozent mehr als 1.000 Euro.

Woher das Geld kommt? Etwa 90 Prozent der Studenten bekommen zumindest einen Finanzzuschuss von den **Eltern**. Monatlich schießen die durchschnittlichen Eltern von Studierenden 445 Euro zur Studienfinanzierung zu. Nur 13 Prozent der Studierenden geben allerdings die Eltern als einzige Bezugsquelle ihrer Finanzen an.

Mehr als 60 Prozent der Studenten haben **Nebenjobs**. Dabei verdienen sie durchschnittlich 323 Euro monatlich. Neben dem klassischen Bartresen-Job und dem beliebten Kellnern kannst du deine Karriere uninah als Tutor oder Hiwi beginnen (allerdings nicht im ersten Semester), kannst im Promotionbereich oder als Messehostess, als Zeitungsausträger oder im Call-Center arbeiten, als Werkstudent in einer Firma einsteigen, als Verkäufer tätig werden oder mit Nachhilfe Geld verdienen. Manche halten sich das Semester hingegen frei und powern in den Semesterferien desto intensiver durch: in Fabriken, als Erntehelfer, Workshop-Leiter, Nanny oder Animateur ... Hier sind deine Interessen gefragt und deine Kreativität herausgefordert.

Vergiss allerdings nie, dass du in erster Linie studierst und das Jobben nur der Weg zum Ziel ist. Dein Studium darf darunter nicht leiden! Das gilt sogar in finanzieller Hinsicht, die du mit dem Jobben ja vor allem verfolgst, denn mit deinem Studentenjob wirst du nicht so viel verdienen, wie du durch ein zusätzliches Semester verlierst.

Die drittwichtigste Geldquelle ist – insbesondere für Studis aus einkommensschwachen Familien oder mit mehreren Geschwistern – das **BAföG**, das derzeit rund 29 Prozent der Studenten erhalten. Dahinter steckt ein staatlicher Zuschuss, den du beim Studentenwerk deiner Uni oder FH beantragen kannst. Die maximale Förderung beträgt derzeit 648 Euro monatlich. Lass dich dabei von den tausend und einem Formularen nicht abschrecken, die du ausfüllen musst. Am Ende könnte eine gute Finanzspritze drin sein. Damit du die Formulare aber auch nicht umsonst ausfüllst, kannst du vorab auf der Webseite der Studentenwerke (www.studentenwerke.de) mit Hilfe des BAföG-Rechners checken, was für dich ungefähr herausspringt.

Lediglich fünf Prozent der Studenten nutzen derzeit als weitere Finanzstütze die große Auswahl an Bildungs- und Bankkrediten, die zur Studienfinanzierung angeboten werden. Zum Marktführer hat sich hier die bundeseigene KfW-Bankengruppe (Kreditinstitut für Wiederaufbau) entwickelt. Wenn du dich mit dem Gedanken trägst, dein Studium über diese Finanzierungsweise zu bezuschussen, solltest du auf jeden Fall etwas Zeit in die Auswahl investieren, denn die Zinsen, die auf die einzelnen Angebote anfallen, können sehr unterschiedlich sein. Die Stiftung Warentest gibt in unregelmäßigen Abständen einen Vergleich von exemplarisch ausgesuchten Studienkrediten heraus. Da sich die Konditionen ständig ändern, hilft dir dieser Test aber nur als erster Anhaltspunkt. Außerdem gibt es auch darüber hinaus eine Reihe von regionalen oder sogar auf einzelne Hochschulen bezogenen Studienkreditangeboten, die oft Vorteile gegenüber den großen Anbietern bieten können. Informiere dich also gründlich, was es an deinem Hochschulort gibt!

Eine kleine Gruppe von nur drei Prozent der Studierenden hat sich als zusätzliche Geldquelle außerdem ein **Stipendium** ergattert. Eine Zahl, die absolut ausbaufähig ist, wenn man bedenkt, dass vor allem regionale Stipendiengeber oft auf ihren Geldern sitzenbleiben, weil es zu wenig Bewerber gibt. Insgesamt bieten derzeit rund 1750 Stiftungen Studienstipendien an. Die größten Stipendiengeber sind die elf vom Bundesministerium für Bildung und Forschung (BMBF) geförderten

Begabtenförderungswerke. Alle wichtigen Informationen über diese elf findest du im Internet (www.stipendiumplus.de). Eine riesige Stipendiendatenbank mit zahlreichen Geldgebern hat auch der Deutsche Akademische Austausch Dienst (DAAD) zu bieten (www.daad.de).

Falls du dort auf das Wort »Elite« stoßen solltest, überlies es einfach und lass dich auf keinen Fall davon abschrecken. Man verbindet damit schnell Leute, die überall Einsen im Zeugnis haben. Für ein Stipendium ist das nicht unbedingt die entscheidende Voraussetzung, denn deine Noten sind nur *ein* Kriterium für die Förderung. Genauso wichtig ist soziales Engagement. Wer ab und zu eine weniger gute Note hat, kann das ausgleichen, wenn er ehrenamtlich engagiert ist und ins Förderprofil der Stiftung passt.

WENN ES NICHT KLAPPT

Bewerbungsfrist verpasst, am NC gescheitert, falsches Studienfach gewählt oder verkehrte Stadt? Was immer in deinem Studium schiefläuft, es gibt Auswege.

Wem es nicht gelingt, die Uni oder FH zu entern, die er angepeilt hatte, der hat zunächst einmal Zeit. Die lässt sich sinnvoll nutzen. Sieh dir die Studienordnung an, der du hättest folgen müssen, wenn du den Studienplatz ergattert hättest. Sind externe **Praktika** in Unternehmen oder sozialen Einrichtungen vorgesehen? Oft kannst du diese einfach vorziehen und verlierst dann überhaupt keine Studienzeit. Neben der Berufserfahrung, die du auf diese Weise sogar noch früher sammeln kannst, gewinnst du außerdem ein Wartesemester. Das heißt: Beim nächsten Mal stehen die Chancen, den ersehnten Studienplatz zu bekommen, besser, und mit dem Praktikum beweist du, dass es dir ernst ist mit deiner Fach- und Berufswahl.

Eine andere Möglichkeit sind **Auslandsaufenthalte**. Wird

für dein Studium eine bestimmte Sprache vorausgesetzt, die du noch auffrischen musst? Oder könntest du ganz allgemein aufpolierte Englisch-, Französisch- oder Spanischkenntnisse gebrauchen? Dann ist jetzt der Moment dafür. In Reisebüros, im Internet und in Fachmagazinen findest du eine enorme Auswahl an Sprachreiseangeboten. Wer das langweilig findet, hat auch die Möglichkeit, Sprachreise und Praktikum zu verbinden oder die Sprache parallel zu einer ehrenamtlichen Tätigkeit im Ausland zu lernen. Wenn dir das immer noch nicht abenteuerlich genug ist, blättere einfach vor zu Kapitel 2, wo du alles zum Thema Work&Travel erfährst.

Irgendwie ist das alles noch nicht das Richtige für dich und du kannst dich nicht von der Idee verabschieden, jetzt endlich loszustudieren? Musst du auch nicht, denn mit ein bisschen Kompromissbereitschaft gibt es gute Alternativen. Zum einen wären da andere Unis oder FHs. Willst du ein Fach studieren, zu dem es nur an manchen Unis NCs gibt, bleibt dir noch ein **Hochschulwechsel.** Vielleicht gibt es ja passende Alternativen.

Auch nicht von schlechten Eltern ist ein **Auslandsstudium.** Mit dem Studium im Ausland kannst du oftmals das NC-Gerangel vollständig umgehen. So gibt es zu Semesterbeginn ganze Pilgerzüge von Erstsemestern, die sich in die Niederlande aufmachen. Dort sind die meisten Studiengänge frei zugänglich. Stark frequentierte Studiengänge werden nach dem Losverfahren vergeben, wobei gute Noten nur zu einem gewissen Grad in die Lotterie mit einfließen, damit trotzdem jeder eine Chance hat. Allerdings liegen die Studiengebühren in Holland bei Weitem über denen, die in Deutschland üblich sind.

Vielleicht bist du schon an der Uni oder FH, die du dir ausgesucht hattest, aber irgendwie trotzdem nicht glücklich. Wenn du Zweifel an deinem Traumfach bekommen hast, wäre da zunächst einmal die **Fachstudienberatung**, die dir zur Seite stehen kann. Die Sprechstundentermine findest du in der Regel auf der Webseite deines Instituts oder im Sekretariat. Versuche sachlich zu analysieren, was dir nicht gefällt. Sind es nur bestimmte Seminare? Insbesondere zu Studienbeginn stehen häufig ein paar Killerveranstaltungen an, die sozusagen die Spreu vom Weizen trennen sollen, um weniger Studenten im Hauptstudium zu haben. Hast du diese Seminare also erst einmal hinter dir, kann der Stoff viel ansprechender werden. Sprich daher auch mit Kommilitonen aus höheren Semestern, um dich darüber zu informieren, wie es weitergeht.

Wenn du dir dennoch sicher bist, dass du eine Sackgasse eingeschlagen hast, hilft nur ein Wendemanöver. Auch das ist kein Weltuntergang. **Fach- und Hochschulwechsel** sind relativ leicht zu bewerkstelligen und kein großer organisatorischer Aufwand. Am Anfang des Studiums kommt es häufig vor, dass sich Studenten noch einmal umorientieren. Besonders wichtig ist dabei natürlich, dass du dich nicht zu reinem Fluchtverhalten hinreißen lässt, sondern dich genau über das neue Fach informierst. Versuche dir diesmal ganz sicher zu sein, dass das nun das Richtige für dich ist. Als BAföG-Empfänger solltest du dich außerdem über finanzielle Folgen für deinen konkreten Fall informieren. Häufige Wechsel können sich nämlich auf deinen Förderanspruch auswirken.

Insgesamt solltest du die Zeit, die du in einem »falschen« Studienfach verbringst, aber auch nicht als verloren ansehen. Immerhin hast du wichtige Erfahrungen und Kenntnisse gesammelt und dich persönlich weiterentwickelt. Wer schnell studiert, muss schließlich nur früher arbeiten.

10 | KARRIERE-KICK DURCH GIRLS-NETZWERKE

Ein Extrawurst-Kapitel für Mädchen? Eigentlich Schnee von gestern, sollte man meinen. Und doch: Das Ideal der Gleichberechtigung hat in der Realität ein paar tiefe Kratzer, wenn es um Ausbildung, Studium und Arbeitsmarkt geht.

Ein paar Herausforderungen betreffen nämlich nicht alle Berufseinsteiger gleichermaßen, sondern insbesondere junge Frauen.

Tatsächlich ist es nämlich so: Statistisch gesehen sind Mädchen in der Schule erfolgreicher. Das Rätsel ist: Warum bekommen Jungs dann immer noch später die wesentlich besser bezahlten Jobs?

Zugegeben, in den letzten zehn Jahren hat sich viel getan, doch trotzdem wird weniger als ein Drittel aller Führungspositionen von Frauen besetzt (Bundesregierung, BMFSJ).

Dabei ist es interessant, dass die Zahl von Frauen in Führungspositionen mit der Größe eines Unternehmens zusammenhängt: Je größer das Unternehmen, desto weniger Frauen im Chefsessel.

Selbst im gleichen Job verdienen Männer oft besser als Frauen. Durchschnittlich liegen Männereinkommen in Deutschland um 23,2 Prozent über denen von Frauen. Das ist sogar mehr als im Durchschnitt der EU-Länder, der bei 18 Prozent mehr Gehalt für Männer liegt.

Viele Wissenschaftler glauben, dass der Grund dafür noch immer das alte Rollenbild ist, das in unserer Gesellschaft von Frauen und Männern besteht. Männer würden demnach von vielen Menschen stärker mit Karriere assoziiert als Frauen.

Das könnte beispielsweise mit der früheren Rollenteilung zusammenhängen, in der der Mann allein die Aufgabe hatte, seine Familie zu ernähren, während die Frau bei den Kindern geblieben ist.

Ein anderer Grund ist, dass Frauen ihre Berufstätigkeit noch immer häufiger unterbrechen als Männer, um beispielsweise Kinder zu bekommen und ganz für die Familie da zu sein. Durch die Lücke im Lebenslauf haben sie weniger Erfahrung und können die Karriereleiter dadurch dann weniger hoch steigen.

Was auch immer der ausschlaggebende Grund dafür ist, dass Frauen im Durchschnitt weniger verdienen als Männer, sie tun endlich etwas dagegen.

So sind beispielsweise **Netzwerke für Mädchen und Frauen** stark im Kommen. Ziel ist es, sich gegenseitig auf der Karriereleiter die Hand zu reichen. Gemeinsam kommt man weiter und es macht auch mehr Spaß.

Überzeuge dich selbst. Auch wenn du wenig Zeit hast, kannst du dich in einem der Online-Netzwerke registrieren. Im Anhang findest du die beliebtesten Girls- und Frauen-Netzwerke zu den Themen Beruf, Karriere und Freizeit.

Das Prinzip bei Karriere-Netzwerken ist dasselbe wie in jeder Online-Community: Wer eine Frage hat, kann sie im Forum stellen und bekommt Hilfe von Leuten, die die Erfahrung im besten Fall schon gemacht haben. Wer Hilfe nutzt, muss auch den anderen helfen. Daher gelten in Netzwerken ein paar Grundregeln, die in der Checkliste »Regeln für erfolgreiches Netzwerken« versammelt sind. Einfach umblättern, loslegen und die ersten Fäden spinnen. Viel Spaß!

CHECKLISTE:
REGELN FÜR ERFOLGREICHES
NETZWERKEN

 Geben und Nehmen: Netzwerken funktioniert langfristig nur auf Gegenseitigkeit.

 Nicht zu privat werden: Netzwerkkontakte sind keine Freunde, sondern eher Bekannte. Manchmal ist es da besser, nicht gleich mit der Tür ins Haus zu fallen.

 Nicht die Masse macht's, sondern die Klasse: Maile nicht jedem, sondern baue intensivere Kontakte zu den richtigen Leuten auf.

 Kontakte pflegen: Immer mal wieder nachfragen, was es beim anderen Neues gibt.

 Dreiecke schaffen: Zwei Kontakte einander vorstellen und sich selbst anderen Kontakten vorstellen lassen.

 Informieren: Das Netzwerk kann nur funktionieren, wenn es die richtigen Infos hat. Gib Bescheid, wenn du z. B. einen Job suchst.

 Es nicht zu ernst nehmen: einfach Spaß haben!

....

....

Das größte Online-Netzwerk der Welt ist übrigens Facebook. Laut Angaben des IT-Branchenverbands Bitkom sind dort derzeit 400 Millionen Menschen registriert. 7,5 Millionen davon kommen aus Deutschland.

Die deutschen Pendants schuelerVZ, studiVZ und meinVZ kommen zusammen auf derzeit 16 Millionen Nutzer und sind damit das größte Netzwerk in Deutschland.

Natürlich können Online-Netzwerke keine echten Kontakte ersetzen. Brauchen sie ja auch nicht, denn dafür hast du schließlich deine Freunde.

Außerdem solltest du gezielt auch reale Kontakte aufbauen und pflegen. Das geht beispielsweise, indem du an Symposien, Kongressen oder Events zu Themen, die dich interessieren, teilnimmst und dort versuchst, Gleichgesinnte kennenzulernen. Auch wenn du beim ersten Mal nervös bist: Nach und nach wird es immer leichter auf andere zuzugehen, versprochen!

CHECKLISTE:
EVENTS UND AKTIONEN ZUM
NETZWERKEN FÜR MÄDCHEN

 Der Girls-Day: Bundesweiter Aktionstag mit knapp 10 000 Veranstaltungen v. a. zur Berufsorientierung für Schülerinnen; findet einmal jährlich statt. Mit Schulfreistellung für Teilnehmerinnen!

 LEAD!: veranstaltet Workshops zum Thema Karriereförderung von Azubis und anderen.

 Der MINT-Pakt veranstaltet Kongresse, Workshops u. a. für Schülerinnen, die sich für Berufe rund um Mathe, Informatik, Naturwissenschaften und Technik interessieren.

 Die BücherFrauen: Für Frauen, die in der Buchbranche tätig sind, werden Mentoring-Programme angeboten; außerdem gibt es viele Veranstaltungen.

 Der Journalistinnenbund: Für weiblichen Nachwuchs werden ein Mentoring-Programm und einige Veranstaltungen angeboten.

Darüber hinaus gibt es natürlich keinen triftigen Grund, dich nur auf Girls-Netzwerke zu beschränken. Wichtige weitere Karriere-Netzwerke findest du im Anhang. Und Netzwerken beschränkt sich auch nicht auf Netzwerk-Veranstaltungen und Karriere-Themen, sondern kann natürlich bei jeder Gelegenheit funktionieren. Wahrscheinlich hast du schon ganz automatisch angefangen, dein eigenes Netzwerk zu schaffen, das sich jederzeit weiter ausbauen lässt.

GELD UND SICHERHEIT – FÜR EINE RELAXTE ZUKUNFT

»Wie kommt es, wenn am Ende des Geldes noch so viel Monat übrig ist?«

ANONYM

11 | VERSICHERUNGEN: WIE FUNKTIONIERT DAS EIGENTLICH?

Ein Mensch schließt eine Versicherung ab, weil er sich gegen ein Risiko, z. B. Krankheiten oder Unfälle und die damit verbundenen Kosten, schützen will. Er bezahlt also einen Beitrag, um dafür im eintretenden Risikofall Geld oder Hilfe zurückzubekommen.

Versicherungen bauen darauf, dass wir nicht in die Zukunft sehen können und theoretisch jeder von uns der Pechvogel sein könnte, für den sich die Versicherung lohnt. Gleichzeitig bauen sie aber auch darauf, dass die meisten keine Pechvögel sind, denn sonst könnten sie dichtmachen. Dein Risikofall wird vom persönlichen Ereignis in eine statistische Größe verwandelt!

KRANKENVERSICHERUNG

Die Krankenversicherung ist Teil der Sozialversicherungen. **Sozialversicherungen** sind Versicherungen, die für den Großteil der Bürger Pflicht sind und vom Staat kontrolliert werden. Damit will der Staat sicherstellen, dass jedem Bürger im Notfall geholfen werden kann und niemand durch das »soziale Netz« fällt. Zu den Sozialversicherungen gehören in Deutschland außerdem die Rentenversicherung, die Arbeitslosenversicherung, die Unfall- und die Pflegeversicherung. Typisch für die Sozialversicherungen ist, dass es neben den **privaten** Anbietern, die vom Staat kontrolliert werden, **gesetzliche** Versicherungsanbieter gibt. Sicher hast du schon von der gesetzlichen und der privaten Krankenversicherung gehört.

Eine **Krankenversicherung** tritt ein, wenn du krank oder verletzt bist und medizinische Versorgung brauchst. In Deutschland sind 87 Prozent der Bürger gesetzlich krankenversichert, 13 Prozent haben eine private Versicherung. Die größte gesetzliche Krankenversicherung ist dabei mit etwa 24 Millionen Mitgliedern die AOK. Die gesetzliche Krankenversicherung soll sicherstellen, dass sich jeder Bürger eine Krankenversicherung leisten kann. Wer viel Geld verdient, bezahlt einen hohen Beitrag, wer wenig hat, zahlt wenig. Für Auszubildende und Studenten gelten besonders niedrige Beitragssätze. Im Krankheitsfall werden dennoch alle gleich behandelt. Ob jemand im Jahr zehnmal oder in zwei Jahren einmal krank wird, ist für die Beitragshöhe ebenso egal. Diejenigen, die öfter krank werden, werden von den Versicherungsmitgliedern mitfinanziert, die seltener krank werden. In dieser Hinsicht ist die gesetzliche Krankenversicherung eine Umverteilungsversicherung, die nach dem Robin Hood-Prinzip funktioniert.

Ein Problem der gesetzlichen Krankenversicherungen ist momentan, dass die Menschen immer älter werden. Alte Menschen werden häufiger krank als junge, verdienen aber nicht unbedingt mehr Geld, denn sie arbeiten nicht mehr. Dadurch könnte die gesetzliche Krankenversicherung langfristig schwer aus dem Gleichgewicht gebracht werden, weil eine geringere Anzahl an jungen Leuten immer mehr alte Versicherungsmitglieder mitfinanzieren muss. Die Folge: Die Beiträge steigen.

Gut verdienende Bürger, aber auch alle Selbstständigen, die z. B. eine eigene Firma haben, und Beamte, die vom Staat eine sogenannte Beihilfe zu ihrer Versicherung bekommen, unterliegen nicht der gesetzlichen Versicherungspflicht, weil der Staat annimmt, dass sie auch im Notfall selbst für ihre Versorgung aufkommen könnten. Sie dürfen entscheiden, ob sie sich trotzdem freiwillig gesetzlich versichern oder eine private Versicherung abschließen.

Anders als bei der gesetzlichen Versicherung wird der Beitragssatz in der privaten Krankenversicherung nicht nach dem Einkommen bestimmt, sondern nach dem Risiko, also der Wahrscheinlichkeit, mit der ein Krankheitsfall eintritt. Junge Leute zahlen also weniger als alte, gesunde weniger als Leute, die oft krank sind, Männer bezahlen weniger als Frauen, weil Frauen in der Regel älter werden. Die private Krankenversicherung funktioniert also nicht nach dem Umverteilungsprinzip, sondern nach der Einschätzung des eigenen Risikos. Dass der Risikofall früher, später oder nicht eintreten kann, ist für das Gleichgewicht in der privaten Krankenversicherung wesentlich.

Im Gegensatz zur gesetzlichen Krankenversicherung bekommst du bei der privaten keine Versicherungskarte, die du beim Arzt abgeben musst, sondern du erhältst vom Arzt meist per Post eine Rechnung über deinen Besuch. Diese Rechnung bezahlst du selbst und gibst sie dann bei der Versicherung ab, die dir den Betrag zurückerstattet.

Weil die Ärzte in der Behandlung von privat versicherten Patienten freier sind und auch teurere Methoden anwenden und nach dem Höchstsatz der Gebührenordnung abrechnen können, werden privat versicherte Patienten von Ärzten prinzipiell lieber gesehen. Auch für den privat versicherten Patienten können sich dadurch Vorteile ergeben, z. B. wenn von der Versicherung Kosten für Behandlungen übernommen werden, die die gesetzliche Versicherung nicht übernommen hätte.

Ein Nachteil der privaten Krankenversicherung ist allerdings, dass der Beitrag für den Normalverdiener meist teurer ist als in der gesetzlichen Versicherung.

Wenn du nach der Schule eine Ausbildung beginnst, musst du dich als Azubi selbst versichern, und zwar in der gesetzlichen Krankenversicherung. Dabei bezahlt allerdings dein Arbeitgeber den Versicherungsbetrag, wenn du weniger als 325 Euro brutto monatlich verdienst. Verdienst du mehr, zahlt dein Arbeitgeber immerhin die Hälfte der Kosten für deine gesetzliche Krankenversicherung. In welcher gesetzlichen Krankenversicherung du Mitglied werden willst, darfst du selbst entscheiden. Nach Unterschreiben deines Arbeitsvertrages musst du dem Arbeitgeber deine Wahl innerhalb von 14 Tagen mitteilen.

Bei einem Verdienst von 500 Euro brutto im Monat, kostet dich die Krankenversicherung momentan etwa 40 Euro monatlich.

Wenn du nach der Schule studierst, kannst du bis zu deinem 25. Lebensjahr über deine Eltern in der Familienversicherung krankenversichert bleiben und brauchst also keine eigene Krankenversicherung abzuschließen.

Zivildienst- oder Bundeswehrzeiten (wie es sie bis vor Kurzem noch gab) werden dir zusätzlich auf die Altersgrenze angerechnet, sodass du eventuell noch länger ohne eigene Krankenversicherung auskommst. Allerdings hat die Familienversicherung auch einen Nachteil: Du darfst als Student maximal nur 350 Euro monatlich dazuverdienen. Dabei wird das Geld aufs Jahr hochgerechnet, du darfst also z. B. einen Monat lang 700 Euro verdienen, wenn du in einem anderen Kalendermonat nichts verdienst. Wenn du mehr verdienst, musst du dich selbst versichern.

Als Student, der nicht familienversichert ist, und sich daher selbst versichern muss, kannst du wählen, ob du lieber gesetzlich Versicherter oder Privatpatient werden willst. In der gesetzlichen Krankenversicherung bezahlt ein Student momentan ca. 55 Euro monatlich inklusive Pflegeversicherung, in der privaten Versicherung ist es sehr unterschiedlich und liegt bei etwa 60–130 Euro, wobei aber auch der Leistungsumfang sehr unterschiedlich ist.

In jedem Fall ist es wichtig, vor dem Abschluss einer Krankenversicherung genau zu vergleichen.

Dabei ist nicht nur der Beitrag entscheidend, sondern natürlich auch die Leistung. Musst du (bei der privaten Krankenversicherung) bis zu einer bestimmten Summe im Notfall selbst aufkommen? Wo findest du die nächste Anlaufstelle? Inwieweit werden zahnärztliche Behandlungen übernommen? Bekommst du im Krankenhaus ein Einzelzimmer? Wie steht es mit der Finanzierung von alternativen Heilmethoden, z. B. Homöopathie? Wie wäre es mit einer Alternative aus gesetzlicher Krankenversicherung und privater Zusatzversicherung? Überlege gründlich, was dir wichtig ist und worauf du auch verzichten kannst, lass dich von einer unabhängigen Stelle gut beraten und wähle dementsprechend die richtige Krankenversicherung für dich aus.

Tipp: In bestimmten Fällen ist es nicht möglich, von einer einmal abgeschlossenen privaten Krankenversicherung zurück zu einer gesetzlichen Krankenversicherung zu wechseln. Informiere dich vorab, ob und unter welchen Voraussetzungen dir der Wechsel theoretisch möglich wäre.

HAFTPFLICHTVERSICHERUNG

Obwohl sie so heißt, ist die Haftpflichtversicherung meist keine Pflichtversicherung.

Eine Ausnahme bilden Bereiche, die besonders risikoreich sind, z. B. die Kfz-Haftpflichtversicherung, die für Autobesitzer verpflichtend ist und eintritt, wenn vom Fahrer ein Schaden angerichtet wird.

Für dich als Schulabgänger ist vor allem die **freiwillige Privathaftpflichtversicherung** wichtig. Sie tritt für Schäden ein, die du selbst im privaten Bereich, also nicht am Ausbildungsplatz, zu verantworten hast. Das gilt z. B., wenn dir in der großen Pause das iPhone deiner Freundin aus der Hand rutscht, unglücklich aufkommt und nicht mehr funktioniert. Schlimmer ist es, wenn du mit dem Fahrrad eine alte Frau oder einen Kinderwagen umfährst und Menschen verletzt. Auch hier tritt die Haftpflicht ein. Unfälle können jedem passieren, daher ist es sinnvoll eine Versicherung zu haben, die den Schaden bezahlt.

Zunächst solltest du allerdings klären, ob du nicht schon haftpflichtversichert bist.

Das ist der Fall, wenn deine Eltern eine private Haftpflichtversicherung haben, die dich mit einschließt. Das kann auch nach der Schule, z.B. in der Ausbildung, noch der Fall sein. Rufe also bei der Versicherung deiner Eltern an und erkundige dich.

Hast du keinen Versicherungsschutz, solltest du dich unbedingt darum kümmern: Die Haftpflichtversicherung ist meist nicht besonders teuer und kann dich vor einem riesigen Schuldenberg bewahren. Jährlich kostet eine Haftpflicht etwa zwischen 30 und 100 Euro.

Beim Vergleich der Versicherungsangebote hilft dir die folgende Checkliste. Sie verrät dir, worauf du achten musst, um eine gute private Haftpflichtversicherung abzuschließen.

CHECKLISTE:
EINE GUTE PRIVATE
HAFTPFLICHTVERSICHERUNG
ABSCHLIESSEN

○ Deckungssumme: Die Versicherung sollte mindestens für Schäden von drei bis fünf Millionen Euro aufkommen. Ideal, wenn du mit noch teureren Geräten hantierst: unbegrenzte Deckungssumme!

○ Sach- und Personenschäden: Die Versicherung kommt sowohl für Sach- als auch für Personenschäden in gleicher Höhe (mindestens drei Millionen Euro) auf.

○ Selbstbeteiligung: Die Selbstbeteiligung sollte möglichst gering sein. Auf jeden Fall gering genug, dass du sie im Notfall bezahlen könntest.

○ Zusatzdeckung: Es sollte möglichst wenige für dich relevante Schadensfälle geben, für die eine Zusatzdeckung abgeschlossen werden muss.

○ Beitragszahlung: Die Beitragskosten sollten trotz hohen Schutzes möglichst günstig sein.

....

....

....

UNFALL- UND BERUFSUNFÄHIGKEITSVERSICHERUNG

Zugegeben, es mag dir fernliegen, darüber nachzudenken, dass du eines Tages einen Unfall haben oder deinen Job vielleicht nicht mehr ausüben könntest, wenn du noch gar keinen Job hast und gerade überlegst, wie es nach der Schule weitergehen soll. Es ist kein schönes Thema und man verdrängt es gern, doch wenn in deinem Leben tatsächlich etwas schiefgehen sollte, ist es gut zu wissen, dass du dir zumindest finanziell keine Sorgen zu machen brauchst – vorausgesetzt, du hast eine gute Versicherung abgeschlossen.

Zunächst eine zentrale Frage: Was ist eigentlich der Unterschied zwischen einer Unfall- und einer Berufsunfähigkeitsversicherung? Die **Unfallversicherung** tritt bei jeder Art von Unfällen ein und fängt dadurch entstehende Kosten ab, z. B. wenn du deine Wohnung nach einem Autounfall rollstuhlgerecht umbauen musst oder durch den Unfall nicht arbeiten kannst und daher kein Einkommen mehr hast. Im letzten Fall wird dir bis zu ein Jahr lang ein sogenanntes Tagegeld bezahlt.

Die **Berufsunfähigkeitsversicherung** tritt dagegen ein, wenn du mehr als sechs Monate am Stück nicht in der Lage bist, deinen ausgeübten Beruf zu mindestens 50 Prozent auszuüben. Im Notfall bezahlt die Berufsunfähigkeitsversicherung im Gegensatz zur Unfallversicherung bis zum Rentenbeginn weiter. Außerdem muss kein klar definierter Unfall vorliegen, damit die Berufsunfähigkeitsversicherung eintritt. Auch physische und psychische Krankheiten, die dazu führen, dass der gelernte Beruf nicht mehr ausgeübt werden kann, sind als Versicherungsfälle abgedeckt. Beides sind also Versicherungen, die eintreten, wenn in deinem Leben etwas Schlimmes passiert. Ein näherer Blick auf die beiden Versicherungen zeigt dir, warum beide sinnvoll sind.

Die Unfallversicherung gibt es gesetzlich und privat. Die gesetzliche Unfallversicherung greift bei Angestellten, denen am Arbeitsplatz ein Unfall passiert. Für Unfälle, die in der Freizeit passieren, braucht man eine private Unfallversicherung, um sich abzusichern. Selbstständig Arbeitende haben von vornherein keinen gesetzlichen Unfallversicherungsschutz und müssen sich immer privat gegen Unfälle versichern.

Was genau unter einem Unfall zu verstehen ist, steht im Versicherungsvertrag. Das Wichtigste ist dabei die sogenannte »Invaliditätsleistung«. Das heißt, dass du für bestimmte bleibende Schäden eine vorher vereinbarte Geldsumme bekommst. Das klingt makaber, ist aber durchaus sinnvoll. Verlierst du ein Bein, erhältst du beispielsweise häufig etwa 500.000 Euro, bei einem Ringfinger oft 15.000 Euro. Das Geld hilft dir, nach einem Unfall wieder ins Leben zurückzufinden, indem du damit Umschulungen oder behindertengerechte Umbauten finanzierst.

Darüber hinaus können weitere Leistungen vereinbart werden. Dazu gehören das Krankentagegeld, das Genesungsgeld und die Todesfallleistung.

Von den etwa 82 Millionen Menschen, die in Deutschland leben, passiert jedes Jahr etwa neun Millionen Menschen ein Unfall. Fast eine Million Menschen müssen in Folge davon ins Krankenhaus. Eine Unfallversicherung ist also schon rein statistisch eine sinnvolle Angelegenheit.

Je nach Leistung kann der jährliche Preis ganz unterschiedlich ausfallen. Aktuell ist es möglich, eine gute Unfallversicherung für etwa 200 bis 300 Euro jährlich abzuschließen.

Vielleicht hat dir die Unfallversicherung in der näheren Erläuterung eingeleuchtet.

Von der Möglichkeit der eigenen Berufsunfähigkeit will dagegen wohl kaum jemand in deinem Alter etwas hören. Unwahrscheinlich, glaubst du vielleicht.

Angenommen in deiner Klasse sind 30 Schüler. Was glaubst du, wie viele davon durchschnittlich im Laufe ihres Arbeitslebens berufsunfähig werden? Hoffentlich bleibt es allen erspart, statistisch werden aber ganze zehn Schüler der Klasse ihren Beruf nicht bis zur Rente ausüben können! Es trifft jeden dritten Berufstätigen. Vor diesem Hintergrund sieht die Notwendigkeit einer **Berufsunfähigkeitsversicherung** auf einmal ganz anders aus.

Die Berufsunfähigkeitsversicherung ist eine private und freiwillige Versicherung. Sie kann nicht nur von voll Berufstätigen, sondern auch bereits von Schülern, Azubis oder Studenten abgeschlossen werden, um bei späterer Berufsunfähigkeit das Einkommen in Form einer monatlichen Zahlung sicherzustellen. Je jünger man eine solche Versicherung abschließt, desto besser ist es sogar. Denn junge und gesunde Menschen können sich wesentlich günstiger versichern als ältere. Hat man bereits Vorerkrankungen, kann es mitunter sogar schwer werden, überhaupt noch eine Berufsunfähigkeitsversicherung zu finden, bei der man angenommen wird.

Neben der monatlichen »Vorrente« bieten Berufsunfähigkeitsversicherungen weitere Leistungen an, z. B. einen Umbau des Arbeitsplatzes bei zeitlich begrenzter Berufsunfähigkeit. Es lohnt sich also auch hier, mehrere Versicherungsanbieter zu vergleichen. Achte dabei auf Leistungsumfang und Leistungshöhe sowie auf die Möglichkeit zur Anpassung ohne erneute Gesundheitsprüfung, das heißt, es sollte ohne zusätzliche medizinische Tests möglich sein, dass du bei steigendem Einkommen und steigenden Ansprüchen später einmal mehr einbezahlst als jetzt und dafür dann im Notfall auch einen höheren Betrag ausgezahlt bekommst. Außerdem ist natürlich die Dauer der Laufzeit wichtig. Die Versicherung sollte erst dann auslaufen, wenn deine Rentenversicherung greift. Ansonsten stehst du dazwischen eventuell ein paar Jahre ohne alles da.

CHECKLISTE FÜR EINE GUTE BERUFS-UNFÄHIGKEITSVERSICHERUNG

Vergleiche bei mehreren Versicherungsanbietern:

○ Leistungsumfang

○ Leistungshöhe

○ Preis

○ kein Ausschluss bei bestimmten Krankheiten

○ Möglichkeit zur dynamischen Anpassung

○ Dauer der Laufzeit bis Rentenbeginn

....

....

....

....

RENTENVERSICHERUNG

Wenn du kein Großverdiener wirst, wird deine gesetzliche Rente allein später einmal nicht ausreichen, um deinen Lebensstandard aufrechtzuerhalten. Das heißt, dass du während deines Arbeitslebens privat eine gehörige Summe zur Seite legen musst, um später gut versorgt zu sein.

Wenn du damit jetzt anfängst, genügt noch ein relativ kleiner monatlicher Betrag, um dich für später abzusichern. Der Grund dafür ist die Wertentwicklung, dein Geld arbeitet sozusagen für dich: Legst du beispielsweise 50 Jahre lang einen Betrag von 20 Euro monatlich auf einem Konto an, das dir jährlich vier Prozent Zinsen bringt, hast du durch den Zinseszinseffekt am Ende ganze 37.433,97 Euro auf dem Konto (die du allerdings noch versteuern musst). Fängst du damit allerdings erst in 20 Jahren an, sind es nur 13.752,03 Euro, also nur ein wenig mehr als ein Drittel.

Natürlich gibt es vielversprechendere Anlegemethoden als das Sparkonto, um deine Rente zu sichern. Diese Methoden fallen unter den Begriff **Rentenversicherung**.

Es gibt zwei grundlegende Arten der Rentenversicherung: die staatliche und die private. Die **staatliche Rentenversicherung** ist für Angestellte Pflicht und geht automatisch vom Lohn ab. Dabei bezahlt der Arbeitgeber die eine Hälfte, der Angestellte die andere. Für Selbstständige gibt es keine staatliche Rentenversicherung. Eine Ausnahme sind Künstler, die über die Künstlersozialkasse der gesetzlichen Rentenversicherungspflicht unterliegen. Hier bezahlt die Künstlersozialkasse wie der Arbeitgeber beim Angestellten die eine Hälfte der Beitragskosten, der Künstler die andere.

Die Höhe der Beiträge zur staatlichen Rentenversicherung richtet sich wie bei der gesetzlichen Krankenversicherung nach dem Einkommen. Reiche bezahlen mehr, Arme weniger. Allerdings bekommen im Unterschied zur gesetzlichen Krankenversicherung nicht alle dasselbe raus: Wer viel eingezahlt hat, bekommt mehr, denn der Gesetzgeber geht davon aus, dass er an mehr Geld gewöhnt ist und daher auch im Alter einen höheren Bedarf hat als jemand, der weniger verdient hat.

Die staatliche Rente hat allerdings ein gewaltiges Problem: den sogenannten Generationenvertrag. Der funktioniert so, dass die Berufstätigen einbezahlen, um die Rente der alten Menschen zu finanzieren. Wenn sie selbst alt sind, übernimmt die nächste Generation der Berufstätigen dafür wiederum das Bezahlen ihrer Rente. Eigentlich eine gute Idee, würde sich die Bevölkerungsstruktur in Deutschland nicht seit den 70er Jahren so enorm verändern. Denn du sitzt auf dem aussterbenden Ast: Während die Bevölkerungsgruppe der unter 20-Jährigen 1960 noch bei 28,4 Prozent der Gesamtbevölkerung lag, ist sie seitdem ständig gesunken und lag 2010 bei nur noch 18,3 Prozent. Die Bundeszentrale für politische Bildung schätzt, dass es im Jahr 2050 nur noch 15,4 Prozent sein werden. Das Phänomen wird »demographischer Wandel« genannt. Auf diese Art und Weise wird auch die Zahl der Erwerbstätigen, die in die Rentenversicherung einbezahlen, im Verhältnis zu der der alten Menschen, die das Geld entnehmen, immer krasser werden. Während momentan noch durchschnittlich zwei Berufstätige für einen Rentner aufkommen, wird es im Jahr 2050 voraussichtlich mehr Rentner als Berufstätige geben. Das heißt, dass du vor Ende deines Berufslebens mit deinem Rentenbeitrag einmal mehr als einen Rentner finanzieren musst. Da die Geburtenrate immer weiter sinkt, kann man sich ausmalen, wie es wohl sein wird, wenn du dann erst einmal selbst in Rente gehen willst ...

Das Ganze wird dadurch verstärkt, dass die Menschen immer älter werden. Die Lebenserwartung in Deutschland beträgt aktuell bei Männern 75,6 Jahre, bei Frauen 81,1 Jahre. Das Statistische Bundesamt nimmt aber an, dass Männer im

Jahr 2050 durchschnittlich 83,7 und Frauen 88,2 Geburtstage feiern können. Die Chancen stehen also gut, dass du einmal ziemlich viele Kerzen auf deiner Torte haben wirst. Diese positive Entwicklung hat eine ganz massive Folge: Die Zeit, die die Menschen in Rente sein werden, wird immer länger – und das müssen die Beitragszahler finanzieren ...

Es gibt nur eine Lösung: Du kannst dich nicht mehr auf die staatliche Rentenversicherung verlassen, denn sie wird alleine nicht mehr ausreichen! Daher musst du zusätzlich privat vorsorgen, das heißt eine oder mehrere private Rentenversicherungen abschließen.

Bei Rentenbeginn kannst du mit einer **privaten Rentenversicherung** entscheiden, ob du einmalig einen hohen Betrag direkt entnehmen willst oder lebenslang, wie bei der staatlichen Rente, einen geringeren monatlichen Betrag auf dein Konto überwiesen bekommen möchtest.

Wie schließt man also die richtige private Rentenversicherung ab? Vor Abschluss einer privaten Rentenversicherung solltest du zunächst deine Versorgungslücke betrachten. Die Versorgungslücke ist der Betrag, den dir die staatliche Rentenversicherung nicht mehr wird zahlen können, obwohl du ihn zum Leben brauchen wirst. Über Versorgungslückenrechner im Internet lässt sich die Höhe zunächst einmal grob abschätzen (Ein verlässlicher Rechner ist beispielsweise: http://www.focus.de/finanzen/altersvorsorge/rente/tid-8425/rentenrechner-wie-viel-im-alter-fehlt_aid_68489.html). Diesen monatlichen Betrag musst du während deines berufstätigen Lebens zusammensparen. Je nach Rentenmodell bekommst du dazu staatliche Hilfe und/oder baust mit Aktien auf die wirtschaftliche Entwicklung und bekommst außerdem natürlich Zinsen und Zinseszinsen ...

Die Summe, die dir als Versorgungslücke errechnet wird, kann allerdings nur ungefähr als Richtwert genommen werden, denn in den vielen Jahren, die bei der Berechnung in die Zukunft geschätzt werden, können sich zahlreiche Änderungen ergeben, z. B. eine steigende Inflationsrate, die deinen Geldbetrag weniger wert sein lässt, oder veränderte Steuersätze auf den Auszahlungsbetrag. Solche Faktoren kann heute noch niemand genau berechnen.

Im zweiten Schritt steht ein Besuch bei deiner Bank an. In einem Beratungsgespräch zur Altersvorsorge wird man dir Auskunft geben. Weil es verschiedene Möglichkeiten gibt, die Versorgungslücke zu schließen, solltest du bei der Bank allerdings nicht sofort das erste Angebot abschließen. Das Zauberwort heißt (wie bei allen Versicherungen): vergleichen.

Als Azubi, der einmal Angestellter werden wird, kann beispielsweise eine **Riester-Rente** ideal sein. Hier bezahlt der Staat mit in deine private Rente – und insbesondere während der Ausbildung zahlt der Staat nicht zu knapp!

Für Selbstständige und Angestellte mit relativ hohem Einkommen könnte stattdessen die **Rürup-Rente** geeignet sein, mit der du vom Staat durch besondere Steuervorteile unterstützt wirst. Je nach deiner Situation kann auch eine andere private Rentenversicherung für dich passend sein.

Wählen musst du auch, ob du eine **Rentenversicherung mit Aktienfonds** oder eine **traditionelle Rentenversicherung ohne Fonds** abschließen möchtest. Sicher hast du in den Nachrichten schon von schwankenden Aktienwerten gehört oder in der Zeitung gelesen, dass bestimmte Aktien gestiegen oder gefallen sind. Doch wie funktioniert das eigentlich genau?

Bestimmte Unternehmen gehen als sogenannte »Aktiengesellschaften« (AGs) an die Börse. Ihr gesamtes Grundkapital wird dann in Aktien unterteilt, die erworben werden können. Wer eine oder mehrere solcher Aktien kauft, ist ein Aktionär des Unternehmens, das heißt, ihm gehört dadurch ein Anteil an dem jeweiligen Unternehmen.

Wie sich der Wert einer Aktie entwickelt, hängt von vielen Faktoren wie beispielsweise der Leistung des Unternehmens, der Wirtschaftslage, der Währung und den anderen Aktionären ab. Aktienanlagen können daher sehr riskant sein. Um das Risiko ein Stück weit abzufangen, gibt es sogenannte Aktienfonds. Hier wird ein ganzes Paket von Aktien verschiedener Unternehmen von vielen verschiedenen Aktionären gemeinsam erworben. Durch die Streuung können Einbrüche von einzelnen Unternehmen gut abgefangen werden. Ein weiterer Vorteil ist, dass du kein Wirtschaftsspezialist sein musst, um erfolgreich Aktionär in einem Aktienfonds zu sein. Sogenannte Fondsanbieter wählen die Aktien aus, die in das Aktienpaket hineingeschnürt werden. Dafür erhalten sie meist drei bis fünf Prozent Ausgabeaufschlag, die du beim Einkauf der Aktie an sie bezahlst.

Doch wer bestimmt eigentlich, wann eine Aktie wie viel Geld wert ist? Der sogenannte Kurs einer Aktie, also ihr Wert, ist abhängig von Angebot und Nachfrage. Wenn Apple mit viel Werbung das neue iPad herausbringt, glauben beispielsweise mehr Aktionäre an eine positive wirtschaftliche Entwicklung des Unternehmens und mehr von ihnen wollen Apple-Aktien kaufen. Die Anzahl der vorhandenen Apple-Aktien bleibt allerdings gleich. Eine große Nachfrage treibt bei einer gleich bleibenden Angebotsanzahl den Preis nach oben. Umgekehrt fällt der Preis, wenn die Nachfrage fällt und keiner die Aktie erwerben will. Nachfragen und Angebote werden an der Börse automatisch gesammelt. Daraus wird der aktuelle Aktienkurs einer Aktie jede Sekunde neu errechnet. So sind es keine gesicherten Fakten über den eigentlichen Wert eines Unternehmens, sondern Spekulationen in die Zukunft, die Aktienkurse letztlich bestimmen und damit entscheiden, wie viel du tatsächlich beim Verkauf deiner Aktie bekommst bzw. wie viel du bezahlen musst, um eine Aktie zu kaufen.

Neben dem günstigen Einkauf und teuren Verkauf von

Aktien können Aktionäre noch auf andere Weise Gewinn machen. Sie bekommen nämlich bei den meisten Aktien jährlich einen kleinen Anteil des Unternehmensgewinns auf ihre Aktien umgelegt ausgeschüttet, die sogenannte Dividende. Der Rest des Gewinns fließt für Investitionen in das Unternehmen zurück, um sicherzustellen, dass es weiter erfolgreich ist. Wie hoch die Dividende in jedem Jahr ist, wird auf der jährlichen Hauptversammlung der AG entschieden.

Oft beträgt die Dividende pro Aktie nur wenige Cent. Hat das Unternehmen im Jahr Verluste eingefahren statt Gewinne zu machen, bekommt man gar nichts. Man verdient also meist weniger an der Dividende als am günstigen Einkauf und teuren Verkauf einer im Wert gestiegenen Aktie.

Bisher war es immer so, dass das Risiko einer fondsgebundenen Versicherung abnahm, je länger der Versicherungszeitraum war. Wenn also jemand eine fondsgebundene Rentenversicherung abgeschlossen und erst in 45 Jahren in Anspruch genommen hat, war es in der Vergangenheit so, dass die Wirtschaft trotz stellenweiser Krisen über einen so langen Zeitraum insgesamt gewachsen ist und damit dem Anleger einen Gewinn beschert hat. Ob das auch in Zukunft so sein wird, kann natürlich nur spekuliert werden.

Sehr kurzfristige Aktiengeschäfte lohnen sich aber meist schon deshalb nicht, weil beim Aktienkauf Kosten anfallen. Der Wert einer Aktie müsste sich enorm steigern, um diese Kosten auf einmal schnell wieder hereinzuholen. Das Risiko, einen Verlust zu machen, steigt also.

Bei traditionellen privaten Rentenversicherungen ohne Aktien und mit festem Zinssatz hast du dagegen eine hohe Sicherheit, allerdings meist auch eine sehr viel geringere Wertsteigerung.

Informiere dich gut über deine Möglichkeiten und überlege dir, wie viel Risiko du bei deiner Rentenversicherung eingehen kannst und möchtest. Auch hierzu muss dich die Bank beraten. Dazu ist sie sogar gesetzlich durch das Wertpapierhandelsgesetz verpflichtet.

Ein Tipp zum Schluss: Einige private Rentenversicherungen gibt es auch mit der Zusatzleistung Hinterbliebenenschutz. Das heißt, dass die Rente selbst nach deinem Tod noch für eine bestimmte Zeit weiter überwiesen wird, um deine Angehörigen mit abzusichern. Oft bekommst du diese Leistung zusätzlich, ohne dass du dadurch viel Geld verlierst. Erkundige dich einfach bei der Bank danach.

CHRISTIAN SCHNEIDER, 35,
Selbstständiger Versicherungsfachmann
(IHK) bei der Horbach Wirtschaftsberatung

Schon seit fünf Jahren arbeite ich als selbstständiger Versicherungsfachmann (IHK) und verhelfe jungen Leuten zu den für sie richtigen Versicherungen. Bisher haben da meistens die Eltern alles gemacht; jetzt sind die Jugendlichen alt genug und sollten fair beraten werden. Doch es gibt eine Menge Angebote: die eigene Bank, fremde Banken, der Versicherungsvermittler an der Ecke, Bekannte, Werbung in allen Formen und der Berater der Familie. Zu wem gehen?

Ich würde nur noch zu einem Makler oder Mehrfachagenten (das sind Berater, die für mehrere Gesellschaften vermitteln und damit unabhängiger sind) mit großer Produktauswahl gehen. Der Berater sollte mir zuhören und meinen Bedarf nach meinen Angaben ermitteln. Es muss ein Vertrauensverhältnis vorhanden sein. Das ist wie beim Arzt: Wenn kein gutes Gefühl da ist, geht man da nicht mehr hin. Der Berater muss den Job hauptberuflich machen, denn ich gehe ja auch nicht zu einem nebenberuflichen Zahnarzt und lasse eine Wurzelbehandlung machen.

Welche Versicherungen sind wichtig? Darauf gibt es keine pauschale Antwort, denn das ist sehr individuell. Doch es gibt vier Bereiche, über deren Basisabsicherung man sich immer Gedanken machen sollte: Haftpflichtversicherung, Krankenversicherung, Berufsunfähigkeitsversicherung und Altersvorsorge. Die Haftpflicht wird bis zum Abschluss der ersten Ausbildung (Schule zählt nicht dazu) über eine Familienhaftpflichtversicherung abgedeckt (ca. 70 Euro/Jahr). Die gesetzliche Krankenversicherung ist eine Pflichtversicherung und reicht als Basis aus. Bei der Berufsunfähigkeitsversicherung ist es nicht so einfach, da hier der Gesundheitszustand wichtig ist, aber wenn die Möglichkeit besteht (auch wenn man noch keinen Beruf hat) eine abzuschließen, dann sollte jeder eine abschließen, denn vom Staat bekommt man, wenn man länger krank ist, keine finanzielle Hilfe außer Hartz IV.

Die Altersvorsorge hängt von den finanziellen Möglichkeiten ab (je früher, desto besser). Sehr junge Kunden wundern sich oft, wenn ich ihnen schon jetzt zu einer Altersvorsorge rate. Ich selbst habe schon sehr früh meine eigenen Entscheidungen getroffen, deshalb habe ich auch schon mit 18 meinen ersten Rentenvertrag unterschrieben und selbst finanziert. Rückblickend habe ich damals nicht die beste Wahl getroffen, aber ich hatte ein gutes Gefühl und war mit diesem Thema meinen Mitschülern und Freunden weit voraus.

Meine jüngste Mandantin 2010 ist gerade mal drei Monate alt, mein ältester Mandant 89 Jahre. Der Beratungsbedarf hat trotz Internet und Vergleichstests zugenommen. Die Entwicklung geht weiter in die Richtung der professionellen Beratung, da es einfach zu viele Details gibt und die Auswahl zu groß ist, um es selbst zu machen. Und eine gute Versicherung zu haben ist wichtig, denn sie begleitet dich schließlich ein Leben lang.

LEBENSVERSICHERUNG

Das Leben versichern? Wie soll denn das gehen? Die **Lebens-versicherung** beruht auf einem Versicherungsvertrag einer privaten Versicherung, mit der du ein festgelegtes Risiko in deinem Leben mit einer bestimmten Geldsumme absicherst. Das klingt ziemlich abstrakt, ist aber ganz einfach: Du legst fest, wann du in deinem Leben eine bestimmte Summe an Geld brauchen wirst und schließt dafür eine Lebensversicherung ab, z. B. in Form der privaten Rentenversicherung, die auch eine Lebensversicherung ist. Hier sagst du z. B., dass du im Alter von 67 Jahren 70.000 Euro haben möchtest und bezahlst dementsprechend bis zum Eintreten des Versicherungsfalls einen bestimmten Betrag ein. An deinem 67. Geburtstag bekommst du dann wie vereinbart das Geld überwiesen.

Neben der privaten Rentenversicherung, von der das vorangehende Unterkapitel handelt, gibt es die Lebensversicherung auch als **Todesfallversicherung**. Du bekommst den Betrag deiner Lebensversicherung dann ironischerweise mit dem Tod ausbezahlt. Das kann sinnvoll sein, wenn du z. B. später Kinder hast, für die du sorgen musst.

Dabei gibt es zwei Arten der Lebensversicherung: die Kapital- und die Risikolebensversicherung. Bei der **Kapitallebensversicherung** sparst du über deinen Beitrag eine Summe an, die du später beim Eintreten des Versicherungsfalls, den du vereinbart hast (z. B. dein 67. Geburtstag), entnehmen kannst. Zu dieser Versicherungssumme erhältst du zusätzlich eine Überschussbcteiligung, mit der dich die Versicherung an der Wertentwicklung durch die Anlage deiner Einzahlungen beteiligt. Die Höhe der Überschussbeteiligung kann bei Abschluss der Versicherung nur geschätzt werden, die Versicherungssumme, die dir garantiert wird, wird dagegen genau angegeben. Der Vorteil einer Kapitallebensversicherung ist, dass du immer etwas auf der hohen Kante hast, das du im Notfall jederzeit nutzen kannst. (Wenn du das angesparte Geld vor Eintreten des Versicherungsfalls entnimmst, verlierst du allerdings einen Teil davon.) Wenn du beispielsweise einmal eine Wohnung oder ein Haus kaufen möchtest und dir dafür Geld bei einer Bank leihen musst, wird dich die Bank nach Sicherheiten fragen, also danach, was du ihr geben kannst, wenn du das geliehene Geld nicht zurückbezahlen kannst. Eine Kapitallebensversicherung in der nötigen Höhe ist als Sicherheit für den Notfall gut geeignet und wird die Bank überzeugen, dir das Geld zu leihen.

Zusätzlich erhältst du bei der Kapitallebensversicherung auf die einbezahlten Beträge steuerliche Vorteile, denn du darfst sie als Vorsorgeaufwendungen von deiner Steuer absetzen (dazu mehr in Kapitel 12). Wenn die Versicherungssumme ausbezahlt wird, musst du den Betrag allerdings auch versteuern. Dabei gibt es einen besonderen Tipp: Wird die Versicherung erst nach dem 60. Lebensjahr ausbezahlt und ist mindestens zwölf Jahre lang gelaufen, berechnet der Staat nur auf die Hälfte der Summe Steuern, der Rest ist steuerfrei.

Bei der **Risikolebensversicherung** sparst du im Gegenteil zur Kapitallebensversicherung kein eigenes Kapital an. Das heißt, dass du keine Auszahlung bekommst, sondern nur in Form einer Todesfallversicherung deine Angehörigen mit der versicherten Summe abgesichert werden. Die Summe wird dann einmalig bei deinem Tod ausbezahlt. Die Beiträge einer Risikolebensversicherung sind daher wesentlich günstiger als die einer Kapitallebensversicherung, bei der du selbst Kapital ansparst, das du bei einer Bank beleihen oder entnehmen kannst.

Die Lebensversicherungen haben den Vorteil, sehr flexibel auf die Momente in deinem Leben zugeschnitten zu sein, die du versichern willst.

PFLEGEVERSICHERUNG

Am Ende des Versicherungsdschungels wartet die **Pflegeversicherung**. Sie existiert erst seit 1995, hat aber wie die Rentenversicherung zunehmend an Bedeutung gewonnen, weil die Menschen immer älter und viele alte Menschen pflegebedürftig werden und manchmal über lange Zeit hinweg von anderen Menschen versorgt werden müssen. Früher haben das die Kinder übernommen, doch das ist heute, wo die meisten nicht mehr dauerhaft mit der Großfamilie unter einem Dach zusammenwohnen, nicht mehr möglich. In solchen Fällen greift die Pflegeversicherung und bezahlt für die notwendigen Pflegedienstleistungen, also beispielsweise für eine ausgebildete Pflegekraft, die sich um die versicherte Person kümmert.

Anhand von festgelegten Pflegestufen wird bestimmt, für welche Leistungen die Versicherung beim jeweiligen Gesundheitszustand aufkommt. Wenn eine Person schwer pflegebedürftig wird und in ein Pflegeheim umziehen muss, reicht die von der Pflegeversicherung bezahlte Summe allerdings oft nicht aus und man muss zusätzlich eine gute Rente erhalten, um für die Kosten aufkommen zu können.

Wie wichtig die Pflegeversicherung ist, erkennst du daran, dass sie zu den Sozialversicherungen gehört und somit eine Pflichtversicherung ist, die jeder Bürger in Deutschland abschließen muss, wenn er der Versicherungspflicht unterliegt (Ausnahmen sind Selbstständige und Großverdiener, bei denen der Staat annimmt, dass sie die Pflege im Notfall selbst bezahlen könnten). Als Azubi oder Angestellter unterliegst du der Versicherungspflicht.

Auch die Pflegeversicherung gibt es gesetzlich und privat. Welche der beiden für dich relevant ist, kannst du ganz einfach an deiner Krankenversicherung erkennen, denn an diese wird auch die Pflegeversicherung gekoppelt. Wer staatlich krankenversichert ist, zahlt automatisch auch einen bestimmten zusätzlichen Betrag in eine staatliche Pflegeversicherung ein. Beim Abschluss einer privaten Krankenversicherung wird dagegen direkt der monatliche Beitrag für die private Pflegeversicherung beim selben Versicherungsunternehmen mit angegeben. Bei dieser Versicherung bleibt dir also die Qual der Wahl erspart.

12 | STEUERN & CO.

Jubelnde Heiterkeit und Begeisterungssprünge sind eine eher seltene Reaktion auf den alljährlichen Brief, den Berufstätige vom Finanzamt bekommen. Der Brief enthält nämlich die Steuerformulare. Wer sie zum ersten Mal erhält, erschrickt, denn es ist ein ganz schöner Stapel.

Bei der ersten **Steuererklärung** wirst du allerdings die meisten ignorieren können – wenn du überhaupt eine Erklärung abgeben musst: Ist dein Einkommen im vergangenen Jahr unterhalb des sogenannten Einkommensteuerfreibetrags geblieben, musst du nämlich keine Einkommensteuer bezahlen. Wenn du auch nicht als Selbstständiger gearbeitet und auf deinen Rechnungen Umsatzsteuer ausgewiesen hast, heißt das, dass du überhaupt keine Steuererklärung machen, sondern nur formlos dein zu versteuerndes Einkommen (mehr dazu auf der nächsten Seite) beim Finanzamt angeben musst. Ab dem Jahr 2010 liegt dieser Einkommensteuerfreibetrag bei 8.004 Euro. Doch auch wenn du über diesen Betrag hinauskommst, gibt es keinen Grund zu verzweifeln. Im Folgenden erfährst du ein paar wichtige Grundlagen zum Steuer-Einmaleins, das dir die Steuererklärung leichter macht. Wenn du dir unsicher bist, solltest du dir allerdings trotzdem Unterstützung von jemandem holen, der sich auskennt. Vielleicht kannst du den Steuerberater deiner Eltern fragen.

STEUERERKLÄRUNG:
EIN BUCH MIT SIEBEN SIEGELN?

Wie also funktioniert eine Steuererklärung? Zunächst muss festgestellt werden, wie hoch dein zu versteuerndes Einkommen ist. Dafür addierst du als Erstes alles, was du im Kalenderjahr eingenommen hast, zusammen.

Aber Achtung: Privatverkäufe, die du z. B. bei Ebay getätigt hast, zählen nur dann, wenn deine Gewinne daraus im gesamten Jahr 512 Euro übersteigen und du die verkauften Gegenstände weniger als ein Jahr vor dem Verkauf angeschafft hast. Trifft einer der beiden Punkte nicht zu, brauchst du die Verkäufe nicht anzugeben.

Der Wert, den du erhältst, ist der sogenannte **Gesamtbetrag der Einkünfte**.

Im nächsten Schritt ziehst du von diesem Wert alle abzugsfähigen Ausgaben ab. **Abzugsfähige Ausgaben** sind beispielsweise Beträge, die du für deine Aus- und Weiterbildung bezahlt hast (z. B. Sprachkurse, die wichtig für deine Ausbildung waren), Vorsorgeaufwendungen, also, wenn du etwas in deine Altersvorsorge einbezahlt hast, Spenden, die du an gemeinnützige Organisationen getätigt hast, und außerdem alles, was du in die Krankenkasse einbezahlt hast.

Einige Ausgaben sind leider nur begrenzt abzugsfähig, das heißt, nur ein bestimmter Betrag kann maximal abgesetzt werden. Wie hoch der Betrag in diesem Jahr für die jeweilige Ausgabe ist, kannst du beim Finanzamt erfragen. Achte darauf, dass du für alle abzugsfähigen Ausgaben die Belege (z. B. Rechnungen) aufgehoben hast. Sortiere sie am besten ordentlich in einen Ordner ein, denn das Finanzamt kann sie auch noch Jahre später bei dir anfordern.

Der verbleibende Wert ist dein **zu versteuerndes Einkommen**. Auf dieses Einkommen bezahlst du Einkommensteuer, wenn es die genannten **Freibeträge** überschreitet.

DIE STEUERFORMEL NUMMER 1

Gesamtbetrag der Einkünfte – abzugsfähige Ausgaben = zu
versteuerndes Einkommen

Über die Einkommensteuer nimmt der Staat das meiste Geld
ein und finanziert damit beispielsweise Schulen, Straßen und
das Gesundheits- und Sicherheitssystem. Je mehr du über den
am Anfang genannten Freibetrag hinaus verdient hast, desto
mehr Einkommensteuer musst du bezahlen. Wer kaum darüber hinaus verdient, bezahlt auf den Wert über dem Freibetrag
etwa 15 Prozent Steuer. Spitzenverdiener bezahlen hingegen
bis zu 42 Prozent Einkommensteuer.

Tipp: Wenn du erstmal schnell checken willst, was steu-
ermäßig in etwa auf dich zukommt, hilft ein offizieller Abgabenrechner des Bundesfinanzministeriums im Internet (www.
abgabenrechner.de; klicke auf der Seite auf »Berechnung der
Einkommensteuer«), der dir bei Eingabe deines zu versteuernden Einkommens sofort die ungefähre Einkommensteuer
ausrechnet.

Wenn du Einkommensteuer bezahlen musst, kreuzt du im
Mantelbogen der Steuererklärung in der ersten Zeile »Einkommensteuererklärung« an. Darunter notierst du deine
Steuernummer, deine persönlichen Daten sowie deine Bankverbindung. Auf der zweiten Seite kreuzt du dann an, wie du
zu dem Einkommen gekommen bist, also beispielsweise durch
selbstständige Arbeit oder nichtselbstständige Arbeit. Je nachdem, was du angibst, musst du ein weiteres Formular, das du in
der Anlage der Steuererklärung findest, ausfüllen.
Vergiss nicht, auf dieser zweiten Seite auch noch deine abzugsfähigen Ausgaben zu notieren. Wenn du beispielsweise in eine
Altersvorsorge einbezahlt hast, kannst du ein Kreuz unter

»Sonderausgaben« setzen und in der dort genannten Anlage die Summe einfügen, die du bezahlt hast und daher absetzen, das heißt vom zu versteuernden Einkommen abziehen, kannst. Je geringer das zu versteuernde Einkommen ist, desto weniger Einkommensteuer musst du bezahlen.

DIE STEUERFORMEL NUMMER 2

von der Steuer absetzen = vom zu versteuernden Einkommen abziehen (und damit Steuern sparen)

Hast du jedes Jahr eine **Lohnsteuerkarte** zugeschickt bekommen? Sicher musstest du diese Karte dann deinem Arbeitgeber abgeben und hast sie erst am Ende des Jahres wiederbekommen. Seit 2011 gibt es die Lohnsteuerkarten nur noch **digital** und sie werden den Chefs direkt vom Finanzamt zur Verfügung gestellt. Hierauf wird die Lohnsteuer berechnet, die ein Teil der Einkommensteuer ist. Wenn du im vergangenen Jahr ausschließlich auf die Lohnsteuerkarte gearbeitet und keine anderen zu versteuernden Einkünfte hast, zum Beispiel als Azubi, sind Lohnsteuer und Einkommensteuer für dich dasselbe und du kannst wie oben beschrieben auf dem Einkommensteuerformular ein Kreuz unter »nichtselbstständige Arbeit« setzen. In der dort genannten Anlage gibst du dann an, welche Summe du auf diese Weise verdient hast. Die Formulare zur selbstständigen Arbeit kannst du dann ignorieren.

Weil viele **Belege** zu sammeln sind, kann eine Steuererklärung viel Zeit auffressen. Denke daran, dass du die Einkommensteuererklärung trotzdem bis zum 31. Mai des Folgejahres beim Finanzamt abgegeben haben musst. Falls du es einmal nicht schaffst, den Termin einzuhalten, kannst du rechtzeitig einen schriftlichen Fristverlängerungsantrag stellen. Begründe darin, warum du den Termin nicht einhalten kannst. Vielleicht fehlen dir noch wichtige Belege, die du für die Erklärung brauchst oder du warst längere Zeit im Ausland. Die Begründung sollte kurz und sachlich sein. Außerdem wird deine Frist auch automatisch bis zum 31. Dezember verlängert, wenn du die Steuererklärung über einen Steuerberater machst.

Wer z. B. als Selbstständiger tätig war, hohe Kapitalerträge – das sind Zinsen auf gespartes Geld – eingenommen hat oder als Vermieter tätig war, muss neben der Einkommensteuer weitere Steuern bezahlen und daher zusätzliche Formulare ausfüllen.

Als Selbstständiger ist da vor allem noch die **Umsatzsteuer** wichtig. Durch sie nimmt der Staat nach der Einkommensteuer das zweitmeiste Geld ein. Vielleicht kennst du die Umsatzsteuer auch unter dem Begriff Mehrwertsteuer, der dasselbe bedeutet.

DIE STEUERFORMEL NUMMER 3

Umsatzsteuer = Mehrwertsteuer
Umsatz = Einnahmen

Wenn ein Unternehmer in einem Jahr Einnahmen macht, die höher sind als der Umsatzsteuerfreibetrag von aktuell 17.500 Euro, muss er auf seinen Rechnungen die Umsatzsteuer ausweisen. Wer darunter liegt und beispielsweise als Kleinunternehmer arbeitet, darf freiwillig Umsatzsteuer ausweisen. Das heißt, er schreibt nicht nur das auf die Rechnung, was er vom Kunden für seine Leistungen bekommt, sondern auch einen zusätzlichen Wert, den er ebenfalls vom Kunden bekommt, aber an das Finanzamt in Form der Umsatzsteuer weiterleitet. Normalerweise sind das 19 Prozent des Werts, den der Unternehmer vom Kunden für seine Leistungen bekommt. Wenn der Unternehmer also beispielsweise ein Produkt für 100 Euro an den Kunden verkaufen will, schreibt er auf die Rechnung, die der Kunde bekommt, 100 Euro plus 19 Euro Umsatzsteuer. Er bekommt dann 119 Euro vom Kunden.

Wenn du auf Rechnungen von Produkten schaust, die du selbst gekauft hast, findest du manchmal Abweichungen von diesem Steuersatz. Für Bücher gilt beispielsweise der reduzierte Umsatzsteuersatz von 7 Prozent und Briefmarken sind sogar ganz von der Umsatzsteuer befreit.

Kaufst du ein Produkt, bezahlst du also auf der Rechnung jedesmal nicht nur das Produkt selbst, sondern auch die Umsatzsteuer an den Verkäufer. Der Verkäufer darf die Umsatzsteuer natürlich nicht behalten. In der Umsatzsteuererklärung gibt er die über die Rechnungen eingenommene Umsatzsteuer an das Finanzamt weiter. Allerdings darf er davon den Wert abziehen, den sein Unternehmen schon an Umsatzsteuer bezahlt hat, indem es wiederum von anderen Unternehmen Produkte gekauft hat, auf deren Rechnungen ebenfalls Umsatzsteuer ausgewiesen wurde. Der Unternehmer, der vom Kunden 119 Euro überwiesen bekommt, hat beispielsweise gerade neues Kopierpapier gekauft, um seine Rechnungen auszudrucken. Das Papier hat 11,90 Euro gekostet. Darin war 1,90 Euro Umsatzsteuer enthalten, die der Unternehmer abziehen kann. Er muss jetzt nur noch 19 Euro minus 1,90 Euro, also 17,10 Euro, an das Finanzamt weitergeben. In der Steuererklärung müssen Unternehmer daher eine gesonderte Umsatzsteuererklärung beilegen, in der sie den Wert angeben, den sie dem Staat aus der eingenommenen Umsatzsteuer noch schulden.

DEINE FREIBETRAGS-CHECKLISTE

Mit dieser Liste kannst du checken, ob du Steuern bezahlen musst: Liegt dein zu versteuerndes Einkommen unter den genannten **Freibeträgen**, ist es steuerfrei. Liegt es darüber und fällst du in die genannte Gruppe von Betroffenen, musst du Steuern bezahlen und eine Steuererklärung abgeben.

STEUERART	WEN BETRIFFT DAS?	FREIBETRAG	WAS MUSST DU AUSFÜLLEN?
EINKOMMEN-STEUER	Alle, die Geld verdienen	8.004 Euro	Einkommensteuer-erklärung
UMSATZ-STEUER	Selbständige, die Umsatzsteuer ausweisen	0 Euro, wer jedoch unter 17.500 Euro liegt, muss keine Umsatzsteuer auf der Rechnung ausweisen	Umsatzsteuer-erklärung
KAPITAL-ERTRAGS-STEUER	Sparer, deren Zinshöhe jährlich höher ist als der Freibetrag	801 Euro	Anlage KAP in der Einkommen-steuererklärung
GEWERBE-STEUER	Gewerbetreibende	24.500 Euro	Anlage G in der Einkommen-steuererklärung

WOHNEN – SCHAFF DIR DEIN EIGENES REICH!

»Willst du recht zu Hause sein, kehre bei dir selber ein.«

OTTO VON LEIXNER

13 | DEINE ERSTE WOHNUNG

Sie ist der Tempel deiner Selbstständigkeit: die erste eigene Wohnung. Hier kannst du tun und lassen, was du willst! Umso wichtiger ist es, dass du die optimale Bleibe findest, um deine Pläne zu verwirklichen. Auf den folgenden Seiten sind eine Menge praxiserprobte Hinweise zusammengestellt, die dir bei der Suche nach der richtigen Wohnung oder dem richtigen WG-Zimmer helfen sollen, dir erläutern, was du zum Thema Mitbewohner und Mitbewohnerauswahl vorab wissen solltest, dich darauf hinweisen, welche Fallstricke sich hinter einem Mietvertrag verbergen können, und beschreiben, was an Organisation sonst noch auf dich zukommt. Am Ende des Kapitels steht ein Test, mit dem du deinen Ansprüchen an die neue Wohnung auf den Grund gehen kannst, um zielgerichteter suchen zu können. Denn da draußen wartet sie bestimmt schon auf dich: deine perfekte erste Wohnung oder das perfekte WG-Zimmer!

AUF DER SUCHE

Jede Suche braucht zunächst ein Ziel. Mach dir also klar, was du willst: Bist du eher der gesellige Typ, der nicht gern allein ist, und sich auf eine lustige Gruppe Mitbewohner freut, dann ist das Leben in einer **Wohngemeinschaft** optimal für dich. WGs gibt es in allen Größen: von der Zweier-WG zum 30er-WG-Haus. Überleg dir vorab, was dich persönlich am meisten reizen würde. Allgemein sind große WGs tendenziell etwas chaotischer als kleine, weil sich oft niemand direkt zuständig fühlt. Bei einer kleinen bis mittleren Größe hast du mehr Überblick über die Leute um dich herum und lernst die einzelnen

Mitbewohner besser kennen. Bei großen WGs hast du dagegen mehr Auswahl an Leuten, mit denen du etwas unternehmen kannst. Im Einzelfall kann das natürlich auch anders aussehen, also am besten hingehen, wenn du ein gutes Angebot siehst, und angucken. Etwa 26 Prozent der Studenten und viele Azubis wohnen in WGs. Tendenziell ist das WG-Zimmer etwas günstiger als die eigene Wohnung. Auch die Region macht kostenmäßig einen großen Unterschied. Hamburg ist ein teureres Pflaster als beispielsweise Magdeburg.

Die **eigene Wohnung** ist dagegen ideal für jemanden, der sich lieber verabredet, wenn er andere treffen will, und auch ansonsten gern viel Zeit für sich hat. Hier hast du mehr Ruhe, um dein eigenes Ding zu machen, du behältst leichter die Kontrolle über Sauberkeit, Lautstärke, Unterbrechungen und deine Zeiteinteilung zwischen Lernen und Freizeit. Die erste eigene Wohnung sollte ein Ort sein, an dem du dich wohlfühlst und auch gern mal allein bist. Dabei ist die Lage wichtig, der Ausblick, der nicht gerade auf die Hauswand des nächsten Hauses führen sollte, eine nette Nachbarschaft und natürlich vor allem die Wohnung selbst, die in der Regel hell sein und dich ansprechen sollte. Sie muss groß genug sein, dass du dich dort aufhalten kannst. Ideal ist, wenn sie so schön geschnitten ist, dass du direkt schon erste Einrichtungsideen im Kopf hast. Übrigens leben etwa 17 Prozent aller Studenten allein. Auch viele Azubis, die bei ihren Eltern ausziehen, ziehen die eigene Wohnung der WG vor.

Mehr als ein guter Kompromiss zwischen WG-Zimmer und eigener Wohnung sind **Wohnheimzimmer**. Normalerweise sind sie zwar etwas kleiner als privat gemietete Einzimmer-Wohnungen, haben aber den Vorteil, dass du trotz eigener Wohnung Mitbewohner light genießen kannst: als nette Nachbarn, die mehr oder weniger in deinem Alter sind und mit denen du lange Abende auf dem Balkon oder im gemeinsamen Partykeller verbringen kannst. Außerdem sind Wohnheimzimmer oft günstiger als private Wohnungen. Ein durchschnittliches Wohnheimzimmer kostet in Deutschland 222 Euro inklusive Nebenkosten (Strom, Wasser, Heizung). Ein Nachteil ist allerdings der etwas größere Organisationsaufwand, denn meist muss man sich darauf schriftlich bewerben. Manchmal ist es auch nicht so einfach, an ein Wohnheimzimmer zu kommen, weil die Nachfrage das Angebot oft gewaltig übersteigt. Immerhin wohnen aber etwa elf Prozent aller Studenten in Wohnheimzimmern.

Wenn du jetzt noch nicht sicher bist, ob du lieber in eine WG, eine eigene Wohnung oder ein Wohnheim ziehen willst, dann mach doch den Test am Ende des Kapitels (S. 230) und lies im Folgenden, wie du am schnellsten und einfachsten die gewünschte Bleibe findest.

Die Suche nach einem WG-Zimmer ist in Uni- und FH-Städten am einfachsten, denn dort gibt es die größte Auswahl. Außerdem ist es allgemein in der Stadt leichter, eine WG zu finden als auf dem Land, weil es dort mehr junge Leute gibt und also mehr Angebot vorherrscht. Aber auch an kleineren Orten kann man mit der WG-Suche Erfolg haben, wenn man weiß, wo man Ausschau halten soll.

Wichtiges Instrument für die Recherche nach WG-Zimmern ist das **Internet**. Achte allerdings darauf, dass du bevorzugt auf Webseiten suchst, auf denen für eine gefundene Wohnung keine Provision für den Wohnungsvermittler fällig wird.

Die Höhe einer Provision liegt normalerweise zwischen einer und drei Monatsmieten. Das heißt, dass du ein bis drei Monate Grundmietkosten ohne Heizung, Wasser und Strom nur für die Vermittlung der Wohnung bezahlen musst. Bei einem Zimmer, das 250 Euro Kaltmiete kostet, kann die Provision also mit bis zu 750 Euro ordentlich ins Gewicht fallen.

Im Anhang findest du eine Liste mit Wohnungsanbietern im Internet, für deren Wohnungsangebote keine Provision verlangt wird und bei denen du außerdem kostenlos Wohnungsgesuche aufgeben kannst.

Neben dem Internet sind **Aushänge** an Unis und FHs, am besten meist in deren Mensa-Nähe, die idealen WG-Vermittler. Frag dich zum Schwarzen Brett für Wohnungsanzeigen durch und du bekommst einen besseren Einblick in die WG-Angebote, als ihn das Internet dir bieten kann: Denn hier sind die Bewohner selbst tätig geworden.

Die Aushänge verraten daher schon einiges über deine WG in spe. Unterschreiben beispielsweise alle WG-Mitbewohner den Aushang? Dann ist es ein gutes erstes Anzeichen dafür, dass in der Wohnung demokratische Strukturen herrschen.

In der Tabelle auf der folgenden Seite findest du mehr zu versteckten Botschaften in WG-Ausschreibungen.

AUSSCHREIBUNG	ÜBERSETZUNG
Lustige Bilder, lockere Sprüche, kreative Ideen oder reines Informationsblatt?	Charaktereigenschaften der Mitbewohner, lustig, locker, kreativ oder Zweck-WG: Teilweise kann man hier sogar schon mit ein paar Vorurteilen in der Rückhand auf Studienfächer und Ausbildungsberufe rückschließen …
Getippt oder handschriftlich?	Getippt: Hier geht es ordentlich zu. Es gibt klare Regeln. Handschriftlich: Generell könnte es lockerer zugehen. Am besten weiteranalysieren: Wie sieht die Handschrift aus? Sauber und gleichmäßig oder chaotisch-unleserlich?
Gesuchte Person	Wie viele Angaben werden dazu gemacht? Je mehr es sind, desto speziellere Wünsche haben die Mitbewohner. Sehr viele Wünsche könnten auf komplizierte Zeitgenossen hindeuten…
Art des »Vorstellungsgesprächs«	Gibt es einen Besichtigungstag für alle oder kann jeder individuell einen Termin ausmachen? Letzteres ist auf jeden Fall persönlicher. Die WG nimmt sich dann mehr Zeit, die Kandidaten kennenzulernen.

Natürlich handelt es sich um Stereotypen, mit denen im Hinterkopf du erst einmal checken solltest, ob da im Einzelfall überhaupt was dran ist oder ob die WG nicht einfach nur wenig Zeit hatte, ein Gesuch zu formulieren.

Die drittbeste Möglichkeit der WG-Suche ist die beste Möglichkeit für Wohnungssuchende: **Zeitungsannoncen.** Hier gibt der private Vermieter ebenso sein Gesuch auf wie die WG, die auf tausend Zuschriften auf die Internet-Anzeige verzichten und lieber mit drei Kandidaten gemütlich Kaffee trinken will. Suche vor allem in Regionalzeitungen und Anzeigenblättern vor Ort. Weitere Möglichkeiten ein Zimmer zu finden, sind Wohnungsbörsen, die es oft an Unis gibt. Hier informierst du dich am besten beim Studentenwerk.

Für die Wohnungssuche gelten grundsätzlich dieselben Suchmöglichkeiten wie für WG-Zimmer, allerdings in anderer Reihenfolge. Die wichtigste Quelle für private Wohnungsanzeigen ist die **Zeitung.** Vermieter sind oft weniger internetaffin als junge Leute und kommen nicht so oft am Schwarzen Brett der Uni vorbei, um Aushänge anzubringen. Die zweitwichtigste Quelle ist allerdings auch hier das **Internet.** Auf den meisten im Anhang genannten Webseiten findest du auch Wohnungsangebote. **Wohnungsbörsen** wie die des Studentenwerks könnten auch einen Besuch wert sein.

BESICHTIGUNGSTERMIN

Gerade, wenn du weiter entfernt wohnst, lohnt es sich, mehrere Besichtigungstermine auf einen Tag zu legen. Plane dabei zwischen den Terminen ausreichend Pausen ein, damit du dich nicht stressen musst, wenn ein Termin mal länger als etwa eine halbe Stunde dauert oder du mehr Zeit brauchst, um die

Adresse zu finden. Wichtig ist, dass die Besichtigungen alle bei Tageslicht stattfinden. Nachts können Mängel an der Wohnung leichter versteckt werden.

Wenn du dich für Wohnungen interessierst, ist es eine gute Idee, jemanden mitzunehmen, dem du vertraust, z. B. einen Freund oder eine Freundin oder auch einen Elternteil, damit ihr die Wohnungen miteinander diskutieren könnt. Auch dem Vermieter signalisiert es zusätzliche Sicherheit, wenn deine Eltern dabei sind, denn er sieht, dass sich jemand um die Wohnungsangelegenheit kümmert.

Ideal ist natürlich, wenn deine Eltern gleich anbieten können, dass sie eine sogenannte **Bürgschaft** für die Miete unterschreiben würden, sie also aufkommen, wenn du die Miete nicht bezahlen könntest. Vermieter sehen das gerade bei jungen Mietern sehr gern, bei WGs kommst du hingegen ohne elterliche Begleitung selbstständiger rüber.

So oder so solltest du deine Bleibe gut in Augenschein nehmen. Die folgende Checkliste zum Abhaken hilft dir bei der Bewertung. Am besten nimmst du sie zum Besichtigungstermin mit, denn im Ernstfall vergisst man leicht das ein oder andere und lässt sich von Dingen, die einem auf den ersten Blick gut gefallen, über Mängel hinwegtäuschen.

Kompromisse muss man natürlich immer machen. Auch hier hilft die Checkliste, alle Kriterien im Überblick präsent zu haben, wenn nach der Besichtigung die Entscheidung ansteht.

CHECKLISTE BESICHTIGUNGSTERMIN: EINE GUTE WOHNUNG/ EIN GUTES WG-ZIMMER FINDEN

O Die Lage der Wohnung ist gut. Ich komme leicht überall hin, wo ich hin muss (Uni, Arbeit, Geschäfte etc.).

O Die Lautstärke ist ok. Es gibt keine große Straße oder andere Lärmquellen in der Nähe, die mich stören würden, wenn ich meine Ruhe haben will oder lernen muss.

O Es gibt Parkmöglichkeiten und Fahrradeinstell-möglichkeiten.

O Der Vermieter ist mir sympathisch.

O Der Vormieter ist nicht wegen Mängeln an der Wohnung oder Streit mit dem Vermieter ausgezogen.

O Die Mitbewohner (wenn vorhanden) wirken nett und aufgeschlossen!

O Die Nachbarn (wenn du sie kennenlernen konntest) sind nett und aufgeschlossen.

O Man hört die Nachbarn nicht durch die Wände.

O Die Wohnung wirkt gepflegt und sauber.

O Die Wohnung ist hell.

- ○ Luxus ist, wenn es eine Möglichkeit gibt, dich bei schönem Wetter draußen hinzusetzen (Balkon, Garten).

- ○ Es gibt keine feuchten, dunklen Stellen an den Wänden, in den Ecken oder über den Fensterrahmen (Schimmel!).

- ○ Es riecht nicht modrig oder vergammelt (Schimmel!).

- ○ Wenn die Fenster geschlossen sind, zieht kein Wind durch die Ritzen (schlechte Isolierung –> hohe Heizkosten).

- ○ Die Heizkörper funktionieren.

- ○ Die Wasserhähne und Dusche funktionieren.

- ○ Das Waschbecken sitzt fest.

- ○ Herd und Backofen in der Küche funktionieren.

- ○ Der Boden hat weder störende Flecken noch Kratzer.

- ○ Die Möbel (bei möblierten Zimmern) sind in Ordnung und funktionstüchtig.

- ○ Steckdosen sind vorhanden.

- ○ TV- und Telefonanschlussboxen sind vorhanden.

O Die Mietkosten sind nicht zu hoch (vergleiche mit anderen Angeboten).

O Die Mietkosten betragen inklusive Nebenkosten maximal ein Drittel des Geldes, das du im Monat zur Verfügung hast (ungefährer Richtwert).

O Die durchschnittlichen Nebenkosten sind bezahlbar.

O Die Mietkaution beträgt maximal drei Monatsmieten, besser weniger. (Du bezahlst sie dem Vermieter zu dessen Sicherheit und bekommst sie beim Auszug zurück, wenn du die Wohnung ordnungsgemäß übergibst.)

O Es gibt keine Mindestmietdauer.

O ....

O ....

O ....

O ....

Du allein bestimmst letztlich, wie viele Mängel du an einer Wohnung akzeptieren möchtest. Wenn du allerdings weniger als achtzehn Punkte ankreuzen konntest, solltest du lieber einen Bogen um die Wohnung machen. Diese Bleibe wird dir nur Ärger bringen!

MITBEWOHNER: DER FREMDE MANN IN DEINER DUSCHE

Bei der WG-Besichtigung steht und fällt die Entscheidung mit dem oder den Mitbewohnern. Sie sind für eine Bleibe, in der du dich wohlfühlen kannst, mindestens genauso wichtig wie die Wohnung selbst, wenn nicht sogar wichtiger! Sie sind nicht nur die Leute, mit denen du den Kühlschrank teilst, sondern auch die, mit denen du nach der Uni oder Arbeit dein Bier trinken wirst, ab und zu vielleicht gemeinsam kochst und denen du als Erstes erzählen könntest, was der Alltag gerade so bringt. Ideal also, wenn es Leute sind, die sich auch füreinander interessieren.

Anonyme Zweck-WGs, die nur wegen billigerer Mietkosten bestehen, können frustrierend sein: Früher oder später entdeckt man, dass man mit eigentlich fremden Leuten das Bad und das Leben teilt. Das Extrem in die andere Richtung, die »Verschweißten«, kann aber auch nervig sein: Sie unternehmen alles zusammen und kosten Kraft, wenn du mal lieber was mit deinen alten Freunden machen willst. Die Leute sollten also genau auf deiner Wellenlänge liegen; wobei es natürlich auch spannend sein kann, wenn es ganz unterschiedliche Typen sind, die eine Wohnung teilen. Eine Grundsympathie füreinander ist auf jeden Fall überlebenswichtig. Ein Grund mehr, darauf zu achten, wer dir die Tür aufmacht.

Ein gutes Indiz für demokratische Strukturen in der WG ist, wenn alle Bewohner beim Besichtigungstermin dabei sind. Bei großen WGs, bei denen das nicht machbar ist, sollten die anderen zumindest wissen, warum der eine oder andere verhindert ist. Erkundige dich dann, so gut es geht, auch nach den Fehlenden, damit du einen möglichst runden Eindruck von deinen möglichen Mitbewohnern bekommst. Wie alt sind sie? Unternehmen sie manchmal etwas zusammen? Wenn ja, was? Was studieren sie/machen sie beruflich? Seit wann? Gefällt ihnen, was sie machen? Welche Hobbys haben sie? Wie geht es in der WG zu, gibt es z.B. einen gemeinsamen Kochtag, WG-Partys und (wichtig!) einen Putzplan? Wird gemeinsam eingekauft oder macht das jeder für sich? Gibt es eine WG-Kasse für gemeinsame Anschaffungen? Nimmt der Vormieter etwas mit, das gemeinsam benutzt wurde und das du wieder anschaffen solltest? Achte auch auf indirekte Signale: Wie gehen die Leute miteinander um? Wissen sie viel voneinander? Haben sie Freund oder Freundin oder sind alle Single (muss man nicht gleich erfragen, erfährt man aber oft im Gespräch)? Passen sie zu dir und in dein Leben?

Es kann spannend sein, auf diese Weise neue Leute kennenzulernen. Oft bilden sich über WGs auch Freundschaften heraus, die noch lange nach der gemeinsamen Bleibe bestehen und dich begleiten werden.

Gerade wenn es dir in einer WG gefällt, ist es natürlich wichtig, dass du dich von deiner besten Seite zeigst, damit sich die WG für dich entscheidet. Dabei hilft es nicht, dich zu verstellen, denn nur wer dich so mag, wie du bist, wird auch Tür an Tür mit dir leben wollen. Sei also einfach ganz du selbst und zeige, dass du dich für die Leute interessierst und dich gern einbringen möchtest.

Schön ist, wenn ihr gleich Gemeinsamkeiten aufdeckt oder den gleichen Humor habt. Gibt es Mängel an der Wohnung, über die du gern hinwegsehen würdest, weil die Mitbewohner so nett sind, dann kritisiere nicht lange daran herum, sondern mache deutlich, dass du bereit bist, damit unkompliziert umzugehen und sie in Kauf zu nehmen.

Stelle nicht nur Fragen, sondern erzähle auch von dir, damit ihr sehen könnt, ob ihr gut harmoniert. Wichtig ist beispielsweise, was du in der neuen Stadt machst, warum du gerne in eine WG ziehen möchtest, deine Hobbys und Freizeitaktivitäten, Freund oder Freundin und alles, was dir sonst noch auf der Zunge brennt.

Frage dabei auch danach, wie viele Bewerber die WG außer dir zur Besichtigung eingeladen hat und wann sie sich entscheiden möchte. Wenn dir die WG gefällt, sage das unbedingt offen und betone, dass du dich freuen würdest, wenn du einziehen darfst. Erkundige dich zum Schluss auch nach dem weiteren Ablauf.

Wenn du während des Gesprächs schon ganz das Zimmer aus dem Blick verloren hast, frage ruhig am Ende, ob du noch einmal kurz reinschauen darfst, bevor du gehst. So behältst du alles gut in Erinnerung für den Vergleich mit anderen Angeboten.

DIE MITBEWOHNERAUSWAHL: DISMISSED

Wenn du keine passende WG finden konntest, kann es eine Überlegung wert sein, selbst eine zu eröffnen. Dabei gibt es verschiedene Möglichkeiten der **WG-Gründung**: Wenn du in der neuen Stadt noch niemanden kennst, kannst du erst einmal ein Zimmer zur Zwischenmiete suchen (normalerweise leichter zu finden als eine Dauerlösung) und die ersten Monate in der neuen Stadt Leute kennenlernen. Ein Glücksfall ist, wenn du dann direkt jemanden triffst, mit dem du den WG-Schritt gemeinsam gehen möchtest.

Doch auch ansonsten bietet die WG-Gründung Vorteile: Bei größeren Wohnungen gibt es beispielsweise meist weniger Bewerberkonkurrenz.

Der Vermieter muss allerdings erlauben, dass du die Wohnung zur WG machst. Lass dir das schriftlich im **Mietvertrag** bestätigen. Ideal ist, wenn du nur ein Zimmer der neuen WG mieten kannst und dich quasi als Gegenleistung bereit erklärst, Mieter für die anderen Zimmer vorzuschlagen.

Jetzt bist du in der Auswahlrolle. Plakatiere Stellen, an denen sich deine Traummitbewohner herumtreiben und gib ein Angebot im Internet auf (vgl. Webseiten im Anhang). Lass dich für die Auswahl am besten zuerst anrufen und finde schon am Telefon heraus, ob die Grundvoraussetzungen stimmen. Überlege dir z. B., ob du lieber in einer gemischten WG wohnen möchtest, in einer, in der ausschließlich Männer oder Frauen leben, oder ob du keine Präferenzen hast. Als Nichtraucher willst du vielleicht, dass in der Wohnung nicht geraucht wird usw.

Wenn die Rahmenbedingungen stimmen, kannst du mit den Interessenten einen Besichtigungstermin vereinbaren. Am besten mit jedem einzeln, damit du die Leute besser kennenlernst und mit allen in Ruhe reden kannst. So steht der Traum-WG bald nichts mehr im Wege!

TÜCKEN IM MIETVERTRAG

Wenn sich deine neue Bleibe von der Idee zu einer konkreten Adresse gemausert hat, müssen der Vermieter und du das noch feierlich unterzeichnen: in Form eines **Mietvertrags**. Dieser sollte auf jeden Fall schriftlich abgeschlossen werden. Schon deshalb, weil du ihn vorlegen musst, um dich beispielsweise beim BAföG-Amt zu bewerben. Hier gibt es einiges zu beachten, um böse Überraschungen beim Auszug zu vermeiden.

Generell gilt: Es gibt tausend verschiedene »gültige« Mietverträge. Doch selbst die Standardmietverträge, die man in jedem Schreibwarengeschäft bekommt, unterscheiden sich voneinander. Egal also, welchen Formvertrag dein Vermieter bringt, zunächst solltest du ihn dir gründlich durchlesen. In der Checkliste findest du die wichtigsten Punkte, die der Vertrag enthalten sollte, zum Abhaken.

CHECKLISTE:
DAS MUSS IN DEN MIETVERTRAG

O Er enthält eine vollständige Adresse des Vermieters, unter der du ihn im Notfall erreichen kannst.

O Er enthält das vorher festgelegte Datum zum Beginn der Mietzeit.

O Alles, was du benutzen darfst, wird genannt (ggf. auch der Parkplatz, Keller etc.).

O Es werden keine Angaben über eine Befristung der Mietzeit gemacht (unbefristeter Vertrag).

O Es steht nichts von Staffelmiete oder Indexmiete im Vertrag (Das würde bedeuten, dass sich der Mietpreis regelmäßig erhöht).

O Die Mietkaution wird auf einem Konto sicher angelegt und verzinst.

O Die Kündigungsfrist beträgt normalerweise drei Monate.

O Die Nebenkosten beziehen sich ausschließlich auf die vorher abgesprochenen Bereiche (z. B. Strom, Wasser, Heizung etc.).

....

○ Wenn Kleinreparaturen durch den Mieter übernommen werden, sollte ein Betrag angegeben sein, den du leicht bezahlen kannst (nicht mehr als ca. 120 Euro, allerdings niemals mehr als acht Prozent der Jahresbruttokaltmiete).

○ Wenn Schönheitsreparaturen nötig sind, kannst du diese vor Auszug selbst durchführen und musst dann keine Rechnungen von Fachbetrieben, die der Vermieter beauftragt hat, bezahlen.

○ Es gibt keine Klausel, die dem Vermieter ein grundsätzliches »Zutrittsrecht« zur Wohnung einräumt. Er muss dazu vorher dein Einverständnis einholen.

○ Wenn du einen Auslandsaufenthalt planst und die Wohnung untervermieten möchtest, sollte im Mietvertrag auch das Einverständnis des Vermieters erklärt werden.

○ Wenn du ein Haustier hast, sollte im Vertrag auf jeden Fall vermerkt werden, dass der Vermieter die Haltung in der Wohnung erlaubt.

○ ....

○ ....

Auch die Herkunft eines Mietvertrags kann ein Hinweis auf seinen mehr oder weniger mieterfreundlichen Inhalt sein. Der Mietvertrag vom »Deutschen Mieterbund« ist als Mieter dem Mietvertrag der Hausbesitzervereine »Haus und Grund« vorzuziehen.

Neben dem Mietvertrag verlangen Vermieter oft eine sogenannte **Selbstauskunft**, mit der sie sichergehen wollen, dass du die Miete bezahlen kannst. In der Regel erklärt man sich als Mieter damit einverstanden und gibt auf einem Formular seinen Arbeitgeber, seine Finanzen und die familiäre Situation an. Diese Daten müssen korrekt sein: Mogeln könnte ein Kündigungsgrund sein.

Einige weitere Fragen musst du allerdings nicht beantworten. Dazu gehören Fragen nach der Religion, der Familienplanung, der Sexualität, nach Krankheiten und Mitgliedschaften in Mietervereinen oder politischen Parteien. Wenn solche Fragen auftauchen, kannst du entweder keine Angabe machen oder, wenn du glaubst, dass dir daraus Nachteile entstehen, falsche Angaben abgeben. Weil der Vermieter kein berechtigtes Interesse an diesen Bereichen haben kann, kann dir daraus niemand einen Strick drehen.

Bevor du das Organisatorische zur Seite schiebst, solltest du zum Schluss, am besten direkt vor Einzug, noch ein sogenanntes **Übergabeformular** ausfüllen, in dem du mit deinem Vormieter den Stand der Dinge festhältst. Insbesondere wenn dir beim Besichtigungstermin Mängel aufgefallen sind, sollten diese eingetragen werden. Das Formular muss von dir und dem Vormieter unterschrieben werden, damit es gültig ist. Anschließend bekommst du ein Exemplar, ein weiteres behält der Vormieter. Mit dem Übergabeformular gehst du sicher, dass du für bestehende Mängel, die der Vormieter verursacht hat, oder die auch bei seinem Einzug schon bestanden haben, nicht von dem Vermieter haftbar gemacht werden kannst. Wenn der Vormieter bereits ausgezogen ist, kannst du das Übergabeformular gegebenenfalls auch mit einem Makler oder auch mit dem Vermieter selbst machen.

Je später vor Einzug du das Formular unterschreiben kannst, desto sicherer ist es, denn für Schäden, die nach dem Unterzeichnen erfolgen, könntest theoretisch schon du haftbar gemacht werden.

DAMIT DU NICHT IM DUNKELN STEHST: STROM ANMELDEN

Wenn du in eine eigene Wohnung eingezogen bist, gibt es noch einige Kleinigkeiten zu regeln. Wenn die Nebenkosten nicht pauschal über den Vermieter abgeführt werden, gehört dazu auch, dass du bei einem Energieanbieter Strom anmeldest. Damit du beim Einzug nicht im Dunkeln stehst, versorgt dich zunächst einmal automatisch der örtliche **Grundversorger**. Grundversorger ist das Unternehmen, das in der Gegend die meisten Stromkunden hat. Meist sind das die Stadtwerke.

Die automatische Stromversorgung durch den Grundversorger steht dir allerdings nur zur Verfügung, wenn die Wohnung vorher bewohnt war. Wenn Wohnungen länger leer stehen, wird der Strom abgeschaltet und natürlich weiß dann erstmal keiner, dass du einziehst. Wenn dein Vormieter allerdings vor Einzug den Strom gekündigt und dich am besten namentlich als Nachmieter genannt hat, läuft die Stromversorgung noch eine Weile weiter und du erhältst in den ersten Tagen einen Brief vom örtlichen Stromanbieter, in dem die Details mit deinen zukünftigen Beitragszahlungen stehen, die sich am Stromverbrauch deines Vormieters orientieren.

Das ist praktisch und stellt vor allem sicher, dass du von Anfang an mit Strom versorgt bist. Billiger und oft auch umweltfreundlicher ist es allerdings, wenn du selbst aktiv wirst und dir einen **Stromanbieter** aussuchst. Wechseln kannst du übrigens auch dann noch, wenn du den Brief vom Grundversorger bekommen hast und z. B. mit den Beitragszahlungen nicht einverstanden bist. Hast du erst einmal unterschrieben, gibt es beim Grundversorger meistens eine Kündigungsfrist von vier Wochen, wenn du den Stromanbieter wechseln möchtest.

Erkundige dich dafür zuerst beim Vormieter, wie viel Strom er im Jahr verbraucht hat. Durchschnittlich verbraucht ein Single in Deutschland im Jahr 1500 kWh (Kilowattstunden). Es ist aber wahrscheinlich, dass du für eine Einzimmer-Wohnung weniger brauchst.

Mit dieser Zahl ausgerüstet, bist du bereit für den **Stromanbietervergleich**. Webseiten, auf denen Stromanbieter verglichen werden, gibt es viele. Die Stiftung Warentest hat hier beispielsweise einen Test durchgeführt und das Unternehmen Verivox am besten bewertet (www.verivox.de). Die Seite ist vom TÜV Süd für Datenschutz und technische Sicherheit ausgezeichnet und ist damit auf jeden Fall empfehlenswert. Unter der kostenlosen Telefonnummer 0800 8080890 kannst du dich auch persönlich beraten lassen.

CHECKLISTE:
EIN GUTER STROMANBIETER ...

○ ist vergleichsweise günstig.

○ ist umweltfreundlich und nutzt regenerative Energiequellen.

○ ist einer, den man maximal innerhalb von drei Monaten kündigen kann.

○ leistet eine möglichst lange Preisgarantie (darf dann den Preis in diesem Zeitraum nicht erhöhen).

○ gewährt ein Sonderkündigungsrecht, wenn die Preise erhöht werden.

○ erzielt auf Stromvergleichsseiten gute Service-Bewertungen.

○ ....

....

....

....

Beim Stromvergleich werden die Stromanbieter in deinem Postleitzahlengebiet miteinander verglichen und diejenigen herausgefiltert, die für deine Stromverbrauchsdaten (bzw. die deines Vormieters) und deine genannten Voraussetzungen (z. B. Ökostrom) den günstigsten Preis erzielen. Die Checkliste »Ein guter Stromanbieter ...« gibt dir eine Entscheidungshilfe zur Auswahl an die Hand.

Wenn du dich für einen Stromanbieter entschieden hast, rufst du direkt dort an oder füllst online ein Formular aus. Neben deiner Adresse benötigst du dazu noch die Angabe des Stromzählerstands bei deinem Einzug. Der Stromzähler ist entweder in deiner Wohnung angebracht oder er befindet sich im Treppenhaus oder Keller. Wenn du ihn nicht findest, kannst du beim Vermieter oder Hausmeister nachfragen. Gerade in großen Mehrparteienhäusern lässt sich oft nicht leicht herausfinden, welcher der vielen Zähler zu deiner Wohnung gehört. Vom Vormieter oder Vermieter kannst du dir dann die Zählernummer organisieren, mit der sich der richtige leicht lokalisieren lässt. Jetzt musst du nur noch den Stromstand beim Einzug ablesen und dem neuen Anbieter mitteilen. Bei einem Anbieterwechsel ohne Umzug gibst du den aktuellen Zählerstand an, den du auch bei der Endabrechnung des alten Anbieters nennst. Notfalls kannst du den Stand auch nachreichen.

EIN ANSCHLUSS UNTER DIESER NUMMER: TELEFON

Damit die Verbindung zur Außenwelt und zu deinen Eltern und Schulfreunden nicht unter der Entfernung leidet, brauchst du natürlich deine persönliche Hotline. Selbst zum **Telefonanschluss** gibt es eine Reihe von Möglichkeiten. Wenn du viel unterwegs bist, ist ein **Handyvertrag mit Flatrate** vielleicht besser als jedes Festnetz. Dann hast du beim Umzug den geringsten Aufwand und teilst dem Anbieter lediglich deine neue Adresse mit.

Wenn du viel am gleichen Ort bist, könnte alternativ eine **Homezone** interessant sein. Sie lässt sich beispielsweise auch in die Uni oder an den Arbeitsplatz legen. Innerhalb der Zone, die oft einen überraschend großen Radius hat, telefonierst du dann zu Preisen auf Festnetzniveau.

Das klassische **Festnetztelefon** ist dagegen meist strahlungsärmer (bzw. bei Telefonen mit Kabel strahlungslos) und damit gerade für Langtelefonierer gesünder. Hierfür vergleichst du am besten erstmal ein paar Tarife mit dem der Telekom. Überlege auch, ob du Internet in deiner Wohnung haben möchtest. In diesem Fall sind Paketpreise in der Regel am günstigsten. Berücksichtige aber, dass bei einigen Anbietern **VoIP-Telefonie** benutzt wird und hierunter noch immer die Qualität beim Telefonieren leiden kann, indem du beispielsweise ein Rauschen oder ein Echo hörst. Normalerweise funktioniert aber auch das mittlerweile sehr gut.

Beim Vergleich (etwa auf www.billiger-telefonieren.de) sollte neben dem Preis auch die Bewertung des Anschlusses durch andere Kunden mit einspielen. Indem du dich im Bekanntenkreis umhörst, welche Erfahrungen mit einem bestimmten Anbieter gemacht wurden, ersparst du dir im Zweifelsfall eine Menge Ärger, wenn beispielsweise der Telefonanschluss erst drei Monate nach Einzug kommt oder der Service nur über ein Call-Center läuft, in dem sich niemand auskennt.

Lass dir nach deiner Entscheidung vom Anbieter deiner Wahl den Vertrag schicken und lies ihn dir auf jeden Fall vor dem Unterschreiben genau durch. Achte dabei auch auf Kündigungsfristen. Ist eine außerordentliche Kündigung im Fall eines Umzugs möglich? Gerade bei der ersten Wohnung weiß man schließlich nicht, was sich noch alles ändert.

GEZ:
VON LEBENSLANGEN BRIEFFREUNDSCHAFTEN

Jeder, der neu in eine Wohnung zieht, wundert sich früher oder später, wie die GEZ das macht. Denn sie findet dich immer und überall. Nach einigen Wochen hat sie irgendwie herausgefunden, dass du eingezogen bist und beglückt dich mit dem ersten grünen Brief im Briefkasten.

Wenn du nicht darauf antwortest, ist dies der Beginn einer langen Brieffreundschaft. Eventuell kannst du auch mit spontanen Kontrollbesuchen rechnen.

Es geht um die Rundfunkgebühren. Die staatsunabhängige **Gebühreneinzugszentrale (GEZ)** hat die Aufgabe, alle Nutzer der öffentlich-rechtlichen Rundfunkanstalten (ARD, ZDF sowie dritte Programme und Radioprogramme) zur Kasse zu bitten.

Das Geld trägt zum Großteil die Kosten, die für Produktion, Gestaltung und Verbreitung der öffentlich-rechtlichen Radio- und Fernsehprogramme anfallen.

Wenn dich der Brief erreicht, solltest du erstmal klären, ob du zahlungspflichtig bist. Dabei hilft dir die Checkliste auf der folgenden Seite.

CHECKLISTE:
MUSS ICH GEZ-GEBÜHREN
BEZAHLEN?

**Zahlungspflichtig ist grundsätzlich, wer eines
der folgenden Geräte in funktionstüchtigem Zustand
besitzt.**

O Radio (auch Radiowecker und Autoradio)

O Fernseher

O Handy mit Rundfunkempfangsteil oder
   Internetanbindung (Damit könnte man Rundfunkprogramme anschauen/-hören.)

O PC oder Laptop mit Radio- oder Fernseherkarte oder
   ohne, wenn damit im Internet Rundfunkprogramme
   geschaut werden könnten, allerdings nur, wenn man
   nicht bereits einen Fernseher oder ein Radio
   angemeldet hat

O Navis mit Rundfunkempfangsteil

O DVD-Rekorder mit Empfangsteil

O Lautsprecher, wenn sie an Radio oder Fernseher
   angeschlossen sind und damit »gesonderte Hör- oder
   Sehstellen« bilden

Als Schüler, Student oder Auszubildender kommst du allerdings, selbst wenn du eigentlich zahlungspflichtig wärst, drum herum, wenn du im Haushalt deiner Eltern wohnst und ein Einkommen hast, das unter dem sogenannten Sozialhilferegelsatz liegt (aktuell 287 Euro im Monat). Das gilt jedoch nur unter der Voraussetzung, dass deine Eltern ihre eigenen Geräte angemeldet haben.

Wer außerhalb von zu Hause wohnt, muss zahlen, wenn ihm kein Antrag auf Befreiung von der Rundfunkgebührenpflicht gewährt wird. Der Antrag wird neben Arbeitslosen- und Sozialhilfeempfängern sowie Asylbewerbern beispielsweise auch allen gewährt, die Ausbildungsförderungsleistungen vom Staat bekommen, also beispielsweise BAföG-Empfängern. Außerdem bekommen auch Empfänger von Berufsausbildungsbeihilfen die Gebühren erlassen. Dafür muss man aber in jedem Fall tätig werden, indem man einen Antrag ausfüllt, der dem grünen Brief beiliegt.

Womit wir beim Thema wären: Was kostet der Spaß legaler Fernseh- und Radionutzung eigentlich die, denen die Gebühren nicht erlassen werden? Aktuell werden für ein Radio oder neuartiges Rundfunkgerät 5,76 Euro im Monat fällig, für einen Fernseher allein oder einen Fernseher und ein Radio inklusive eines neuartigen Rundfunkgeräts (z. B. Laptop oder PC mit Internetzugang) zusammen 17,98 Euro monatlich. Der Betrag kann nicht monatlich bezahlt werden, sondern wird viertel- oder halbjährlich überwiesen.

Ab 2013 wird der Gebühreneinzug übrigens komplett umgestellt. Von da an wird der zu zahlende Beitrag nicht mehr von den Geräten abhängig sein, die du besitzt, sondern pauschal eine Gebühr pro Haushalt erhoben. Der Vorteil für die GEZ ist, dass sie dadurch auf Kontrollbesuche verzichten kann. Der Nachteil für die Nutzer ist, dass auch Personen zur Kasse gebeten werden, die weder fernsehen noch Radio hören.

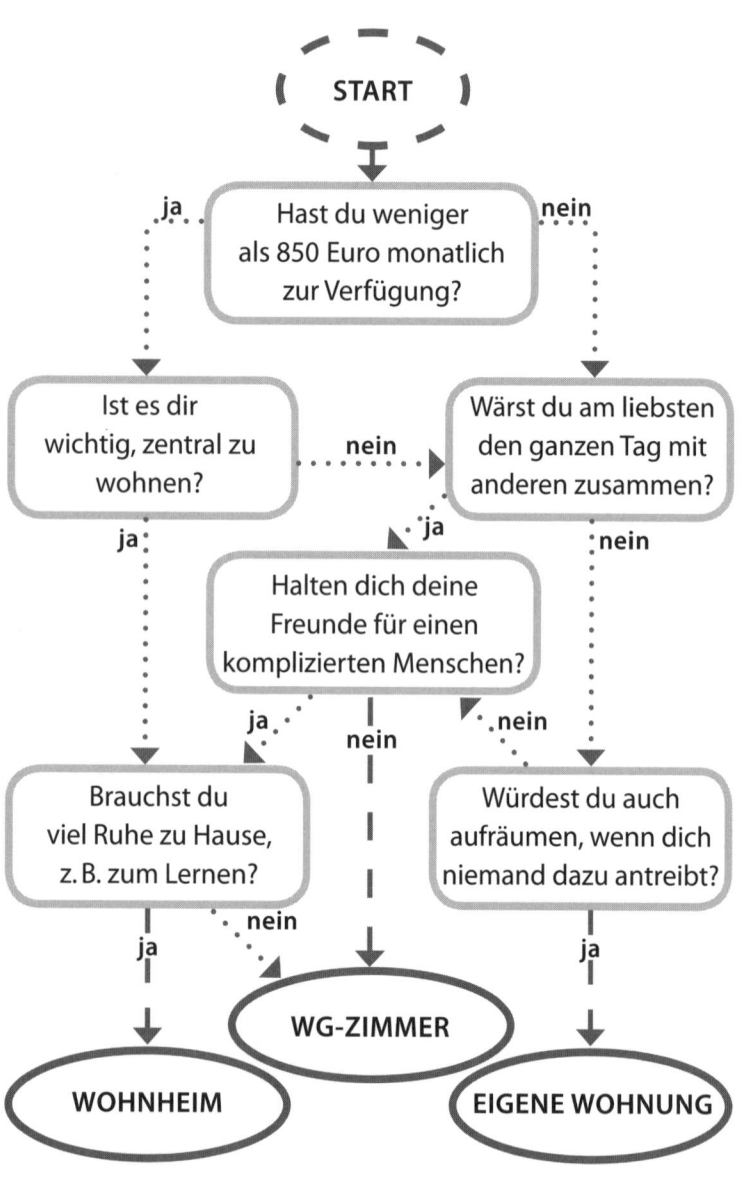

TEST:
WELCHE WOHNUNG IST DIE RICHTIGE FÜR DICH?

START

Hast du weniger als 850 Euro monatlich zur Verfügung?
— ja / nein

Ist es dir wichtig, zentral zu wohnen?
— nein → Wärst du am liebsten den ganzen Tag mit anderen zusammen?
— ja / nein

Halten dich deine Freunde für einen komplizierten Menschen?
— ja / nein

Brauchst du viel Ruhe zu Hause, z. B. zum Lernen?
— ja / nein

Würdest du auch aufräumen, wenn dich niemand dazu antreibt?
— ja

WG-ZIMMER

WOHNHEIM

EIGENE WOHNUNG

14 | DER UMZUG

Wenn ein Umzug ansteht, heißt es alle sieben Sachen packen. Schön wäre, wenn dir dafür auch sieben Helferlein zur Verfügung ständen, denn oft merkt man erst jetzt, wie viel man eigentlich besitzt.

Punkt 1 auf dem Umzugsplan heißt daher: **ausmisten**. Weg mit dem Kram, der mehr als einen Millimeter Staubschicht angesammelt hat, mehr als ein Jahr lang in der Schublade lag oder nur aus Höflichkeit gegenüber dem Schenker noch nicht im Altkleidersack gelandet ist. Je weniger man mitnimmt, desto einfacher, stressfreier und billiger wird der Umzug. Wer für die neue Bleibe noch Möbel kaufen muss, verschiebt das am besten auf nach dem Umzug. Ideal ist natürlich, wenn man sich die Möbel dann direkt in die neue Wohnung liefern lassen kann. Bei großen Möbelhäusern wie Ikea gibt es aber auch die Möglichkeit, sich relativ günstig stundenweise einen Transporter auszuleihen, um alles selbst nach Hause zu transportieren.

Punkt 2 auf der Umzugsliste ist die **Organisation**. Sie steht und fällt mit dem Budget, das du für den Wechsel in dein neues Zuhause ausgeben kannst. Mancher sehr kleine Umzug lässt sich fast kostenlos durchführen; je mehr du mitnimmst und je größer die Entfernung, desto teurer wird es. Am besten du machst dir vorher einen Plan, in dem du notierst, welche Kosten auf dich zukommen.

CHECKLISTE:
UMZUGSKOSTEN: DAS FÄLLT AN!

Kreuze die Kostenpunkte an, die dich betreffen, und berechne auf dieser Basis die Umzugskosten.

○ Kosten für ein Umzugsunternehmen

○ Transporter- oder Automiete

○ Benzinkosten

○ Kosten für Umzugshelfer

○ Umzugskartons

○ Umzugsgeräte wie Rollwagen, Seile zum Festzurren im Auto, Schubkarre etc.

○ Werkzeug wie Akkuschrauber, Bohrmaschine, Hammer, Zange, Wasserwaage, Maßband, Schraubenzieher etc.

○ Farbe und Malerzubehör zum Streichen der Wände

○ Bewirtungskosten für alle Helfer

○ neue Möbel

○ Einweihungsparty

....

DIE UMZUGSFIRMA: LASS DICH UMZIEHEN

Die einfachste Form des Umzugs ist der passive Umzug: Eine **Umzugsfirma** übernimmt die Arbeit für dich. Ein Mitarbeiter kommt in deine neue Wohnung, misst alles aus und plant den Umzug. Am Umzugstag steht im Idealfall bereits morgens ein Schild vor deiner neuen Wohnung, das die Straßenseite absperrt, an der der Transporter parken kann. Zeitgleich hält ein Transporter vor dem Haus deiner Eltern, aus dem die Umzugshelfer aussteigen und deine Möbel einladen. Du brauchst in der Regel nur hinterherzufahren und die neue Wohnung aufzuschließen. Viele Firmen bauen die Möbel nicht nur ab, sondern auch auf und übergeben dir die Wohnung im Wesentlichen bezugsfertig. Allerdings hat das einen Nachteil: Es ist die teuerste Lösung.

Du kannst den Preis drücken, indem du möglichst viel selbst übernimmst, deinen Hausstand komplett in Umzugskartons packst (wichtig: beschriften!) und bereitstellst, nur bis zur Gehsteigkante umziehen lässt und das Hochtragen in die neue Wohnung selbst organisierst oder möglichst viele Möbel vom Vormieter übernimmst. Durchschnittlich kostet ein Umzug in eine Ein- bis Zweizimmer-Wohnung mit dem Umzugsunternehmen zwischen 450 und 850 Euro.

Wenn du mit dem Gedanken spielst, eine Umzugsfirma zu beauftragen, startest du am besten eine Auktion. Erstelle dazu eine Liste mit den Dingen, die mitmüssen. Schätze ab, wie viele Umzugskartons deine Sachen füllen werden. Orientiere dich dabei an einer mittleren Größe, weil die Kartons sonst in gefülltem Zustand sehr schwer werden. Gib die wichtigsten Eckdaten zu deinem neuen Zuhause an (Stockwerk, Quadratmetergröße) und lass verschiedene Umzugsfirmen darauf bieten.

Tipp: Gib in jedem Fall nur einer Firma den Zuschlag, die deine Möbel gegen Schäden, die durch den Umzug entstehen, versichert. Lass dir außerdem schriftlich geben, dass der genannte Preis ein Endpreis ist, auf den keine Aufpreise mehr kommen!

Günstiger kommst du auf jeden Fall weg, wenn du den Umzug selbst organisierst. Das ist weniger Aufwand, als du vielleicht denkst.

TRANSPORTER MIETEN: HAUSSTAND AUF RÄDERN

Man nehme: einen Umzugstransporter, sieben Helferlein, eine Prise Kraft und literweise Motivation für alle. Wo man das findet? Fangen wir mit dem Transporter an. Wer nicht das Glück hat, einen LKW-Fahrer zu kennen, auf dessen Strecke zufällig die Umzugsmeile liegt, der findet günstige Transporter am besten per Vergleich. Im Anhang findest du dazu eine Liste der größten Anbieter für Umzugstransporter mit deren Websites.

Schätze den Platz, den deine Möbel und Kartons brauchen, realistisch ein, wenn du dich für eine Transportergröße entscheidest. Für einen kleinen Umzug ohne Möbel und mit nur wenigen Umzugskisten reicht ein VW-Transporter mit einem Ladevolumen von bis zu 5,2 Kubikmetern oder drei Freunde, die einen Kombi zur Verfügung stellen können. Für eine Ein- bis Zweizimmer-Wohnung, in die du mit Bett, Couch, Tisch und einigen Umzugskartons einziehst, ist ein kleiner LKW ideal, beispielsweise ein MB Sprinter 211 mit einem Ladevolumen von 10,2 Kubikmetern. Zieht ihr zu zweit um oder hast du so viele Kartons, dass mehr Platz nötig ist, kannst du auch einen größeren LKW nehmen. Achte aber darauf, dass du mit dem Autoführerschein Klasse B nicht mehr als 3,5 Tonnen (z. B. geht ein VW Crafter gerade noch durch) fahren darfst!

Apropos fahren: Überlege noch vor dem Mieten, wer das Ungetüm fahren soll. Du selbst darfst es bei den meisten Autovermietern nur leihen, wenn du den Führerschein seit mindestens zwei Jahren dein eigen nennen kannst. Wenn du zum ersten Mal einen Transporter fährst, ist es gerade bei den großen Exemplaren allemal sicherer, wenn du das Fahren an jemanden outsourcen kannst, der es schon öfter gemacht hat. Du wirst nach der Schlepperei müde sein und dankbar, dass du dir jetzt nicht noch per learning by doing aneignen musst, wie man nur mit Seitenspiegeln fährt.

CHECKLISTE:
WORAUF DU BEIM TRANSPORTER-MIETEN ACHTEN SOLLTEST

O   Der Wagen kann am Zielort zurückgegeben werden.

O   Die Filiale am Zielort ist nicht zu weit vom Wohnort entfernt.

O   Du hast eine Vollkasko-Versicherung ohne Selbstbeteiligung (kann sonst teuer werden).

O   Es gibt kein Kilometer-Limit (außer bei ganz regionalen Umzügen, wenn es wirklich billiger ist).

O   Der Gesamtmietpreis muss genau ausgewiesen sein (keine versteckten Kosten).

O   Der Wagen hat bei der Übernahme keine Mängel (falls doch, im Übergabeprotokoll markieren lassen!).

O   Der Wagen ist vollgetankt.

O   ....

O   ....

O   ....

HELFERLEIN FÜR DEINEN UMZUG

Normalerweise ist der Umzug in eine Ein- bis Zweizimmer-Wohnung, die nicht mehr als 300 km entfernt liegt, locker an einem Tag zu schaffen. Die Voraussetzung sind tatkräftige Helfer: Wer mindestens zu viert ist, hat es wesentlich leichter. Je mehr Hände mit anpacken, desto besser natürlich. Dabei braucht man neben ein paar starken Leuten auch einen oder zwei für die vielen kleinen Dinge, die sich ansammeln und die abgebaut, getragen, verstaut oder aufgebaut werden müssen. Praktisch ist es auch, wenn jemand beim Transporter bleiben und einräumen kann, damit man nicht bei jedem Gang auf- und abschließen muss.

Wenn du deine Eltern, Geschwister und Freunde nicht zu sehr beanspruchen willst, helfen auch **organisierte Umzugshelfer**. Mit einem Aushang an der Mensa deines Zielorts hast du eine gute Erfolgsquote, um Leute zu finden, die dir für einen Stundenlohn beim Ausräumen aus dem Transporter und Einräumen in die neue Bleibe helfen, wenn deine heimatliche Truppe noch vom Ausräumen aus dem alten Zimmer erschöpft ist.

Wer zu hundert Prozent auf seine Freunde zählt, sollte sie zumindest entsprechend motivieren. Vielleicht feiert ihr abends in der neuen Wohnung gleich deinen Einstand oder du weihst bei der Gelegenheit mal die neue Küche für sie und deine neuen WG-Mitbewohner ein und kochst etwas Leckeres. Dir wird bestimmt etwas einfallen.

Damit am Umzugstag alles gut geht und die Leute wissen, was zu tun ist, hilft gute Vorbereitung, die man gemütlich mit dem besten Freund oder der besten Freundin durchführen kann.

CHECKLISTE: VORBEREITUNG FÜR DEN UMZUGSTAG

O neue Wohnung durchstylen (was soll wo hin?)

O Transporter mieten (vgl. Checkliste: Worauf du beim Transportermieten achten solltest)

O ggf. Sperrmüll für Ausgemistetes bestellen

O Freunde und/oder Umzugshelfer organisieren

O Umzugskartons kaufen und packen (gut beschriften!)

O Schlüsselübergabe organisieren

O Fahrtroute ausdrucken oder Navi organisieren

O Parkverbot mit Schnüren vor der alten und neuen Wohnung abgrenzen und Umzugsschild aufhängen

O Einkäufe erledigen (vgl. Checkliste: Umzugskosten)

O Zeitungen und Zeitschriften auf neue Adresse ummelden

O Nachsendeauftrag bei der Post ausfüllen

O Zeitplan für den Umzugstag erstellen

O spätestens bei der Schlüsselübergabe Stromzählerstand ablesen

BITTE NUMMER ZIEHEN: ÄMTERGÄNGE

Wenn die Möbel an ihrem Platz stehen und die Klamotten im Schrank hängen, kannst du dich erstmal erholt zurücklehnen. Das Gröbste ist geschafft. In den nächsten Tagen kommen allerdings noch ein paar Ämtergänge auf dich zu, die die neue Bleibe gänzlich als dein legitimieren. Mit der folgenden Liste verpasst du keinen davon.

CHECKLISTE: ÄMTERGÄNGE UND ORGANISATORISCHES NACH DEM UMZUG

○ Einwohnermeldeamt: innerhalb einer Woche nach Einzug Erst- oder Zweitwohnsitz anmelden

○ ggf. Hund beim Einwohnermeldeamt anmelden

○ ggf. Auto bei der KFZ-Zulassungsstelle ummelden

○ ggf. noch Telefon-/DSL-Vertrag abschließen

○ ggf. noch Nachsendeauftrag bei der Post stellen, Post wird dann sechs Monate lang an die neue Adresse nachgesendet

○ Strom und Gas anmelden

○ die neue Adresse an Freunde und Familie weitergeben

○ die neue Adresse bei Bank, Versicherungen, ggf. Finanzamt, Verein, Handyanbieter, GEZ, ggf. Uni oder
○ Arbeitgeber, ggf. BAföG-Stelle angeben

○ ggf. Tageszeitung oder Zeitschrift abonnieren

○ Nachbarn kennenlernen

○ Vereine, Hobby-Angebote besuchen und neue Leute kennenlernen

NACH DEM UMZUG: NEW IN TOWN & CO.

Was man in der ersten Nacht im neuen Zuhause träumt, geht in Erfüllung. Sicher kennst du das Sprichwort. Was einem am ersten Abend allein im neuen Zuhause durch den Kopf geht, vergisst man oft auch nicht. Das kann bedrohlich sein in Richtung: Wenn ich jetzt in der Dusche ausrutsche, blöd hinfalle und ohnmächtig werde, findet mich erstmal kein Mensch. Es kann aber auch – und das ist es oft – ein wahnsinnig aufregendes Gefühl sein, dass man jetzt endlich alles selbst in der Hand hat. Ein wichtiger Schritt ist getan, eine verrückte Zeit fängt an, in der du selbst bestimmst, welche Farben dein Leben hat.

Selten steht man so deutlich vor der noch leeren Leinwand und hat eine so große Farbpalette zur Auswahl. Noch haben die Menschen, die dich in deinem neuen Wohnort begleiten werden, keine Gesichter, doch heute in drei Monaten sitzt du vielleicht schon mit einigen von ihnen an genau derselben Stelle bei einer Tasse Kaffee. Hier findest du für alle Fälle einige beliebte, in der Praxis vielfach erprobte Möglichkeiten, in einer neuen Stadt nette Leute kennenzulernen.

Die meisten Leute wirst du normalerweise über die **Arbeit, Uni oder FH** kennenlernen, die du besuchst. Dort verbringst du den Hauptteil deiner Zeit und den anderen geht es genauso. Wenn du der einzige Neuling bist, wirst du allerdings den ersten Schritt machen müssen. Setz dich in der Mittagspause neben jemanden, der nett aussieht. Stell dich einfach vor und sag, dass du neu in der Stadt bist. Jeder versteht, dass du niemanden kennst. Normalerweise sind Leute in solchen Situationen neugierig, wo du herkommst und wie es dir gefällt, sodass du nicht lange allein sein wirst. Ohnehin hast du nichts zu verlieren. Schließlich kennt dich in der Stadt noch keiner. Passt dir der neue Gesprächspartner nicht, setzt du dich eben das nächste Mal woanders hin.

Ein Ausgangspunkt können auch deine **Hobbys** sein. In den Gelben Seiten oder im Internet findest du die Vereine vor Ort. Ruf an und mach einen Schnuppertermin aus, bei dem du das Fitness-Studio, den Fußball-Verein, Tanz-Club oder Reitstall deiner Wahl begutachten kannst. Gleichzeitig ist deine Situation aber auch eine tolle Chance, neuen Interessen nachzugehen. Niemand wird dir in deine neue Freizeitgestaltung hineinreden! In der Freizeit Leute kennenzulernen ist nicht schwer. Ein Vorteil: Man hat mit dem gemeinsamen Hobby direkt ein Gesprächsthema, das beide mögen – und damit den idealen Aufhänger.

Ein solcher Aufhänger kann aber auch schon die **Nachbarschaft** im gleichen Haus sein. Wenn du weißt, dass nette Leute in deinem Alter mit dir den Flur teilen, ist das ein Riesen-Plus für dein neues Zuhause. Wenn du nicht warten willst, bis du jedem einmal über den Weg gelaufen bist und dir dann auf die Schnelle einen guten Small-Talk einfallen lassen musst, hänge einfach ein Plakat in deinen Hausflur, zum Beispiel:

»Ich, Peter, 19, bin hier neu eingezogen und gespannt, meine Nachbarn kennenzulernen. Kommt doch am Dienstag, den 3. Oktober vorbei und stoßt mit mir an. Es gibt Sekt und Brezeln. Ich freue mich auf den Besuch!«

Das kommt bei jedem, der vorbeigeht, gut an und trägt vielleicht sogar allgemein dazu bei, dass sich die Stimmung im Haus hebt und die Leute mehr aufeinander zugehen.

Ganz einfach mit einem absoluten Minimum an Eigeninitiative, und daher besonders für Schüchterne zur Kontaktaufnahme geeignet, sind **Online-Communities**. Vielleicht bist du schon bei SchülerVZ, StudiVZ, meinVZ oder Facebook. Als Mitglied in den richtigen VZ-Gruppen kannst du erste Mailkontakte knüpfen und dir wichtige Infos zu Veranstaltungen vor Ort holen (z. B. Erstsemesterpartys).

Noch mehr auf deine Situation zugeschnitten ist das **Netzwerk »new in town«** (www.new-in-town.com). Hier sitzen alle zumindest dem Anschein nach im selben Boot! Die neu Zugezogenen finden sich, lernen sich online kennen und verabreden sich beispielsweise zum Grillen, Tanzen oder Discobesuch. Ein absolutes Kennenlern-Abenteuer, das Züge von einem Blind-Date annehmen kann. Mit all den möglichen Vor- und Nachteilen. Ganz wichtig: Triff dich nur an einem öffentlichen Ort, beispielsweise im Café. Gehe nicht allein zu jemandem nach Hause, den du nicht kennst und lade ihn auch nicht zu dir ein. Erstmal abchecken, ob ihr auf einer Wellenlänge seid! Passt es nicht, kannst du dich mehr oder weniger höflich aus der Affäre ziehen.

15 | UND SPÄTER ... WILL ICH AUCH MAL SPIESSER WERDEN: DER BAUSPARVERTRAG

Axel und Alex sind Zwillinge und beide 17 Jahre alt. Alex geht in seiner Freizeit gern aus und gibt dafür fast sein gesamtes Geld aus. Axel zieht dagegen jeden Monat 50 Euro ab, die er in einem Bausparvertrag bei einer Versicherungsgesellschaft anlegt.

Jedes Jahr spart er dadurch 600 Euro. Das belohnt der Staat: Er zahlt in Axels Bausparvertrag für jedes Sparjahr eine Wohnungsbauprämie in Höhe von 86,95 Euro ein. Außerdem ist Axel als Schüler noch in der Ausbildung und bekommt daher einmalig 160 Euro Ausbildungsbonus.

Die Zinsen, die ihm vertraglich fürs Bausparen zustehen, scheinen mit drei Prozent erstmal ziemlich mickrig. Im ersten Jahr bekommt er beispielsweise ganze 6,77 Euro Zinsen, denn von seinem Sparguthaben wird eine Abschlussgebühr von 160 Euro abgezogen. Ohne dass Axel etwas dafür tun muss, wird der Zins im nächsten Jahr gemeinsam mit dem Neugesparten und den staatlichen Zulagen allerdings erneut verzinst. Je länger das Geld dort liegt, desto mehr wird es. Der Vertrag läuft auf neun Jahre.

Neun Jahre später: Alex und Axel sind jetzt 26 Jahre alt. Schule und Ausbildung sind längst abgeschlossen, danach haben beide fünf Jahre lang studiert. Jetzt beginnt das Arbeitsleben. Natürlich haben die Brüder nach der Studienzeit erstmal kein Geld auf der hohen Kante. Doch genau jetzt wird Axels Bausparvertrag zuteilungsreif, was bedeutet, dass das angesparte Geld fällig wird. Er hat über die ganze Zeit hinweg monatlich die 50 Euro einbezahlt und staunt nicht schlecht, denn es haben sich insgesamt 16.000 Euro Bausparsumme angesammelt. Was heißt das genau?

Ohne dass Axel groß darunter leiden musste, das Geld auf die Seite zu legen, hat er an Eigenkapital (also das, was er selbst einbezahlt hat) 5.350 Euro angespart. Mit den Zinsen und der staatlichen Förderung bringt er es auf ein Sparguthaben von 6.477 Euro, gewinnt also 1.127 Euro dazu. Durch diesen angesparten Betrag hat Axel bei der Bausparkasse einen Darlehensanspruch von 9.522 Euro. Ein Darlehensanspruch bedeutet, dass die Bausparkasse ihm dieses Geld aufgrund seines Bausparvertrags zu Bau- oder Renovierungsvorhaben zur Verfügung stellt, er es aber zu Zinskonditionen, die schon vor neun Jahren ausgemacht wurden, wieder abbezahlen muss. Nimmt Axel das Darlehen nicht, erhöht die Bausparkasse im Nachhinein noch einmal seine Zinsen auf 3,25 Prozent. Er hat dann 6.546,92 Euro angespart.

Axel hat also drei Möglichkeiten: Zunächst könnte er die 6.546,92 Euro nehmen und damit machen, worauf er Lust hat. Sein Vertrag ist dann ausgelaufen.

Zweitens kann er überlegen, dass er jetzt vielleicht noch keine Wohnung braucht, aber gerne später einmal ein größeres Bauvorhaben umsetzen will. Dann kann er die Bausparsumme erhöhen und weiter einbezahlen.

Drittens kann er die 16.000 Euro Bausparsumme direkt und komplett in Anspruch nehmen und als Grundstein für die Finanzierung einer eigenen kleinen Wohnung verwenden. Axel entscheidet sich für die dritte Möglichkeit.

Er wohnt in Berlin. Eine Einzimmerwohnung mit ca. 40 Quadratmetern gibt es hier ab etwa 40.000 Euro. Mit 8.000 Euro bezuschusst seine Oma das Vorhaben, weil sie es vernünftig findet. Die Hälfte des restlichen Geldes kann er über den Bausparvertrag aufbringen, dessen Darlehen er durch weitere Einzahlung abträgt. Um die andere Hälfte zu finanzieren, geht er zu einer Bank und nimmt einen Kredit in

Höhe von 16.000 Euro auf. Er bezahlt monatlich für alles insgesamt 300 Euro ab, ebenso viel wie sein Bruder Alex an Miete bezahlt. Doch Axel zieht in seine erste eigene Wohnung.

Sieben Jahre später: Axel hat seinen Kredit bei der Bank mit den 300 Euro monatlich abbezahlt und besitzt eine eigene Wohnung. Sie ist mittlerweile allerdings etwas klein für ihn geworden. Er beschließt, die Wohnung entweder zu verkaufen oder weiterzuvermieten, während Alex erstmals einen Bausparvertrag abschließt ...

Das Beispiel zeigt, dass ein Bausparvertrag durchaus seine Vorteile haben kann. Weil der Bankberater dir die Nachteile allerdings sicher gern schönfärbt, ist es wichtig, auch hierauf noch einen Blick zu werfen.

Der offensichtlichste Nachteil ist der, dass du nicht in die Zukunft sehen kannst. Bei Abschluss des Bausparvertrags weißt du natürlich nicht, wann genau du in die ersten eigenen vier Wände einziehen willst. Mit dem Vertrag ermöglichst du dir diesen Traum zwar, wirst aber bei der zeitlichen Gestaltung auch ein Stück unflexibler.

Außerdem kannst du nicht wissen, wie sich die Zinsen auf dem Markt entwickeln werden. Wenn du Glück hast, sicherst du dir mit dem Vertrag relativ niedrige Darlehenszinsen. Genauso gut kann es allerdings sein, dass die Darlehenszinsen in den Folgejahren sinken und du dann bei jeder Bank ein besseres Immobilienkreditangebot findest. Dadurch hast du allerdings auch nichts verloren, sondern lediglich nicht gewonnen. Du kannst das ersparte Geld nehmen und den Kredit bei einer günstigeren Bank in Anspruch nehmen.

Ein dritter Nachteil ist, dass du das Bauspardarlehen nur zum Kauf oder der Renovierung eines Eigenheims verwenden darfst. Wenn dir der Sinn zum Auszahlungszeitpunkt mehr nach einer großen Reise steht, bekommst du das Darlehen nicht, sondern nur das Sparguthaben.

ANDERE MÖGLICHKEITEN

Ein Bausparvertrag kann eine gute Entscheidung sein, ist aber längst nicht die einzige Möglichkeit, einmal zu deinem eigenen zu Hause zu kommen. Die beliebteste Alternative ist ein **Immobiliendarlehen**. Dieses kannst du aufnehmen, wenn du den konkreten Plan hast, eine bestimmte Wohnung zu kaufen. Damit die Bank dir dieses Darlehen gibt, musst du allerdings über Sicherheiten verfügen, die signalisieren, dass du den Kredit auch zurückzahlen kannst. Neben einer beruflichen Festanstellung oder sogar Verbeamtung kann beispielsweise eine Kapitallebensversicherung als Sicherheit gelten. In Kapitel 11 ist schon genau erklärt worden, was sich dahinter verbirgt.

Wer ganz ohne Einschränkungen und Verpflichtungen etwas Geld auf die Seite legen will, kann auch ein Festgeld- oder Tagesgeldkonto abschließen. Beim **Festgeldkonto** legst du einen bestimmten Zeitraum fest. Solange lässt du das Geld unberührt. Je länger dieser Zeitraum ist, desto höher werden deine Guthabenzinsen angesetzt.

Beim **Tagesgeldkonto** darfst du hingegen jederzeit ran und abheben, bekommst allerdings normalerweise etwas niedrigere Guthabenzinsen. Beim Festgeldkonto gelten oft Mindestanlagebeträge um die 1.000 Euro. Wer weniger auf die Seite legen und ab und zu etwas dazugeben will, nutzt besser ein Tagesgeldkonto.

ZIVILCOURAGE – LEB' NACH DEINEN WERTEN

»Um ein tadelloses Mitglied einer Schafherde sein zu können, muss man vor allem ein Schaf sein.«

ALBERT EINSTEIN

16 | DEINE MEINUNG ZÄHLT

Sich zu den eigenen Werten zu bekennen, kann befreiend sein. Oft fühlt es sich aber erst einige Zeit später so an.

Wer seine Meinung einmal gegen die Meinung einer Mehrheit verteidigen musste, weiß, dass das ziemlich unangenehm sein kann.

Aufzufallen ist allerdings der einzige Weg zum Heldentum und auch ansonsten sprechen eine Menge Gründe dafür, die eigene Meinung zu vertreten. Man ist es sich schuldig, denn die Alternative heißt Mitläufer sein, also Selbstverleugnung.

Wir lassen uns erschreckend leicht von anderen beeinflussen, die es vermeintlich besser wissen. Wer sich seine Meinung gebildet hat, sollte sie auch vertreten. Dazu gibt es unzählige Möglichkeiten.

Ein paar, die außerdem noch Spaß machen, erfährst du in diesem Kapitel.

SCHLIESS DICH AN: INTERESSENGRUPPEN

Allein gegen den Rest der Welt ist ein mutiger und möglicherweise sehr heroischer Schritt. Besonders effektiv ist er in den seltensten Fällen, denn der Rest der Welt ist meist offener für die eigenen Ideen, als man es für möglich hält. Irgendwo sitzt immer noch jemand mit einer ähnlichen Meinung zur Unterstützung. Gemeinsam mit Gleichgesinnten wird die eigene Stimme lauter und leichter gehört. Schließe dich also einer Interessengruppe an, wenn du gemeinsam etwas bewegen möchtest.

Interessengruppen sind Gruppen von Leuten, die zu einem Thema eine ähnliche Meinung haben und gemeinsam mehr erreichen wollen. Im Gegensatz zu politischen Parteien sind sie aber nur für dieses eine Thema, das den Mitgliedern besonders am Herzen liegt, organisiert und haben darüber hinaus kein gemeinsames »Programm«. Sie haben verschiedene Methoden, um ihrem Anliegen Gehör zu verschaffen. Wichtig ist beispielsweise die Aufklärung anderer Menschen durch Informationsstände, Telefon-Hotlines oder andere Service-Angebote.

Außerdem nutzen Interessengruppen gerne die Macht der Medien, um auf sich aufmerksam zu machen. Denn je mehr Menschen sich der Gruppe anschließen, desto besser setzt sie sich durch. Sie kann dadurch auch politisch zu einer mächtigen Größe werden, die Wählerstimmen und damit die Politik beeinflussen kann. Weil sich die Interessengruppe meist vor allem aus Mitgliedsbeiträgen finanziert, können bei einer hohen Mitgliederzahl auch größere Aktionen durchgeführt werden.

Wenn dich ein Missstand reizt und du etwas verändern willst, solltest du zunächst einmal checken, wer dein Anliegen teilen könnte. Beispiele für Interessengruppen sind **Verbände**, **Initiativen**, **Nichtregierungsorganisationen**, sogenannte NGOs (Non Governmental Organisations), oder **Vereine**.

Infos zu den meisten Akteuren findest du im Internet. Frage dort einfach an, was du unternehmen kannst. Meist sind Interessengruppen froh und dankbar für jede Unterstützung und auch für neue Ideen offen.

Wenn du niemanden findest, gibt es auch die Möglichkeit, selbst eine Interessengruppe zu gründen, um dein Vorhaben durchzusetzen. Das lässt sich beispielsweise als Vereinsgründung relativ einfach umsetzen und hat wenig von der verstaubten Stammtisch- und Gartenzwerg-Atmosphäre, an die es zunächst vielleicht erinnert.

Der Vorteil eines **eingetragenen Vereins** (e. V.) ist, dass der Verein vom Staat wie eine »juristische Person«, also wie eine Einzelperson behandelt wird. So können als Verein von mehreren Personen Aktionen geplant und durchgeführt werden, Gelder eingenommen und ausgegeben werden und es kann als Verein, nicht als Einzelperson, über Missstände vor Gericht geklagt werden.

Wichtig ist das beispielsweise, wenn du vorhast, für eine Aktion Spenden zu sammeln, diese aber nicht privat versteuern willst. Der Verein bildet über Mitgliedsbeiträge ein eigenes Vermögen, das von deinem privaten getrennt ist. Dein Vorhaben ist damit keine Privatangelegenheit mehr und kann entsprechend organisiert werden.

Zur Vereinsgründung brauchst du zunächst einmal sechs weitere Leute, die sich für dein Vorhaben begeistern lassen. Sind mindestens sieben Personen zusammen, kann es mit der Gründung losgehen.

Setz dich mit deinen Leuten zusammen und legt den Zweck eures Vereins fest, gebt euch einen Vereinsnamen und wählt einen Vorstand. Schreibt außerdem in einer Satzung auf, wer welche Aufgaben oder Verpflichtungen übernimmt. Am besten ist, wenn jemand Protokoll führt, damit niemand vergisst, welche Aufgaben er hat.

CHECKLISTE: DAS GEHÖRT
IN DIE VEREINSSATZUNG

O Vereinsname

O Vereinsadresse

O Ziel und Zweck des Vereins

O Angaben dazu, wie das Ziel erreicht werden soll

O Aufgaben der einzelnen Mitglieder

O Ablauf der Aufnahme neuer Mitglieder

O Ablauf des Austritts vorhandener Mitglieder

O Angabe zu evtl. Mitgliedsbeiträgen der Mitglieder

O Vorstand und Wahl des Vorstands
(es kann einen oder mehrere Vorstandspersonen
geben)

O ggf. Wahl eines Kassenprüfers (der nicht identisch mit
dem Vorstand sein darf)

O Rechte und Pflichten des Vorstands und der Mitglieder

O Angabe dazu, wie und von wem Entscheidungen
getroffen werden (Ablauf)

○ Angabe dazu, wer den Verein nach außen repräsentieren darf (z. B. ein Interview geben darf)

○ Angabe zum Umgang mit Finanzen
(Wer darf was wozu verwenden?
Wie viele Mitglieder müssen dabei zustimmen?)

○ Angabe zum Zweck von Treffen
(Mitgliederversammlungen)

○ Angabe zum Rhythmus, in dem die Treffen stattfinden sollen

○ Angabe zum Ablauf der Treffen, so weit nötig

○ Angabe, dass eine Eintragung ins Vereinsregister stattfinden soll

○ Angabe dazu, was passiert, wenn sich der Verein auflösen sollte

○ ....

....

....

Die Angaben im Detail findest du übrigens auch im Bürgerlichen Gesetzbuch (BGB, §57 und §58).

Ideal ist, wenn du einen Anwalt kennst, der die Satzung vorher noch einmal auf Sicherheitslücken checken kann. Beispielsweise sollte genau beschrieben sein, welchen Geldbetrag ein Vorstandsmitglied aus der Vereinskasse zu welchem Zweck verwenden darf und ab wann mehrere Mitglieder einer Entnahme zustimmen müssen.

Wenn du keinen Anwalt kennst, empfiehlt es sich, mit möglichst vielen anderen Vereinssatzungen zu vergleichen und zu schauen, wie die einzelnen Angaben dort formuliert worden sind.

Jeder Verein muss seine Vereinssatzung öffentlich zugänglich machen, sodass es nicht schwer ist, sich die Unterlagen zu holen. Im Zweifelsfall einfach bei Vereinen nachfragen!

Im nächsten Schritt lässt du den Verein beim Amtsgericht deines Ortes in das Vereinsregister eintragen.

Dafür brauchst du eine Erklärung zur Vereinsgründung, die von den Vorständen unterschrieben wurde, und die Satzung in doppelter Ausführung. Die Erklärung sollte von einem Notar beglaubigt worden sein, das heißt, er checkt, ob die Unterschriften mit den gewählten Vorständen übereinstimmen. Frage am besten nach den Kosten für eine Beglaubigung, bevor du einen Notar aufsuchst. Die Beglaubigung kostet ab etwa 20 Euro.

Auch die Eintragung ins Vereinsregister ist mit Kosten verbunden. Erkundigt euch vorher am besten danach, denn sie schwanken stark nach Region.

Fragt dabei auch nach, ob euer Verein als »gemeinnützig« gelten kann, denn in diesem Fall seid ihr von den Kosten für die Eintragung und später auch von den Steuern auf die eingenommenen Mitgliederbeiträge und Spenden ganz oder teilweise befreit. Ob ein Verein gemeinnützig ist oder nicht, ist keine Meinungsfrage. Gemeinnützigkeit wird gesetzlich genau definiert – und zwar so:

»Eine Körperschaft verfolgt gemeinnützige Zwecke, wenn ihre Tätigkeit darauf gerichtet ist, die Allgemeinheit auf materiellem, geistigem oder sittlichem Gebiet selbstlos zu fördern.« (§ 52 Abgabenordnung)

Durch das Eintragen wird euer Vereinsname abschließend mit den Buchstaben »e. V.« für »eingetragener Verein« ergänzt.

SEI DAGEGEN: FLASHMOBS UND ANDERE AKTIONEN

Niemand kann gegen jede Ungerechtigkeit ankämpfen. Doch wenn dich wirklich etwas stört, kannst du einiges dagegen unternehmen!

Ein paar Anregungen für Aktionen findest du in der Checkliste rechts.

CHECKLISTE: AKTIONEN, MIT DENEN MAN GESELLSCHAFTLICHEN EINFLUSS NEHMEN KANN

O Informationsstände in der Schule oder an öffentlichen Orten

O Infomaterialien verbreiten (z. B. Flyer, Poster, Webseite)

O Medienaufmerksamkeit (z. B. Leserbriefe, Artikel, Interviews)

O Unterschriften- und Mailinglisten sammeln und an Entscheidungsträger schicken

O selbst Briefe an Entscheidungsträger schreiben

O Demonstrationen

O Mahnwachen und Streetshows

O Flashmobs

O Streiks

O selbst Positionen anstreben, in denen man Einfluss auf den Missstand hat (z. B. in der Politik)

O ggf. den Missstand durch finanzielle Mittel beheben (Spenden sammeln)

....

257

Je außergewöhnlicher die **Aktion**, desto mehr Interesse zieht sie bei Passanten und Medien auf sich. Immer wieder gehen dramatische Fotos durch die Presse, auf denen sich Greenpeace-Aktivisten in winzigen Schlauchbooten riesigen japanischen Walfangschiffen entgegenstellen, was zwar aussichtslos beim Kampf für das Überleben genau dieses einen Wales wirkt, aber gerade deshalb heroisch aussieht und über die Sympathie großer Bevölkerungsteile politischen Druck gegen den Walfang aufbaut.

Das heißt natürlich nicht, dass du dich für deine Aktion in Lebensgefahr begeben solltest, doch es zeigt, dass außergewöhnliche Handlungen Aufmerksamkeit erregen. Ein ungefährliches Beispiel dafür war auch die Hamburger Studentendemo, die ihren Protest gegen die Einführung von Studiengebühren mit einer Jubelaktion zeigte. In Anzügen gekleidete Studenten liefen mit Parolen wie »Pöbel und Schmarotzer exmatrikulieren – für mehr Studiengebühren« und »Eure Armut kotzt uns an« durch die Stadt und zogen die Blicke auf sich.

Nicht alle außergewöhnlichen Aktionen treffen allerdings auf Sympathie in der Gesellschaft, sondern sie schaffen mit der Medienwirksamkeit lediglich eine wichtige Grundvoraussetzung: Wenn Leute hinsehen, werden sie die Aktion hinterfragen und sich im besten Fall über die Hintergründe informieren.

Das ist eine gute Chance, durch gezielte Fakten zu überzeugen. Je mehr Leute hinter dir und deinem Vorhaben stehen, desto größer ist die Unterstützung dafür. Überzeugt die Aktion, gewinnt ihr Stimmen, Spenden oder tatkräftige neue Aktivisten. Das alles bringt euch hoffentlich einen guten Schritt näher ans Ziel.

Eine neue außergewöhnliche Aktionsmethode sind sogenannte **Flashmobs**. Dabei starten einzelne Menschen über Internetforen, Rundmails oder Webseiten einen Aufruf. Jeder,

der mitmachen möchte, soll sich zu einem bestimmten Datum an einem genau festgelegten öffentlichen Platz scheinbar zufällig treffen und zur vereinbarten Zeit oder auf ein vereinbartes Kommando eine ungewöhnliche Aktion ausführen, die im Aufruf definiert wird. In London kamen beispielsweise hunderte Menschen zusammen und sangen zur Erinnerung an Michael Jackson gemeinsam »Thriller«. In Paris fanden sich in einem Park auf einmal etwa 3000 Leute ein und verharrten von einer Sekunde auf die nächste bewegungslos in einem »Freeze«. In Berlin wurde eine McDonalds Filiale von rund 2500 Leuten auf einmal gestürmt, die gleichzeitig Burger bestellten.

Worin der Sinn liegt, möglichst viele Burger zu bestellen, mag eine berechtigte Frage sein. Auch ob die Aktion nicht irgendwie doch von demjenigen Unternehmen angezettelt wurde, das daran als Einziges verdient hat. Doch die Inhalte lassen sich sicher auch sinnvoller gestalten. Stört dich, dass die neue Autobahn quer durch den schönen Stadtpark gebaut werden soll, dass eine Demo von Neonazis geduldet wurde oder dass Spanien noch immer Stierkämpfe durchführt, brauchst du nur gute Argumente und einen Internetanschluss und los geht's.

Organisatorisch stehst du auf der legalen Seite, wenn du öffentliche Aktionen wie Demos und Flashmobs vorher bei der Gemeinde anmeldest. Außerdem ist es sinnvoll, die Presse (z. B. die regionale Zeitung, Schülerzeitungen und Radiosender) über die Aktion zu informieren, damit darüber dann auch berichtet wird. Die meisten öffentlichen Aktionen beheben nicht direkt den Missstand, sondern zählen darauf, dass durch möglichst viele Teilnehmer so viel politischer Druck aufgebaut wird, dass das Ziel über die Reaktion der Menschen, die darüber entscheiden können, erreicht wird.

Je nachdem, welches Ziel du erreichen möchtest, empfehlen

sich auch direkte Aktionen. Wer bei einer Naturkatastrophe den betroffenen Menschen helfen möchte, erreicht möglicherweise mehr, indem er direkt die benötigten Güter oder Geld sammelt und die Organisation eines Hilfstransports unterstützt. In jedem Fall ist es gut, sich für sein Ziel einzusetzen.

DEIN KREUZLEIN SETZEN: WAHLEN

Ein sechzehnjähriger und ein dreizehnjähriger Junge legten im Jahr 1995 beim Bundesverfassungsgericht Verfassungsbeschwerde ein, weil sie kein Wahlrecht für die Bundestagswahlen besaßen. Sie begründeten ihre Klage damit, dass kein Bürger wegen äußerer Umstände, für die er nichts kann, wie Geschlecht, Hautfarbe oder Alter, von der politischen Mitbestimmung ausgeschlossen werden dürfe.

Die Begründung sorgte für viel Medienaufmerksamkeit und entfachte wilde Diskussionen darüber, ob und wann Menschen aufgrund ihres Alters benachteiligt werden. Das Bundesverfassungsgericht lehnte die Klage letztendlich dennoch ab und hielt an der Voraussetzung fest, dass deutsche Staatsbürger erst im Alter von 18 Jahren ihr Kreuzlein auf dem Stimmzettel setzen dürfen. Eine Ausnahme bilden die Kommunalwahlen. Hier darf in einigen Bundesländern schon ab 16 Jahren gewählt werden.

Dieses sogenannte **aktive Wahlrecht** ist eine der wichtigsten Stützen der Demokratie. Es stellt sicher, dass die Bürger selbst entscheiden, wer sie regiert, und über die Wahl der Personen und deren Programm einen zentralen Einfluss auf die politischen Entscheidungen haben. Natürlich nur unter der Voraussetzung, dass die Bürger wissen, was sie tun. Information über politische Abläufe ist also quasi eine Bürgerpflicht, um seine Meinung in Form der Wahl überhaupt erst ausdrücken zu können. Nicht jeder hat deshalb Lust, sich ständig Nachrichtenmagazine im Fernsehen reinzuziehen und die Streitgespräche der gerade amtierenden Politiker zu verfolgen. Im Notfall hilft kurz vor der Wahl nur noch ein politischer Crash-Test. In zwei Minuten wiederholst du mit den folgenden Zeilen die absolute Basics und kannst danach per Wahl-O-Mat der Bundeszentrale für politische Bildung (www.bpb.de; dort Wahl-O-Mat) den Test aufs Exempel machen. Dort erfährst du anhand eines Fragebogens innerhalb von zehn weiteren Minuten, mit welcher Partei deine Meinungen am häufigsten übereinstimmen.

Aber Achtung: Schon um den Wahl-O-Mat-Test machen zu können, solltest du idealerweise ein paar Fakten zu den einzelnen Themen kennen, um eine Aussage treffen zu können. Schließlich sollte die Wahl nicht zur Lotterie werden. Doch nun zunächst die zwei Minuten Basisinfo. Die Zeit läuft!

Deutschland ist ein föderalistischer Staat, also ein Bundesstaat, der aus den einzelnen Bundesländern als Gliedstaaten besteht, und gleichzeitig eine gemeinsame Bundesregierung hat. Dabei ist genau festgelegt, wie sich die Aufgaben zwischen Bund und Ländern verteilen. Durch diese Arbeitsaufteilung gibt es Wahlen auf verschiedenen Ebenen.

Innerhalb deines Bundeslands wählst du bei den **Kommunalwahlen** die politischen Vertreter deiner Stadt, Gemeinde oder deines Landkreises. In Berlin, Mecklenburg-Vorpommern, Nordrhein-Westfalen, Sachsen-Anhalt, Niedersachsen und Schleswig-Holstein darf auf dieser Ebene schon ab 16 Jahren gewählt werden, in den anderen Bundesländern ab 18. Bei den Kommunalwahlen sind neben deutschen Staatsbürgern übrigens auch EU-Bürger zugelassen, die ihren Wohnsitz am jeweiligen Ort haben.

Auf nächster Ebene darf hingegen überall erst ab 18 gewählt werden. Hier werden die politischen Vertreter der Bundesländer, die sogenannten Landesparlamente, gewählt. Diese **Land-**

tagswahlen finden je nach Bundesland alle vier bis fünf Jahre statt. Die Landesparlamente haben eine wichtige Funktion beim Erlass der Landesgesetze, der Kontrolle der Landesregierung, die durch sie rekrutiert wird, und bei der Gestaltung des Landeshaushalts. Allerdings sind sie nicht nur bei den reinen Länderaufgaben, sondern auch in der Bundespolitik bedeutend, denn sie können über den Bundesrat, in dem die Mitglieder aller Landesregierungen sitzen, auch Einfluss auf die Bundesgesetzgebung nehmen. Je nachdem, welche Art von Gesetz die Bundesregierung beschließt, muss eine unterschiedlich große Anzahl von Stimmen im Bundesrat zustimmen, um das Gesetz zu beschließen. Hier kann der Bundesrat sogar die Bundesgesetzgebung komplett blockieren, wenn genügend Politiker gegen die Gesetze stimmen. In der Praxis passiert das allerdings selten; meist kooperieren Bund und Länder und versuchen Kompromisse zu finden. Diese gemeinsame und gegenseitig kontrollierende Arbeitsweise wird »Politikverflechtung« genannt und sorgt vor allem dafür, dass die Macht, Entscheidungen zu treffen, immer auf mehrere Institutionen verteilt ist.

Neben Kommunal- und Landtagswahlen darfst du ab 18 Jahren auch bei **Bundestagswahlen** wählen. Hier wird über die Besetzung des Parlaments auf Bundesebene entschieden, das in Deutschland ein sehr mächtiges Parlament ist. Der Bundestag ist die zentrale Vertretung des Volks, die unter anderem auch darüber entscheidet, wer Bundeskanzler wird. Aus den Mehrheiten im Bundestag ergibt sich die Bundesregierung. Außerdem ist der Bundestag das wichtigste Organ der Bundesgesetzgebung. Dabei wird er vom Bundesrat kontrolliert und kontrolliert selbst die Bundesregierung. Neben dem Bundeskanzler wählt der Bundestag – gemeinsam mit dem Bundesrat – in der sogenannten Bundesversammlung den Bundespräsidenten. Nicht unterschätzen sollte man die Rolle des Bundestags auch in der Meinungsbildung des Landes. Er sitzt an der Nahtstelle zwischen Regierung und Volk und kann damit, auch über die Medien, entscheidenden Einfluss ausüben. Normalerweise finden die Bundestagswahlen alle vier Jahre statt.

Last but not least darfst du ab 18 auch an den **Europawahlen** teilnehmen. Diese Wahlen entscheiden über die Besetzung des europäischen Parlaments und steigen in ihrer Bedeutung mit dem immer größeren Einfluss der Europäischen Union (EU) auf die Gesetzgebung der Mitgliedsstaaten.

Sind die zwei Minuten vorbei? Dann kommt das Fazit in einem Satz: Wofür auch immer du bei all den Wahlen stimmst, klar ist, dass deine Stimme einen ziemlich weitreichenden Einfluss hat.

In der Form ist das übrigens noch gar nicht so alt. Beispielsweise durften Frauen in Deutschland zum ersten Mal erst 1919 wählen. In Finnland wurde das Frauenwahlrecht vergleichsweise schon 1906 eingeführt. Während selbst der Iran seit 1963 Frauen an die Urnen lässt, setzte sich das Frauenwahlrecht in der Schweiz erst 1971 durch. Auf kantonaler Ebene (die »Bundesländer« der Schweiz heißen »Kanton«) wurde es im Kanton Appenzell Innerrhoden erst 1990 eingeführt! In einigen Ländern, wie beispielsweise in Saudi-Arabien, gibt es bis heute kein Frauenwahlrecht.

Neben dem aktiven Wahlrecht, das dir erlaubt, dein Kreuzchen auf dem Stimmzettel zu setzen, erhältst du auch ein passives Wahlrecht, das dir zugesteht, dich selbst zur Wahl zu stellen. Für die unterschiedlichen politischen Ämter gelten dabei verschiedene Mindestalter als Voraussetzung. Der Übersicht kannst du entnehmen, ab wann dir welche Möglichkeiten offen stehen.

SO ALT MUSST DU MINDESTENS SEIN, UM DICH IN EIN POLITISCHES AMT WÄHLEN ZU LASSEN (PASSIVES WAHLRECHT)

- Ämter auf Kommunalebene: 18 Jahre (in Hessen 21)
- Ämter auf Landesebene: 18 Jahre (Ausnahme: In Bayern kann man erst mit 40 Jahren Ministerpräsident werden.)
- Bundeskanzler/-in: 18 Jahre
- Regierende/-r Bürgermeister/-in von Berlin: 21 Jahre
- Bürgermeister/-in: mindestens 25 Jahre, höchstens 65 Jahre (teilw. abweichend)
- Bundespräsident/-in: 40 Jahre
- Richter/-in am Bundesverfassungsgericht: mindestens 40, höchstens 68 Jahre

FLORIAN BERNSCHNEIDER, 22, ist aktuell jüngstes Mitglied des Deutschen Bundestages und Mitglied im Ausschuss für Familie, Senioren, Frauen und Jugend sowie im Parlamentarischen Beirat für eine nachhaltige Entwicklung.

Politisches Engagement ist wichtig. Häufig wird mir die Frage gestellt, zum Beispiel bei Schulbesuchen in meiner Heimatstadt Braunschweig, warum ich mich überhaupt für Politik interessiere und mich engagiere. Ändert das überhaupt etwas? Ich meine: ja. Denn woher sollen politische Entscheidungsträger wissen, wie eine bestimmte Frage vor Ort von den betroffenen Jugendlichen gesehen wird, wenn niemand bei der entscheidenden Sitzung dabei ist und deren Bedenken vorbringt?

Wer sagt, »Politik interessiert mich nicht«, darf nicht erwarten, dass Politiker seine Interessen vertreten.

Ich habe mich relativ früh für meine Interessen und die meiner Mitschüler als Schülersprecher eingesetzt. Später bin ich dann den Jungen Liberalen, das ist die Jugendorganisation der FDP, beigetreten. Dabei hat mich immer eine zentrale Erkenntnis begleitet: Die politischen Entscheidungen von heute legen den Grundstein für die Gesellschaft von morgen. Damit beeinflussen sie ganz entscheidend die Gestaltungsräume und das spätere Leben junger Menschen. Man kann also auch ganz egoistisch argumentieren: Was Politiker heute beschließen, entscheidet über mein eigenes Leben in der Zukunft. Und ich hatte das Gefühl, dass Politiker bei ihren Entscheidungen häufiger an das nächste Wahlergebnis denken als an meine Zukunft. Nur wer sich engagiert und mitdiskutiert, kann Einfluss auf die Entscheidungen nehmen und zumindest ein Stück der eigenen Zukunft mitgestalten.

Mir begegnet hier und da das Argument, dass es kaum Möglichkeiten gäbe, sich einzubringen, und dass dies von Seiten der Erwachsenen und der Politik gar nicht erwünscht sei. Dabei gibt es mehr Möglichkeiten sich zu engagieren, als viele auf den ersten Blick ahnen. Dazu muss man nicht ins ferne Berlin schauen. Politik beginnt vor Ort, beispielsweise wenn im Gemeinde- oder Stadtrat des eigenen Heimatortes über den Standort eines neuen Spielplatzes diskutiert wird oder ob vom Ordnungsamt gegen Skater, die am Wochenende einen großen Parkplatz eines Einkaufszentrums nutzen, vorgegangen werden soll. Über öffentliche Anhörung, Jugendforen, (Jugend-)Gemeindeversammlungen, Schülervertretungen, Jugendparlamente, Jugendringe und -verbände sowie durch die Mitgliedschaft in politischen Jugendorganisationen und Parteien ist es möglich, sich einzubringen und Einfluss auszuüben. Dass ich mit 22 Jahren in den Deutschen Bundestag eingezogen bin, zeigt, dass die FDP meine Meinung ernst genommen hat und auch junge Menschen politisch etwas zu sagen haben. Über Jugendforen, -anhörungen usw. informiert meistens das Jugendamt vor Ort oder der Gemeinde-/Stadtrat. Über Jugendverbände und politische Jugendorganisationen kann man sich sehr gut im Internet informieren. Manche Organisationen bieten zum Einstieg befristete oder an bestimmte Aktionen und Themen gebundene »Schnupper«-Mitgliedschaften an, sodass man sich nicht gleich an ein komplettes Programm binden muss. Und natürlich macht man in politischen Jugendorganisationen auch mehr als in dunklen Mehrzweckhallen zu sitzen und über den demografischen Wandel zu diskutieren. Ich fand es auch immer spannend, neue Leute aus ganz Deutschland kennenzulernen, mit denen man über Politik, aber auch alles andere reden kann.

Daher will ich allen interessierten jungen Menschen zurufen: Lasst euch nicht abschrecken, bringt euch ein. Denn eure Sicht der Dinge ist genauso wichtig, wie die der Anderen!

17 | DIE WELT VERBESSERN: ENGAGEMENT UND EHRENAMT

Wenn ich etwas auf der Welt verändern könnte, dann würde ich ... Hast du dir darüber schon einmal Gedanken gemacht? Mit einem Ehrenamt kannst du etwas verändern, indem du deine Gedanken in die Tat umsetzt. Dabei pushst du dein Selbstbewusstsein, weil du zu deinen Werten stehst, lernst Neues dazu und triffst Leute, die genauso denken. Mit dem richtigen Team macht es Spaß, selbst aktiv zu werden. Vielleicht hat auch deshalb mittlerweile jeder vierte Deutsche ein **Ehrenamt** inne. Ob als Kindertrainer im Sportverein, Clown im Krankenhaus, Gassi-Geher im Tierheim oder in der Nachbarschaftshilfe – Ehrenämter zeigen, dass Menschen sich für andere einsetzen, ohne Geld dafür zu fordern. Schon deshalb sind Ehrenämter eine tolle Sache!

Übrigens wird so viel Uneigennutz auch vom Staat gefördert. Wer ehrenamtlich hilft und dafür eine **Aufwandsentschädigung** bekommt, wird steuerlich besonders berücksichtigt. Die Initiative »Hilfe für Helfer« gesteht ehrenamtlich Tätigen einen zusätzlichen Freibetrag von 500 Euro zu, wenn diese im ehrenamtlichen Bereich verdient wurden. Mehr Infos dazu findest du im Anhang.

Außerdem gibt es eine Reihe von Initiativen und Fonds, die **Fortbildungsmaßnahmen für Ehrenamtliche** fördern. Wer die Finanzen eines Naturschutzvereins checkt, kann beispielsweise bei Fundraising-Fortbildungen mitmachen, wer einmal die Woche im Kinderheim hilft, kann sich in Erster Hilfe fortbilden, etc.

AUSWAHL DER GUTEN TATEN

Wer mit Herz und Verstand bei der Sache ist, kann am meisten bewegen.

Welche Themen liegen dir besonders am Herzen? Wenn du dir da selbst noch nicht so sicher bist, wird es Zeit, das herauszufinden. Schmökere doch einfach mal in der folgenden Checkliste und kreuze alles an, was du wichtig findest.

Durchforste dann Telefonbuch, Gelbe Seiten oder Internet nach passenden Organisationen und Vereinen in deiner Region und melde dich unverbindlich zu einem Mitgliedertreffen an.

Wer ungern allein hingeht, macht sich am besten mit Freund oder Freundin auf den Weg.

Vielleicht findest du dort das optimale Ehrenamt, mit dem du wirklich etwas bewegen kannst. Anregungen findest du in der Checkliste rechts, die beliebte Tätigkeitsfelder für Ehrenämter sortiert nach Bereichen aufführt. Konzipiert wurde dieser Überblick von der Akademie für Ehrenamtlichkeit Deutschland. Deren Webseite www.ehrenamt.de könnte eine wichtige Anlaufstelle für dich sein.

CHECKLISTE:
BELIEBTE TÄTIGKEITSFELDER FÜR EHRENÄMTER

Sozialer Bereich

O Nachbarschaftshilfe, z. B. Besuch und Unterstützung alter Menschen, etwa beim Einkaufen

O Besuche und Aktionen im Altersheim, z. B. Theateraufführung, musizieren, Nikolaus, ...

O Unterstützung des Deutschen Roten Kreuzes, z. B. Organisation einer Altkleidersammlung

O Behindertenhilfe, z. B. Mal-, oder Bastel-Workshops

O Integrationshilfe für Migranten, z. B. Sprachnachhilfe

O Unterstützung des Jugendzentrums, z. B. Organisation einer Jugend-Disco

Bildungsbereich

O Engagement in der Schülermitverwaltung

O Schreiben für die Schülerzeitung

O Streitschlichtung, z. B. Engagement als Streitschlichter in der Schule

O Kindergarten, z. B. Organisation von Festen

Sport und Freizeit

O Engagement im Verein, bei den Pfadfindern, ...

O Freizeitorganisation für Altenheime, Kinderheime, Behindertenwerkstätten, z. B. PC-Kurse, Ausflüge

O Jugendfreizeiten begleiten, z. B. bei der Arbeiterwohlfahrt

O Bewegungsförderung für Kinder anbieten, z. B. Spiele auf dem Schulhof zeigen, Spielmobil unterstützen, gemeinsam Sport machen

Kultur und Musik

O Theaterstück auf der Straße für Passanten aufführen

O Konzert, z. B. für Wohnsitzlose oder Häftlinge geben

O Stadtführungen, z. B. für Migranten organisieren

O Aushilfstätigkeiten im Museum oder in der Bibliothek

O als Schauspieler in einem Laientheater mitspielen

O eine Zeitung für einen sozialen Zweck herausgeben

Umwelt-, Natur- und Tierschutz

O Engagement in lokalen Organisationen (z. B. BUND, NABU, Greenpeace, etc.)

- O Hunde im Tierheim ausführen

- O Unterstützung eines Gnadenhofs für misshandelte Tiere

- O Biotoppflege

- O Durchsetzen eigener Projekte und Unterschriftensammlungen

Politik und Gesellschaft

- O Engagement in einer politischen Partei

- O Engagement in einer Interessenvertretung, z. B. Menschenrechtsorganisation (Amnesty International, Attac, ...)

- O Unterstützung als Wahlhelfer

- O Durchführung und Pflege von Begrünungs- und anderen Aktionen der Stadt

- O Aufklärungsarbeit zu bestimmten Themen, z. B. durch Infostände, Flyer, Poster

- O Unterstützung der Freiwilligen Feuerwehr, der Rettungsschwimmer oder Unfallhilfe

[Quelle: Mit freundlicher Genehmigung der Akademie für Ehrenamtlichkeit Deutschland, www.ehrenamt.de – ergänzt durch zusätzliche eigene Recherchen]

Diese und weitere Informationen und Vorschläge findest du auf www.ehrenamt.de.

Damit du zu einem sinnvollen Ehrenamt kommst, gibt es sogenannte **Freiwilligenagenturen**. Sie helfen dir bei der Suche eines konkreten Projekts, das zu dir und deinen Fähigkeiten passt. Eine vollständige Liste aller Agenturen sortiert nach Postleitzahlen findest du im Internet (www.freiwilligen-kultur. de).

Wer selbst dann noch nichts gefunden hat, hat damit bewiesen, dass seine Stadt einen akuten Mangel an geeigneten Projekten hat und sollte gleich damit anfangen, diesen durch ein eigenes Projekt zu beseitigen. Beim Fonds Jugend hilft (www. jugendhilft.de) kannst du Geld für ein eigenes ehrenamtliches Projekt beantragen und nach der Durchführung automatisch am Wettbewerb für das beste soziale Projekt teilnehmen.

Noch Unentschlossene können auch in kurzfristigen Projekten ausprobieren, was ihnen liegt. Dafür bieten sich beispielsweise die Sommerferien an. Auch Freiwilligenarbeit in den Ferien kann über Agenturen organisiert werden. Willst du das Projekt in punkto Abenteuer noch ein wenig toppen, könnte eine Tätigkeit im Ausland das Richtige für dich sein. So hast du außerdem mehr Projektauswahl, um wirklich etwas Sinnvolles zu finden und kannst ganz nebenbei noch deine Sprachkenntnisse aufpolieren.

Auf eigene Faust zur Freiwilligenarbeit ins Ausland loszuziehen ist nur dann eine gute Idee, wenn du dich im Zielland gut auskennst und dort jemanden hast, an den du dich im Notfall wenden kannst.

Eine andere Möglichkeit ist, dass du internationale Organisationen kontaktierst, die auch in Deutschland als gemeinnützig anerkannt sind, und dort nach sinnvollen Praktika oder

Freiwilligenprojekten im Ausland fragst. Spezielle Volunteer-Projekte bieten beispielsweise die Umweltschutzorganisation WWF und die Vereinten Nationen an (beide Links im Anhang).

Wer lieber mehr Unterstützung in Anspruch nimmt, fragt bei Vermittlungsorganisationen für Freiwilligenarbeit im Ausland. Solche Organisationen nehmen dir im Idealfall die Vorbereitung auf den Aufenthalt weitgehend ab, organisieren das Visum und platzieren dich in einem Hilfsprojekt aus dem von dir gewählten Bereich.

Doch auch unter diesen Organisationen gibt es schwarze Schafe und außerdem den Nachteil, dass du für ihre Dienste bezahlen musst. Wer bezahlt, um Freiwilligenarbeit leisten zu dürfen, sollte auf jeden Fall wissen, wohin das Geld fließt. Wie viel Prozent fließen direkt in das Hilfsprojekt? Wie viel geht in deine Unterbringung und Versorgung? Nur wenn du komplette Transparenz hast, kannst du überprüfen, ob der Organisation wirklich am Helfen gelegen ist. Ideal ist daher auch, wenn du mit jemandem sprechen kannst, der schon Erfahrungen mit Freiwilligenarbeit über diesen Vermittler gemacht hat.

Wichtig bei der Auswahl der guten Tat: In deiner Funktion als Ehrenamtlicher bist du keine Privatperson mehr. Das heißt, dass deine Privathaftpflichtversicherung im Falle eines Falles nicht eintritt. Viele Vereine und Organisationen haben daher eine zusätzliche Versicherung abgeschlossen, die ihre Ehrenamtlichen schützt. Erkundige dich, ob deine Organisation so etwas hat. Ansonsten kannst du deine Privathaftpflicht bei der Versicherungsgesellschaft auch auf dein Ehrenamt ausdehnen.

COLLEEN RAFFERTY, 19,

ist Tierrechtsaktivistin

Mir waren Tiere schon immer sehr wichtig und ich war seit einigen Jahren Vegetarierin, als ich zu den Menschen für Tierrechte Würzburg ging. Ich bin eigentlich sehr schüchtern, doch schon nach dem ersten Treffen war ich froh, diesen Schritt gewagt zu haben. Denn mir standen nicht nur zwei Jahre voller interessanter und aufregender Aktivitäten bevor, sondern auch viele Bekanntschaften mit netten und gleichgesinnten Menschen. Neben Infoständen, Demos und Mahnwachen haben wir nämlich auch vegane Spieleabende veranstaltet.

Vor einem halben Jahr bin ich dann umgezogen und habe in meiner neuen Stadt gemeinsam mit acht weiteren VeganerInnen eine neue Tierrechtsgruppe gegründet und auch schon einiges auf die Beine gestellt.

Der Tierrechtsaktivismus ist ein wichtiger Bestandteil meines Lebens und er bereichert mich in vielerlei Hinsicht. So gibt es mir immer wieder ein gutes Gefühl, etwas Positives in die Welt einbringen zu können. Ich kann dadurch aktiv handeln, Ideen in die Tat umsetzen, meiner Kreativität freien Lauf lassen und somit dem Gefühl der Hilflosigkeit entgegenwirken, das einen angesichts der Missstände, die in unserer Gesellschaft herrschen, allzu oft überkommen mag. Doch können auch die eigenen Fähigkeiten und Kompetenzen verbessert werden, was einen sowohl im beruflichen als auch im persönlichen Bereich weiterbringen kann.

In unserer Gesellschaft werden Tiere leider immer noch abgewertet, was zu millionenfachem Leid führt. Deshalb ist mir der Tierrechtsaktivismus besonders wichtig.

Oftmals tauchen Zweifel auf, ob man als Einzelperson denn wirklich so viel bewirken kann. Hierzu möchte ich euch zwei

Sachen ans Herz legen. Zum einen bestimmt bekanntermaßen die Nachfrage das Angebot; so retten VegetarierInnen beispielsweise schon durchschnittlich 90 Tiere pro Jahr. Zum anderen diesen schönen Spruch von George Bernard Shaw:

»Die besten Reformer, die die Welt je gesehen hat, sind die, die bei sich selbst anfangen.«

AUSWAHL DEINER MÖGLICHKEITEN

Vielleicht hast du jetzt eine erste Vorstellung davon, wo du aktiv werden möchtest. Wenn es in einem schon bestehenden Verein ist, wird sich vor Ort klären, welche Aufgaben du dort übernehmen kannst. Gerade wenn du allerdings dein eigenes Projekt auf die Beine stellst, kann es hilfreich sein, wenn du eine erprobte Aufgabenteilung kennst.

TYPISCHE FUNKTIONEN IN EINEM EHRENAMTLICHEN PROJEKT SIND:

- Arbeitskreismitglieder/Aktive in Projekten
- Arbeitskreisleiter/Projektleiter
- Vorstand
- Öffentlichkeitsarbeit
- Büroverantwortlicher
- Kassenprüfer
- Zuständiger für Neumitglieder
- Fundraiser
- Webmaster

Die **Arbeitskreismitglieder** nehmen die zentrale Funktion in der Vereinsorganisation ein. Sie setzen Projekte um und übernehmen notwendige Aufgaben. Damit klar ist, wer wofür zuständig ist, verteilen sich die Mitglieder dazu meist auf die Projekte, die umgesetzt werden sollen, und bilden Arbeitskreise.

Der **Arbeitskreis- oder Projektleiter** ist dafür verantwortlich, dass die Umsetzung reibungslos klappt. Natürlich fasst er beim Projekt selbst auch mit an, hat aber darüber hinaus die Verantwortung für die Organisation. Er stimmt sich dabei regelmäßig mit dem Vorstand ab.

Der **Vorstand** eines Vereins moderiert die Mitgliedertreffen und sorgt dafür, dass die Mitglieder motiviert sind. Dazu gehört es auch, dass er sich bei einem Mitglied bedankt, wenn es etwas Besonderes für den Verein geleistet hat. Außerdem repräsentiert er den Verein nach außen, z. B. vor der Presse.

Auch in der **Öffentlichkeitsarbeit** sind Mitglieder aktiv, die sich um die Darstellung des Vereins nach außen kümmern. Sie erstellen beispielsweise das Vereinsprogramm, Flyer und Werbeposter für Vorträge oder andere Veranstaltungen im Verein. Außerdem können sie eine Mitgliederzeitung herausgeben, die dafür sorgt, dass sich die Mitglieder mit dem Verein identifizieren und zu Aktionen motiviert werden. Dort können beispielsweise Interviews mit Mitgliedern geführt werden, die von aktuellen Projekten erzählen, Aufrufe zur Mithilfe getätigt und auf zukünftige Aktionen aufmerksam gemacht werden. Wer dann Fragen zu einer Aktion hat, meldet sich telefonisch oder per Mail beim Büroverantwortlichen.

Der **Büroverantwortliche** übernimmt meist während einer festen Zeit den Telefondienst und steht damit Interessenten außerhalb des Vereins Rede und Antwort. Er öffnet Post, die allgemein an den Verein geht, und beantwortet diese. Außerdem organisiert er das Büro, beispielsweise auch die Fachbibliothek zur Projektrecherche der Mitglieder. Hierzu kann er auch neue Anschaffungen tätigen. Die Rechnungen gibt er an den Kassenprüfer weiter.

Beim Amt des **Kassenprüfers** dreht sich alles ums Geld. Er ist für die Buchhaltung des Vereins verantwortlich, sammelt also alle Belege für Ausgaben und Einnahmen und kontrolliert die Vereinsfinanzen. Während des Jahres arbeitet er bereits dem Steuerberater zu.

Mit dem Kassenprüfer Hand in Hand arbeitet der Zuständige für das **Fundraising**. Er ist darauf spezialisiert, Aktionen zu organisieren, die Geld für neue Projekte einbringen. Oft ist er gleichzeitig für Neumitglieder verantwortlich. Er sorgt dafür, dass sich Neumitglieder im Verein wohlfühlen und eine Aufgabe finden, die zu ihnen passt und bei der sie für das Vereinsziel hilfreich sind.

Zuletzt sei noch das Amt des **Webmasters** genannt. Er steckt viel mit der Öffentlichkeitsarbeit und den Arbeitskreisleitern zusammen und setzt gemeinsame Ideen für die Webseite um.

ÄRGER IN SICHT ... JETZT DIE KURVE KRIEGEN!

»Auch aus Steinen, die einem in den Weg gelegt werden, kann man Schönes bauen.«

JOHANN WOLFGANG VON GOETHE

18 | DEINE RECHTE: VERBRAUCHERSCHUTZ

Leonard bekommt in der großen Pause eine SMS: »Herzlichen Glückwunsch! Sie haben ein iPad gewonnen! Melden Sie sich unter der Nummer 0900-XXX.« Zwar kann Leonard sich nicht erinnern, bei einem Preisausschreiben mitgemacht zu haben, und er kennt auch die Absendernummer nicht, doch neugierig ist er natürlich schon. Der Sache will er nachgehen, daher wählt er die angegebene Telefonnummer. Es meldet sich nur eine automatische Stimme. Nachdem er seine persönlichen Daten angegeben und endlose weitere Fragen per Zahleneingabe beantwortet hat, legt er enttäuscht auf. War wohl nur ein Spam.

Leonard hat den Vorfall schon beinah vergessen, als seine Handyrechnung ankommt. Das Gespräch mit der automatischen Stimme hat 42 Euro gekostet. Leonard erschrickt. Muss er das Geld bezahlen?

Viele Leute, die auf diese und ähnliche Betrüger hereinfallen, bezahlen, was der Grund dafür ist, dass es solche Fälle überhaupt gibt: Es scheint sich zu lohnen. Zwar ist Leonard ziemlich sauer, doch was kann er schon tun?

Eine ganze Menge! Es gibt nämlich eine Stelle, die Betrugsfälle wie diesen bekämpft: die Verbraucherzentrale. Ihr Ziel ist es nicht nur zu informieren und zu beraten, sondern auch aktiv zu werden, wenn es nötig ist. So kann die Verbraucherzentrale Rechtsverstöße durch Abmahnungen und Klagen bekämpfen.

Früher oder später gerät jeder Konsument einmal in eine fragwürdige Situation, in der er seine Rechte kennen sollte. In den letzten Jahren sind vor allem die Betrugsfälle im Internet rasant angestiegen. Nutzer, die vermeintlich kostenlos auf einer Webseite einen Dienst in Anspruch genommen, z. B. eine SMS verschickt haben, erhalten plötzlich eine horrende Rechnung. Wer die Rechnung bezahlt, erhält zum Dank gleich noch eine, denn während in Großbuchstaben »kostenlos« auf der Webseite stand, war im Kleingedruckten der Allgemeinen Geschäftsbedingungen vermerkt, dass mit dem Versand einer SMS eine zweijährige teure SMS-Flatrate über die Webseite verbunden war.

In solchen und ähnlichen Fällen rät die Verbraucherzentrale, auf keinen Fall zu bezahlen. Wenn die Preisinformation nur in den AGBs auftaucht und die Webseite sonst mit falschen Angaben verschleiert, worauf du dich einlässt, kommt kein wirksamer Vertrag zustande. So wurde in einem Fall des Amtsgerichts München 2007 (Az 161 C 23695/06) entschieden. Du schuldest der Firma also nichts.

Als Minderjähriger genießt du sogar noch zusätzlichen Schutz, denn du giltst rechtlich als nur beschränkt geschäftsfähig. Solange deine Eltern ihr Einverständnis mit einem Vertrag nicht erklärt haben, ist der Vertrag zwischen dir und der Betrügerfirma also sowieso unwirksam.

Trotzdem solltest du auf Rechnungen immer reagieren. Die Verbraucherzentrale deines Bundeslands kann dir einen Vordruck für einen Brief aushändigen, den du per Einschreiben Rückschein an die Firma schickst. Bewahre den Rückschein von der Post als Beweis gut auf.

Eventuell folgen darauf Mahnungen oder sogar Anwaltsschreiben. Selbstverständlich wird der zu bezahlende Betrag mit jeder Mahnung erhöht: Die Firma versucht, Druck auszuüben. Es kommt vor, dass die Betrügerfirmen mit Anwälten oder Inkassobüros zusammenarbeiten. Lass dich davon also nicht aus dem Konzept bringen, denn selbst hinter einem Inkassobüro steckt nur eine Firma, die jeder gründen kann, und kein öffentliches Amt.

Du musst erst wieder reagieren, wenn dich ein amtlicher Mahnbescheid erreichen sollte. Dieser kommt direkt von einem Gericht und enthält ein Widerspruchsformular. Das Formular solltest du unbedingt innerhalb von 14 Tagen ausfüllen und zurücksenden, um der Geldforderung zu widersprechen. Reagierst du auf den Mahnbescheid nicht, kann das später gegen dich verwendet werden. Unterstützung bekommst du auch in solchen Fällen bei der Verbraucherzentrale.

Leonard erfährt bei seinem Besuch bei der Verbraucherzentrale seines Bundeslandes, dass SMS wie die, die er auf dem Schulhof erhalten hat, ohne sein Einverständnis zur Verwendung seiner Rufnummer verboten sind. Ihm wird geraten, zunächst bei seinem Mobilfunkprovider Einspruch gegen das Entgelt für den Betrugsanruf zu erheben. Per Einschreiben Rückschein verschickt er dazu einen Brief, in dem er erklärt, warum er die Kosten nicht übernimmt. Die SMS, die er damals in der Schule bekommen hat, hat er glücklicherweise nicht gelöscht. Sie könnte noch als Beweismittel interessant werden. Die Verbraucherzentrale kümmert sich darum, die Betrügerfirma ausfindig zu machen und ihr endgültig das Handwerk zu legen.

CHECKLISTE:
BEREICHE, IN DENEN
DIE VERBRAUCHERZENTRALE HILFT

O Kreditrecht

O Schuldner- und Insolvenzverfahren

O Bank und Geldanlage

O Versicherungen

O Patientenrecht

O Gesundheitsdienstleistungen

O Reiserecht

O Baufinanzierung

O Energie

O Ernährung

O Haushalt

O Freizeit

O Telekommunikation

19 | DIE MACHT DES WORTES: SCHRIFTLICHE KOMMUNIKATION

Briefe sind romantisch und schön. Man kann sie jahrelang aufbewahren und besondere Erinnerungen mit ihnen verbinden. Doch auch in unschönen Situationen hat die schriftliche Kommunikation entscheidende Vorteile. Erstens lässt sich ein Brief per Einschreiben verschicken, sodass der Empfänger sich später nicht herausreden kann, dass er von allem nichts gewusst hat. Zweitens gibt dir ein Brief Zeit zur Reaktion. Du kannst genau überlegen, was du schreiben willst und in Ruhe umformulieren, während das beim persönlichen Gespräch oder am Telefon eher seltsam wirken würde. Ein dritter Vorteil: Am Telefon hat der Geschäftsführer einer Firma vielleicht keine Lust, sich die Beschwerden eines Jugendlichen anzuhören. Per Brief hat er allerdings keine Ahnung, mit wem er es zu tun hat.

Genügend Gründe also, sich die grundlegenden Konventionen der Schriftsprache anzueignen, um, wenn es einmal nötig ist, einen Brief verfassen zu können, der gleichzeitig unangreifbar, überlegen und absolut deutlich ist.

BESCHWERDEBRIEF VERFASSEN: SIE SPINNEN WOHL

»*Sehr geehrte Damen und Herren*«, beginnt ein offizieller Brief, wenn du keinen konkreten Ansprechpartner für die Anrede kennst. Auch wenn du keinen deiner Briefpartner verehrst, spricht einiges dafür, so zu beginnen. Du zeigst, dass du die

Konventionen kennst. Wer weiß, wie die Dinge laufen und sachlich reagieren kann, weiß sich auch zu helfen und ist dadurch eine potenzielle Gefahr für seine Gegner. Außerdem liegt dir nicht daran zu provozieren, weil du damit verzögernde Trotzreaktionen in Kauf nehmen müsstest. Noch besser, wenn du die Person direkt ansprechen kannst. *»Sehr geehrter Herr Maier, sehr geehrte Frau Müller«* sind Anreden, die der genannten Person zeigen, dass sie für ihre Reaktion auf den Brief persönlich einstehen muss.

Nach der Anrede steht ein Komma; im Anschluss geht es in der nächsten Zeile mit einem kleinen Anfangsbuchstaben weiter. Hier schilderst du dein Anliegen.

Dazu ein Beispielfall: Thomas ist mit dem Bus zu seiner Oma gefahren und hat dabei seinen Schülerausweis vergessen. Leider taucht ein Kontrolleur auf. »Wer keinen Schülerausweis hat, der ist auch kein Schüler«, meint er knallhart und grinst. »Klar«, sagt Thomas noch, »und wer keinen Personalausweis hat, der ist auch keine Person.« Der Kontrolleur regt sich auf, dass ihn jemand auf den Arm nimmt, der gerade mal halb so alt ist wie er, und stellt Thomas einen Strafzettel fürs Schwarzfahren aus. Wenn Thomas den Zettel zusammen mit seinem Schülerausweis innerhalb einer Woche beim Service Point des Busunternehmens vorzeigt, würde die Gebühr erlassen. Thomas hält sich daran und hakt den Fall ab. Trotzdem bekommt er kurz darauf eine Mahnung mit Bußgeldforderung geschickt. Zahlen will er die auf keinen Fall, schließlich hat er den Schülerausweis mittlerweile vorgezeigt. Deshalb schreibt er einen Beschwerdebrief:

»Sehr geehrte Damen und Herren,

am 10. Mai 2011 bin ich mit dem Bus Linie 34 von der Haltestelle Bismarckplatz bis Ziegelhausen gefahren. Dabei hatte ich meinen Schülerausweis vergessen. Ein Kontrolleur forderte mich auf, diesen innerhalb einer Woche am Service Point vorzuzeigen, was ich am 12. Mai 2011 um 15 Uhr tat. Dennoch erhielt ich am 29. Mai 2011 Ihr Schreiben, das mich des Schwarzfahrens bezichtigt und dazu auffordert, eine Strafgebühr von 70 Euro bis zum 01. Juni 2011 zu überweisen.«

Beim Schildern des Anliegens sollte man direkt zur Sache kommen. Schildere so präzise wie Thomas die Ausgangssituation und nenne dabei alle Daten, die wichtig sein könnten. Lass jedoch alles weg, was nichts zur Sache tut. So schreibt Thomas beispielsweise nicht, dass er seine Oma besuchen wollte. Gedanken, Meinungen oder Gefühle sind bei der Klärung eines offiziellen Sachverhalts für den Leser ebenfalls nicht interessant. Die Reihenfolge sollte chronologisch sein, also alles so schildern, wie du es erlebt hast. Achte auch darauf, dass du dich nicht wiederholst, was leicht unreflektiert wirken kann.

Nachdem du dein Anliegen chronologisch vorgetragen hast, fasst du die Situation in einem allgemeinen Satz zusammen, damit auch ein Gegenüber, das den Brief nur überfliegt, versteht, worum es geht. Thomas schreibt dazu Folgendes:

»Ich habe mich wie aufgefordert verhalten, sodass auf Ihrer Seite ein Fehler vorliegen muss.«

Jetzt listest du deine Beweise. Zum Beispiel:

»Beiliegend schicke ich Ihnen zum Beweis eine Kopie meines Schülerausweises sowie den Beleg dafür, dass ich diesen fristgerecht am Schalter vorgezeigt habe.«

Nun gibt es keinerlei Angriffsfläche mehr durch dein Gegenüber. Du hast dargelegt und bewiesen, dass du alles richtig gemacht hast. Der optimale Zeitpunkt für deine Forderung.

Stelle sie klar und deutlich, um Missverständnisse zu vermeiden:

»Hiermit fordere ich Sie dazu auf, Ihre Forderungen gegen mich fallen zu lassen.«

Abschließend sorgst du dafür, dass du über den nächsten Schritt informiert wirst und einen erneuten Beweis bekommst, um weiteren Ärger zu vermeiden. Bitte daher freundlich aber bestimmt darum.

»Bitte bestätigen Sie mir dies in einem weiteren Schreiben.«

Der Brief schließt wieder mit den üblichen Konventionen:

»Mit freundlichen Grüßen«.

Danach steht kein Komma, sondern lediglich darunter dein voller Name.

CHECKLISTE:
TEXTBAUSTEINE FÜR OFFIZIELLE BRIEFE

O Briefkopf: Gib deine Adresse an.

O Zieladresse: Diese steht unter deiner eigenen Adresse.

O Betreffzeile: Gib hier an, worum es im Brief geht

O Datum

O Einstieg: Sehr geehrter Herr …/Sehr geehrte Frau …

O Erster Satz: Enthält zentrale Ausgangsinformationen: wer, wann, wo, was.

O Hauptteil: chronologische Erklärung der Situation

O Zusammenfassung des Gesagten in einem Satz

O Beweise durch angehängte Belege

O Forderung: Ein Satz, in dem du sagst, was du mit dem Brief erreichen willst.

O Abschied: »Mit freundlichen Grüßen«, bei wiederholter Mahnung auch »Hochachtungsvoll« plus Unterschrift

O Anlagen

Schreibe deinen Brief auf jeden Fall auf dem Computer und drucke ihn auf einem sauberen Blatt Papier aus. Der Briefkopf, also der obere Teil des Briefes, sollte deine Adresse enthalten. Verzichte als Privatperson auf ein Logo, denn das wirkt ungewollt komisch.

Darunter steht die Adresse, an die der Brief geht. Nach einem Absatz steht fett gedruckt die Betreffzeile. Im Zweifelsfall kann hier immer stehen:

»Ihr Schreiben vom ...«

In der Zeile darunter steht rechtsbündig das aktuelle Datum, bevor im Folgenden der Brief beginnt.

Auch die abschließende Unterschrift ist wichtig, denn sie sticht deinem Leser als einziges handschriftliches Indiz über dich ins Auge. Ideal ist, wenn sie weder kindlich-blumig noch unleserlich ist, sondern routiniert, gerade und sauber aussieht.

MAHNUNGEN VERFASSEN: ZAHLEN SIE ODER ICH HOL MEINEN GROSSEN BRUDER

Du hast jemandem etwas verkauft und eine Rechnung gestellt, die nicht bezahlt wird. Oder du ziehst um und der Vermieter überweist dir deine Kaution nicht zurück. Jedenfalls schuldet dir jemand einen Geldbetrag, was allemal eine missliche Lage ist. Was tun?

Nach Ablauf der Zahlungsfrist kannst du deinem Schuldner noch eine »Kulanzwoche« gewähren. Wenn dann das Geld nicht da ist, rufst du entweder an oder schickst die erste Zahlungserinnerung. Diese weist per E-Mail oder Brief – E-Mail wirkt weniger formell – freundlich darauf hin, dass der ausstehende Betrag von x Euro noch nicht auf deinem Konto eingegangen ist. Es kann sein, dass die Rechnung auf dem Postweg verloren gegangen ist oder einfach vom Schuldner übersehen wurde, daher solltest du noch nicht zu viel Druck ausüben. Setze ein Datum als Frist, das etwa sieben Werktage nach dem Versanddatum liegt.

BEISPIEL EINER ZAHLUNGSERINNERUNG

Sehr geehrte/r Herr/Frau …,
auf meine oben genannte Rechnung habe ich noch keinen Zahlungseingang feststellen können. Für den Fall, dass die Rechnung Ihrer Aufmerksamkeit entgangen ist, füge ich diese noch einmal in Kopie bei. Ich fordere Sie höflich dazu auf, den Betrag innerhalb der nächsten sieben Tage zu überweisen.

Sollten Sie zwischenzeitlich bereits Zahlung geleistet haben, betrachten Sie dieses Schreiben bitte als gegenstandslos.

Mit freundlichen Grüßen
Name

Im schlimmsten Fall hat dein Schuldner nach Ablauf der Frist noch immer nicht bezahlt. Wenn es dafür keinen Grund gibt, der sich im Gespräch klären lässt, wird nach maximal einer weiteren Kulanzwoche die erste Mahnung fällig. Hauptziel der Mahnung ist, dem Leser klarzumachen, dass er um die Zahlung nicht herumkommt. Ein leises Nebenziel im Hintergrund ist, dass du im schlimmsten aller Fälle dein erstes Beweisstück sammelst, denn Mahnungen werden in der Regel per Einwurfeinschreiben oder per Einschreiben Rückschein verschickt, sodass du nachprüfen kannst, dass das Schreiben eingegangen ist.

Die erste Mahnung ist noch freundlich geschrieben, denn es könnte sein, dass der Schuldner lediglich während der letzten Wochen in Urlaub oder krank war und deine Rechnung nicht bearbeiten konnte. Sie hat jedoch bereits einen bestimmteren Unterton als die Zahlungserinnerung, denn du willst schließlich zeigen, dass es dir ernst ist. Die Zahlungsfrist liegt erneut etwa sieben Werktage nach dem aktuellen Datum, an dem du den Brief auf die Post bringst.

BEISPIEL EINER ERSTEN MAHNUNG

Sehr geehrte/r Herr/Frau ...,
leider habe ich auf meine Rechnung vom xx.xx.xxxx noch keinen Zahlungseingang feststellen können. Ich bitte Sie, den ausstehenden Betrag bis zum xx.xx.xxxx zu bezahlen, um weitere Umstände und damit verbundene Kosten zu vermeiden.

Sollten Sie zwischenzeitlich bereits Zahlung geleistet haben, betrachten Sie dieses Schreiben bitte als gegenstandslos.

Mit freundlichen Grüßen
Name

Gewähre nach Ablauf der Frist noch eine Kulanzfrist von maximal sieben Tagen. Allein drei Tage könnten die Banken zur Bearbeitung der Transaktion brauchen, falls der Schuldner am letzten Tag der Frist bezahlt hat. Wenn dann allerdings immer noch nichts passiert ist, ist Schluss mit lustig.
In einer zweiten und letzten Mahnung (manchmal wird auch die Zahlungserinnerung als Mahnung gezählt, dann sind es drei Mahnungen) sprichst du Klartext. Denn von diesem Moment an hast du das Recht, gerichtlich vorzugehen.

BEISPIEL EINER LETZTEN MAHNUNG

Sehr geehrte/r Herr/Frau ...,
trotz meines Zahlungserinnerungsschreibens und meiner Mahnung vom xx.xx.xxxx haben Sie die Rechnung Nummer xx vom xx.xx.xxxx noch nicht beglichen.
Ich fordere Sie hiermit zum letzten Mal auf, die Zahlung in Höhe von x Euro zu leisten.

Sollten Sie bis zum xx.xx.xxxx nicht Zahlung geleistet haben, sehe ich mich gezwungen, meine Forderung gerichtlich geltend zu machen.
Nach geltendem Recht gehen daraus entstehende Kosten zu Ihren Lasten, weshalb ich Sie letztmalig bitten möchte, Ihre Rechnung zu begleichen.

Mit freundlichen Grüßen
Name

Die Zahlungsfrist für diese letzte Mahnung sollte ein Datum sein, das maximal 14 Tage nach dem aktuellen Datum liegt.

Hoffentlich wird sich dein Problem spätestens jetzt lösen. Falls nicht, wird es Zeit für härtere Geschütze. Nach einer maximal 14-tägigen Kulanzfrist, in der es sich empfiehlt noch einmal telefonisch nachzufassen, kannst du einen Antrag auf Erlass eines gerichtlichen Mahnbescheids stellen.

Die Voraussetzung ist, dass du tatsächlich ein Recht auf die in Rechnung gestellten Zahlungen hast. Das hast du, wenn du deinen Teil des Vertrags geleistet hast, also beispielsweise bei einem Verkauf den verkauften Gegenstand im beschriebenen Zustand geliefert hast oder bei einem Job die Arbeit wie vereinbart gemacht hast.

Ein Mahnantrag setzt ein gerichtliches Verfahren in Gang. Bei diesem Verfahren werden aber zunächst keine Beweise gesichtet und auch kein »Recht gesprochen«. Stattdessen prüft das Gericht nur, ob du formell alles richtig ausgefüllt hast und die Voraussetzungen erfüllst. Die Vorteile: Es geht immerhin noch schneller als ein Zivilprozess und die Kosten halten sich in Grenzen. Die Höhe der Kosten richtet sich dabei nach dem sogenannten Streitwert, das ist der Betrag, der dir geschuldet wird. Bei einem Streitwert zwischen 100 und 900 Euro kostet ein gerichtliches Mahnverfahren beispielsweise aktuell 23 Euro. Wenn du dir einen Anwalt nimmst, können allerdings zusätzliche Kosten entstehen, die wesentlich höher sind.

Nach einer positiven Prüfung durch das Gericht wird der Mahnbescheid an den Schuldner weitergeleitet, der innerhalb von 14 Tagen Widerspruch einlegen kann. Reagiert der Schuldner noch immer nicht, kannst du ab dem 14. Tag den Antrag auf Erlass eines sogenannten Vollstreckungsbescheids stellen. Du erhältst dazu vom Mahngericht automatisch ein Formular, das du nur auszufüllen brauchst. Erlässt das Gericht den Vollstreckungsbescheid, kommt es, wenn der Schuldner keinen Widerspruch einlegt oder bezahlt, zur sogenannten Zwangsvollstreckung. Der Betrag, der dir geschuldet wird, wird jetzt mit staatlicher Gewalt beim Schuldner eingetrieben.

Widerspricht der Schuldner dem amtlichen Mahnbescheid, endet das Mahnverfahren. Dein Anspruch kann über das Prozessverfahren geltend gemacht werden. Das ist das klassische Verfahren. Am Ende steht ein gerichtliches Urteil.

Formell ist es übrigens kinderleicht, einen Mahnantrag zu stellen. Entweder du gehst dafür zu einem Mahngericht oder einfach ins Internet. Dort kannst du den Antrag komplett online ausfüllen (https://www.online-mahnantrag.de). Im Anschluss druckst du das Formular am besten aus und schickst es per Post an das für dich zuständige Gericht.

20 | DIE WELT DER PARAGRAFEN: BEIM ANWALT

Wer Rechtsanwalt ist, hat das Streiten zum Beruf gemacht. Seine Aufgabe ist es, dir zu deinem Recht zu verhelfen. Sein Instrument ist das Gesetz. Wer ein Problem hat, zögert oft, zum Anwalt zu gehen. Wann solltest du gehen? Wie findest du den richtigen Anwalt? Und was kommt dort auf dich zu? Dieses Kapitel versucht, eine Hilfestellung zur Beantwortung dieser Fragen zu geben.

Grundsätzlich solltest du zum Anwalt gehen, wenn du ein **Rechtsproblem** hast, dir also ein **Unrecht** geschehen ist, das gegen das in Deutschland geltende Recht verstößt. Nach diesem Recht darfst du dir übrigens ab 16 Jahren einen Anwalt nehmen, denn von da an bist du beschränkt geschäftsfähig. Als Minderjähriger zwischen 16 und 18 Jahren kann es allerdings bei **Familienrechtsthemen** wie **Unterhaltsstreitigkeiten** effektiver für dich sein, dich an das für dich zuständige Jugendamt zu wenden. Dort wirst du kompetent und kostenlos beraten.

Vor dem Anwaltsbesuch solltest du überlegen, worum es dir geht. **Persönliches Unrecht**, z. B. bei zwei zerstrittenen Nachbarn, lässt sich in bestimmtem Rahmen besser ohne Anwalt in einem Gespräch mit Hilfe von ein paar neutralen Streitschlichtern klären. Bei einem **finanziellen Betrug** hängt es dagegen vom Streitwert ab, ob sich der Anwaltsbesuch lohnt. Eine Erstberatung bei einem Anwalt kann laut Rechtsanwaltsvergütungsgesetz (RVG) bis zu 190 Euro zzgl. 19 Prozent Mehrwertsteuer, also insgesamt 226,10 Euro kosten. Diese Kosten trägst du auf jeden Fall zunächst selbst. Bei einem gewonnenen Prozess können die Anwaltskosten in manchen Fällen vom Verlierer getragen, dem Gewinner also zurückerstattet werden. Bei einem niedrigen Streitwert lohnt es sich also, erstmal Inventur zu machen, was sich überhaupt gewinnen lässt. Eine gute Idee bei niedrigen Streitwerten ist außerdem, vorher bei mehreren Anwälten anzurufen und die Preise für ein Beratungsgespräch zu vergleichen. So kannst du unter Umständen wesentlich günstiger wegkommen.

Erkundige dich am Telefon auch danach, ob du möglicherweise ein Anrecht auf **Beratungs- und Prozesskostenhilfe** hast. Diese Hilfe ermöglicht es Leuten mit geringem Einkommen, zu günstigeren Preisen bzw. kostenlos beraten und bei einem möglichen Prozess unterstützt zu werden. Prozesskostenhilfe gibt es in allen Bundesländern; Beratungskostenhilfe in allen außer Bremen und Hamburg. Dort kann dich der Anwalt allerdings gegebenenfalls am Telefon zu anderen Möglichkeiten beraten.

Beratungs- und Prozesskostenhilfe bekommst du, wenn dein Einkommen nach Abzug der Nebenkosten (Miete, Versicherungen, Steuern, Heizung und Strom, etc.) weniger als 380 Euro beträgt. Gerade als Auszubildender stehen die Chancen also gut, dass du kostenlos beraten wirst. Bringe dafür alle Unterlagen, die als Beweis dienen könnten, z.B. Gehaltsabrechnung, Mietvertrag etc. zum Beratungsgespräch mit.

Lohnt dein Ziel den zeitlichen und finanziellen Aufwand, zum Anwalt zu gehen? Dann geht es im nächsten Schritt darum, den richtigen Anwalt zu finden.

Besonders wichtig ist natürlich die **Qualität der Beratung.** Deshalb solltest du darauf achten, dass du beim richtigen Anwalt landest, der sich mit deinem Problem auskennt. Für viele Rechtsgebiete gibt es beispielsweise **Fachanwälte**, die sich auf ein Gebiet spezialisiert haben. Die Zulassung als Fachanwalt erhält nur, wer über besondere Erfahrungen in seinem Gebiet verfügt und jährlich Fortbildungen nachweisen kann.

Etwa 22,3 Prozent aller Rechtsanwälte in Deutschland sind Fachanwälte für ein bestimmtes Gebiet.

RECHTSGEBIETE, FÜR DIE ES FACHANWÄLTE GIBT

- Agrarrecht
- Arbeitsrecht
- Bank- und Kapitalmarktrecht
- Bau- und Architektenrecht
- Erbrecht
- Familienrecht
- gewerblicher Rechtsschutz
- Handels- und Gesellschaftsrecht
- Informationstechnologierecht
- Insolvenzrecht
- Medizinrecht
- Miet- und Wohnungseigentumsrecht
- Sozialrecht
- Steuerrecht
- Strafrecht
- Transport- und Speditionsrecht
- Urheber- und Medienrecht
- Verkehrsrecht
- Versicherungsrecht
- Verwaltungsrecht

Hast du erst einmal einen guten Anwalt gefunden und einen Termin vereinbart, solltest du dich auf das Gespräch vorbereiten. Jeder ärgert sich über Rechtsprobleme, oft sind noch dazu emotionale Bindungen in den Fall hineinverwickelt, die es einem erschweren, alles sachlich zu betrachten. Deshalb ist es wichtig, dein Problem erst einmal aus Sicht des Anwalts zu betrachten.

Er soll dich beraten und dir helfen, die bestmögliche Entscheidung in diesem Fall zu treffen. Dazu muss er wissen, worum es dir geht. Was willst du erreichen? Emotionale Reaktionen auf Ungerechtigkeiten wie Rachegelüste oder Frustration sind beim Anwalt an der falschen Adresse. Hier geht es darum, was rechtlich möglich ist.

Wer sich darauf einstellt, kann den sachlichen Beistand gut für sich nutzen. Notiere das Ziel, das du durch den Besuch erreichen willst, am besten auf einem Notizzettel. Dem Anwalt ist dein Problem unbekannt. Notiere also ein paar Stichwörter darunter, mit deren Hilfe du sachlich schildern kannst, was passiert ist. Gehe dabei chronologisch vor und versuche, Wiederholungen zu vermeiden.

Sammle zum Schluss alle Unterlagen, die für dein Problem wichtig sein könnten, beispielsweise Verträge, Rechnungen, Mahnungen, Rückscheine von Einschreiben oder jede Art von Beweismaterial. Der Anwalt kann dann optimal beurteilen, welche Unterlagen wichtig sind.

So vorbereitet kann im Gespräch eigentlich nichts mehr schiefgehen. Notiere dir auch während des Gesprächs die wichtigsten Punkte in Stichworten, um im Anschluss über deine weiteren Schritte nachdenken zu können. Dabei ist es immer gut, mehrere Meinungen einzuholen. Können dich Eltern, Freunde oder Bekannte mit Rat und Tat unterstützen?

Sicher ist es manchmal nicht einfach, eine Entscheidung zu treffen, doch es ist auch ein Zeichen deiner neuen Freiheit, dass du es tust. Du bestimmst selbst, wohin dein Weg führt und wo es langgeht. Kein Leben funktioniert perfekt nach Plan. Gerade die ungeplanten Situationen sind Herausforderungen, die du immer wieder meistern musst. Lass dich nicht unterkriegen! Fehler macht jeder. Wichtig ist, aus ihnen zu lernen und sich beim nächsten Mal anders zu verhalten. Das Glück kann schließlich hinter jeder Ecke lauern.

UNTERM STRICH

»Ich weiß, dass ich nichts weiß.«

SOKRATES

21 | WORAUF ES EIGENTLICH ANKOMMT

Die Frage nach dem Sinn des Lebens ist uralt, wäre aber früher ganz anders beantwortet worden als heute. Schon das ist ein Indiz dafür, dass sie immer auch ein bisschen relativ sein könnte: Worauf es eigentlich ankommt, lässt sich nur beantworten, wenn man auch weiß, für wen es darauf ankommt.

LENA EHRHARD, 17,
hat gerade erfolgreich die Realschule abgeschlossen

Mir kommt es darauf an, die Welt zu verstehen und das Beste aus meinem Leben zu machen. Ich will einen interessanten Beruf haben, der mir gefällt und mich erfüllt. Ich will mal eine gute Mutter und Ehefrau sein und meine Augen nicht vor der Härte des Lebens verschließen.

ZUM GLÜCK GIBT'S GLÜCK

Was, wenn man nicht mehr ums Überleben kämpfen muss, sondern Essen, Trinken und ein Dach über dem Kopf gesichert sind, wenn der Mensch also im Vergleich zu den anderen Tieren in einer verwöhnten Position ist?

Das war beispielsweise bei den Philosophen im Alten Griechenland so. In der Schule kommt man beispielsweise kaum an **Aristoteles** vorbei.

Aristoteles ging es materiell ziemlich gut und so hatte er viel Zeit, sich darüber Gedanken zu machen, worauf es im Leben eigentlich ankommt.

Er überlegte, dass wir Dinge tun, um Ziele zu erreichen. Allerdings kann man ein Ziel auch anpeilen, um, nachdem man es erreicht hat, nur wieder ein neues Ziel anzupeilen. Beispielsweise kann jemand seine Hausaufgaben machen, um das Ziel einer guten Note zu erreichen. Dieses Ziel bringt ihm allerdings alleine überhaupt nichts. Das Ziel der guten Note hat er, um ein gutes Abschlusszeugnis zu bekommen, um sich damit nach der Schule für eine gute Ausbildungsstelle bewerben zu können, um nach der Ausbildung einen guten Job zu finden, um ...

Das Ganze könnte ewig so weitergehen: ein Ziel nach dem anderen, und man wüsste immer noch nicht, worauf es denn jetzt *eigentlich* ankommt. Doch! Denn Aristoteles hat einen Ausweg gefunden: Wenn es ein Ziel gibt, das um seiner selbst willen gewollt wird, und also nicht, um damit ein neues Ziel zu erreichen, hat die Zielabfolge ein Ende. Man hätte etwas, worauf es eigentlich, und nicht nur für etwas anderes, ankommt.

Und hier kommt das, was Aristoteles als das Ziel ansieht, das um seiner selbst willen gewollt wird: Glückseligkeit. Moderner kann man es **Glück** nennen.

Bis heute prägt uns diese Antwort, die jeder schon einmal in irgendeiner Form gehört hat, und man muss dem alten Aristoteles zumindest zugestehen, dass wirklich niemand glücklich ist, um damit ein bestimmtes Ziel zu erreichen. Das fanden wohl auch seine Kollegen, denn in der Antike war man sich darüber schnell einig.

Nicht so einig wurde man sich allerdings darüber, was genau Glück ist und wie man das erreicht. Hier hatte wieder jeder eine andere Idee und ein großer und langer Streit brach aus. Noch heute, mehr als 2400 Jahre später, dauert er an.

Glück, wie wir den Begriff heute kennen, hat übrigens wenig mit dem zu tun, was Aristoteles darunter verstand. Für Aristoteles bestand Glückseligkeit in »tugendgemäßem Handeln«, also darin, so zu handeln, dass es »gut« war. In der Sonne zu liegen und einfach zu genießen, hätte für Aristoteles nichts mit Glückseligkeit zu tun gehabt. Die Bedeutung des Begriffs hat sich mit der Zeit gewandelt.

Möglicherweise ist daran ein anderer Grieche Schuld, der sich nicht deutlich genug ausgedrückt hat. So kam es zu einem Missverständnis: Der Mann hieß **Epikur** und rief die **Lust** als das Motiv menschlichen Strebens aus, als das, worauf es eigentlich ankommt. Menschen suchen nach Lust und gehen Unlust aus dem Weg. Oft wurde Epikur für einen Egoisten gehalten, der nur tut, wozu er gerade Lust hat. Doch das hat er nicht gemeint. An anderen Stellen schreibt er, dass er nicht glaubt, dass jemand lustvoll leben kann, ohne gerecht zu sein.

ALESSA FISCHER, 17,
hat gerade die Mittlere Reife gemacht

Mir kommt es darauf an, die Ziele, die ich mir gesetzt habe, zu erreichen, eine tolle Familie zu haben und glücklich zu sein bei allem, was ich mache.

Glück lässt sich also ganz verschieden definieren. Häufig wird nur das kurzfristige Lustgefühl für die eigene Person hinterfragt. *»Was macht mich glücklich?«*, wird dann beispielsweise beantwortet mit Schokolade, feiern, ein Buch am Meer lesen, etc. Doch kann in solchem Glück wirklich der Sinn des Lebens liegen? Wenn man der Frage nach dem Sinn der eigenen Existenz auf den Grund geht und nicht nur so lange überlegt, bis man etwas hat, das für einen selbst ganz angenehm ist, muss man schließlich über sich selbst hinausdenken: »*Wozu bin ich auf der Welt?*«, hängt eng zusammen mit »*Wozu ist die Menschheit auf der Welt?*« und »*Wozu gibt es die Welt überhaupt?*« Mehr Fragen als Antworten ...

VOM GLAUBEN AN EINE HÖHERE MACHT

Wenn man sich etwa 1400 Jahre später in Europa umsieht, landet man tief im Mittelalter. Wer dort mal beim nächsten Passanten sein Mittelhochdeutsch ausprobiert und nach dem fragt, worauf es im Leben eigentlich ankommt, wird früher oder später die weit verbreitete Antwort zu hören bekommen, dass es tatsächlich einen **Sinn** gibt, der über den Sinn des eigenen Lebens bei Aristoteles hinausgeht. Weil die Menschen den Sinn ihres Daseins auf der Erde allerdings nur aus menschlicher Perspektive mit menschlichem Verstand betrachten können, wäre die einzige Erklärung dafür die, dass es etwas Übermenschliches gibt, das uns objektiv einen Sinn zuschreiben kann: **Gott.** Mit unserem menschlichen Verstand können wir diesen Gott allerdings nicht verstehen und können das, worauf es ankommt, nur als ein »mit Gott sein« beantworten. Es kommt also darauf an, die Nähe Gottes zu suchen. Das Mittelalter war in Europa stark vom Christentum beeinflusst.

Ein bisschen banal ist das allerdings schon: Weil man selbst nicht weiß, worauf es eigentlich ankommt, sagt man einfach, dass man es nicht wissen kann. Wenn es einer wissen kann, dann ist er übermenschlich oder gleich Gott. Letztlich weiß man dadurch auch nicht mehr als vorher, sondern hat die Antwort nur aufgeschoben und gut ist. Keine konkrete Antwort und auch kein Beweis dafür, dass es Gott überhaupt gibt. Wenn es ihn nicht gibt, wäre demnach alles sinnlos.

Sicher hatte es auch mit den gesellschaftlichen Umständen zu tun, dass sich die Leute hierüber erst mal eine ganze Weile lang nicht mehr öffentlich Gedanken gemacht haben.

SIMON KAISER, 18,
geht in die zwölfte Klasse

Worauf es eigentlich ankommt? Das ist so eine Frage, die man eigentlich nur beantworten könnte, wenn man alles wüsste, was war und was noch kommt. Aber weil das wohl keiner weiß, sag ich jetzt einfach mal: Erfolg, gute Freunde, Spaß am Leben!

PFLICHT RULES

Wirklich etwas getan hat sich in der Beantwortung der Frage danach, worauf es eigentlich ankommt, in Europa erst wieder im 18. Jahrhundert. Ausgerechnet der wohl spießigste Philosoph aller Zeiten, der seine langweilige Kleinstadt ein Leben lang kaum verließ und einen so starren Tagesablauf hatte, dass die Leute auf der Straße angeblich ihre Uhren nach ihm gestellt haben, meinte, dass man sich nicht blind auf die Religion, sondern besser auf seinen eigenen Kopf verlassen sollte. Das war **Immanuel Kant.**

Der Sinn des Lebens sei die **Moral.** Es bringt keinem was, wenn wir glücklich in der Gegend herumsitzen, sondern nur, wenn wir etwas Gutes tun. So ganz neu ist die Überlegung nicht und selbst Aristoteles wäre damit so weit einverstanden gewesen. Zunächst handelte Kant sich damit auch dasselbe Problem wie dieser ein: Was heißt »etwas Gutes tun«? Wann ist eine Handlung moralisch gut? Daran biss sich Kant fast die Zähne aus und die Antworten, mit denen er unsere gesamte ethische Weltordnung über den Haufen warf und dann wieder Stück für Stück sortierte und einordnete, hast du vielleicht schon auszugsweise in der Schule kennengelernt. Zusammenfassend ging es ihm mit der Moral darum, dass ein Mensch seine Pflicht erfüllen muss, auch wenn er keine Lust dazu hat.

Zu diesen moralischen Pflichten gehörte beispielsweise, dass ein Mensch unter keinen Umständen lügen dürfe, denn jeder weiß, dass Lügen unmoralisch sind. Selbst wenn ein Mörder hinter deiner Freundin her ist und diese sich bei dir versteckt, darfst du den Mörder nicht belügen, wenn er mit der Axt in der Hand an deiner Tür klingelt und fragt, ob deine Freundin im Haus ist.

Über die Moralvorstellungen des pflichtbewussten Kant lässt sich sicher streiten, zumindest hat er aber einen Sinn des Lebens gefunden, der das Problem nicht auf Gott abschiebt.

ÜBERSICHT:
DIE VIER FRAGEN, DIE KANT IN SEINEN WERKEN ZU BEANTWORTEN VERSUCHT HAT

1. Was kann ich wissen?

2. Was soll ich tun?

3. Was darf ich hoffen?

4. Was ist der Mensch?

DAS MENSCH-TIER

Nur fünf Jahre nachdem Kant starb, wurde im Jahr 1809 **Charles Darwin** geboren. Wer ihn 1859 besucht, kann sich mit ihm gut darüber unterhalten, worauf es im Leben eigentlich ankommt. In diesem Jahr erscheint Darwins Werk »Die Entstehung der Arten«.

Er ist kein Philosoph und trägt das Thema in die Naturwissenschaft. Als Biologe ist er nämlich gerade der Evolution auf die Schliche gekommen.

Der Mensch ist demnach nicht von Gott geschaffen, sondern stammt aus dem Tierreich ab, nämlich vom Affen. Ganz von Gott trennen will sich Darwin allerdings nicht: Möglicherweise hat Gott einem anderen Lebewesen, vielleicht einem Tier, das Leben eingehaucht, aus dem erst später nach dem Affen der Mensch entstanden ist.

Darwins Überlegungen sind aus zwei Gründen wichtig für die Überlegung, worauf es im Leben eigentlich ankommt. Erstens bemüht er sich um **Objektivität**. Er beantwortet also, worauf es im Leben allgemein, nicht nur im menschlichen und schon gar nicht im einzelnen menschlichen Leben ankommt.

Seine Antwort lautet: Anpassung, um zu überleben. Alle Abläufe in der Natur sind davon geprägt. Interessant ist das, weil es ziemlich unabhängig davon ist, was ein einzelner Mensch tut. Das Thema spielt auf einer viel größeren Bühne.

Zweitens ist Darwins **Theorie** wichtig, weil sie Gott jedes Jahr ein Stückchen kleiner werden lässt. Gott gehört in den Bereich des Glaubens und wird aus dem Bereich der Wissenschaft verdrängt.

Je mehr wir wissenschaftlich erklären können, desto weniger brauchen wir Gott als Antwort. Die Sinnfrage müssen wir, wenn wir es wirklich wissen wollen, künftig ohne ihn beantworten.

ZUR FREIHEIT VERURTEILT

Wer noch einmal 90 Jahre weiter reist und einen Passanten danach fragt, worauf es im Leben eigentlich ankommt, wird ziemlich viele verschiedene Antworten zu hören bekommen. Mit viel Glück läuft ihm vielleicht **Jean-Paul Sartre** in die Arme und verkündet, dass sich das mit der Frage gut trifft, denn darüber habe er auch gerade nachgedacht. Wenn man es genau bedenkt, könnte er ansetzen, ist dieser ganze objektive Sinn ein Quatsch. Der Mensch steckt immer schon in der Welt und kann daher niemals einen Blick darauf werfen, wie er von außen gesehen werden würde. Genau das müsste er aber tun, um die Sinnfrage objektiv zu beantworten. Er selbst hat also gar keine Möglichkeit herauszufinden, was und wozu er eigentlich ist.

Der Mensch bleibt sich objektiv gesehen selbst immer ein Rätsel. Weil er sich aber gerne objektiv »aufdecken« würde, braucht er andere Menschen, die ihn von außen sehen und ihm durch Anerkennung signalisieren können, wie er wahrgenommen wird und was er als Objekt ist. Dadurch, dass er die anderen braucht, macht er sich allerdings abhängig. Genau genommen macht ihn sogar gerade seine absolute Freiheit abhängig, nämlich die, dass er nicht genau bestimmt ist als das, was er ist, sondern sich selbst immer wieder neu bestimmen muss. Deswegen sagt Sartre auch, dass der Mensch zur Freiheit »verurteilt« ist.

Sartre hat das in seinem Drama ›Geschlossene Gesellschaft‹ aufzeigen wollen. Es spielt in der Hölle, in der sich drei Menschen zum ersten Mal begegnen. Sie wissen, dass sie in der Hölle sind, und warten darauf, dass etwas Schreckliches passiert. Im Laufe des Stücks finden Sie dann heraus, dass nichts weiter passieren muss, denn: »Die Hölle, das sind die anderen.« Sie wollen voneinander anerkannt werden, was sie nicht schaffen. Dadurch sind sie völlig voneinander abhängig und gefangen in ihrer Situation. Ohne die anderen kann keiner von ihnen sich selbst als Objekt erkennen.

Wer sich nicht einmal selbst objektiv erkennen kann, kann natürlich auch nicht objektiv sagen, worauf es im eigenen Leben eigentlich ankommt. Nur subjektiv gesehen kann sich jeder Mensch selbst einen Sinn geben. Dann kommt es im Leben auf das an, auf das man es ankommen lässt. Immerhin zeigt das, dass der Mensch frei ist, sich selbst einen Sinn zu geben. Wenn man Sartre ernst nimmt, kann man sich also nur noch auf den subjektiven Sinn beschränken.

DURSUN SAYRIN, 20,
sucht gerade nach einem Ausbildungsplatz

Ich finde sehr wichtig, Menschen um sich zu haben, denen man vertrauen kann, einen Job zu haben, dem man gerne nachgeht, und ein ausgeglichenes Leben zu führen. Im Endeffekt hat jeder seine Last zu tragen, man muss aber einen Ausgleich dazu finden.

SENSE TO RENT – SINN ZU VERMIETEN

Verlässt man Sartre, um sich eigene Gedanken zu machen, bleibt ein bitterer Nachgeschmack: Wenn der Mensch niemals erfahren kann, worauf es objektiv gesehen eigentlich ankommt, woher will er dann überhaupt wissen, ob es auf etwas objektiv gesehen eigentlich ankommt? Was, wenn das Leben keinen objektiven Sinn hat, der über die vernunftlosen Abläufe der

Evolution hinausgeht? Wer so denkt, sollte zum Trost unbedingt Ashleigh Brilliant treffen: *»Besser das Leben ist sinnlos, als dass es einen Sinn hat, dem ich nicht zustimme«*, meinte er trotzig. Laut **Albert Einstein**, der leider starb, als Ashley Brilliant 22 Jahre alt war, sodass die beiden niemals miteinander diskutieren konnten, hilft diese Trotzantwort aber überhaupt nichts. Einstein behauptete: *»Wer keinen Sinn im Leben sieht, ist nicht nur unglücklich, sondern kaum lebensfähig.«*

Der Konflikt lässt sich wieder durch die Unterscheidung von objektivem und subjektivem Sinn lösen. Den objektiven Sinn kennen wir nicht, den subjektiven können wir uns selbst geben. Wer sich keinen subjektiven Sinn gibt, dem fehlt ein wichtiger Antrieb im Leben. Wozu sollte man überhaupt irgendetwas tun, wenn man letztlich keinen Sinn darin sieht?

Sinnangebote gibt es in unserer Gesellschaft jede Menge. Eine Auswahl findest du in der folgenden Checkliste. Natürlich ist darin auch Platz für deine eigenen Antworten. Es ist schließlich *dein* Leben, das du gestalten willst.

ELA SAUERBORN, 16,
geht in die elfte Klasse

Ich will erfolgreich sein und Geld verdienen. Ob ich Kinder will, weiß ich noch nicht, aber ich will glücklich sein.

CHECKLISTE:
WAS GIBT MEINEM LEBEN SINN?

O Liebe

O Familie gründen

O Karriere

O Geld verdienen/materieller Wohlstand

O Welt verbessern

O Lebewesen in Not helfen

O Missstände in der Gesellschaft aufdecken

O Kunst schaffen

O Wissen fördern

O Freunde treffen

O gut sein, z. B. ehrlich und gerecht

O glücklich sein

O Spaß haben

O ....

O ....

Kann es darum gehen, sich aus den Möglichkeiten etwas Beliebiges auszusuchen? Ist das alles, was von unserer Bestimmung übrig bleibt? So ganz hat man sich bis heute noch nicht damit abgefunden, dass wir als Menschen keine Möglichkeit haben, einen objektiv gültigen Sinn in unserem Leben zu erkennen.

Das berühmteste Beispiel hierzu kommt vom Schriftsteller Douglas Adams. In seinem Roman ›Per Anhalter durch die Galaxis‹ soll die Frage »nach dem Leben, dem Universum und dem Rest der Welt« ein für alle Mal beantwortet werden. Dafür wird der größte existierende Computer eingesetzt, der garantieren kann, dass seine Antworten wissenschaftlich absolut korrekt sind. Für die Berechnung der Antwort braucht der Computer 7,5 Millionen Jahre. Doch schließlich findet er eine Antwort. Sie ist so konkret, wie man es sich von wissenschaftlichen Antworten wünscht: 42.

Eine so konkrete Antwort wirft den Ball zurück zur Frage. Wonach suchen wir, wenn wir nach dem Sinn des Lebens suchen? Ist es überhaupt etwas, das sich so konkret beantworten lässt? War nicht vielmehr die Antwort jeder anderen genannten Person ebenso nützlich wie 42, weil wir als Menschen eben nicht so statisch sind wie Filmhelden, die nur dafür gemacht worden sind, in einer bestimmten Situation ihr Schicksal zu erfüllen? Uns echten Menschen steht es jederzeit frei, unsere Meinung wieder zu ändern, einen anderen Weg einzuschlagen und uns einen neuen Sinn zu geben. Man macht Fehler, korrigiert den Kurs, tappt weiter, rennt und hält wieder inne, um nach dem Sinn zu fragen ... So läuft das Leben.

DANKE

Ein großes Dankeschön möchte ich zum Schluss an all diejenigen aussprechen, die geholfen haben, dieses Buch auf den Weg und in die Bücherregale zu bringen:

Danke für die nette und tatkräftige Unterstützung der zahlreichen Menschen, die mir in Gesprächen und Mails ihre persönlichen Erfahrungen geschildert und O-Töne dazu verfasst haben.

Auch viele Unternehmen waren bereit, ihr Fachwissen mit mir zu teilen, und halfen mit Zahlen und Fakten aus, wenn sie nicht anders zu recherchieren waren. Ihnen allen möchte ich an dieser Stelle ganz herzlich danken.

Mein besonderer Dank gilt außerdem meinem Agenten Kai Gathemann und meiner Lektorin Dr. Susanne Krones, die mich mit einem kritischen und einem lachenden Auge immer gleichzeitig korrigiert und motiviert haben. Weiterhin danke ich Gabriele Leja, die dieses Buch erst ermöglicht hat, und Julia Malik vom Deutschen Taschenbuch Verlag.

Zuletzt ein Dank an meine Familie und Freunde, die mir während der Schreibzeit persönlich mit Rat, Tat und Feierabendweinchen zur Seite standen, insbesondere an Brigitte und Johannes Rompa, Mareike Berdau, Johanna Teichmann, Britta Schmidt, Eva und Andrea Sommer, Rebecca Medda und natürlich ganz besonders Tonny Karsten.

ADRESSEN, WEBSEITEN UND WEITERFÜHRENDE LITERATUR

1 | URLAUB: VERSCHNAUFPAUSE GEFÄLLIG?

Allgemeine Länder- und Reiseinfos zu allen Zielländern (englischsprachig und deutschsprachig; auf der englischsprachigen Webseite sind mehr Infos vorhanden):
www.lonelyplanet.com
www.lonelyplanet.de

Länderinformationen zum Thema Sicherheitsrisiken:
www.diplo.de/sicherreisen

Vertrauenswürdige Webseiten zur Reisebuchung übers Internet sind laut Stiftung Warentest beispielsweise:
www.weg.de (Testsieger bei Stiftung Warentest 2006)
www.opodo.de (Bewertung gut)
www.travelchannel.de (Bewertung gut)

Sicherheitstipps zur Reisebuchung von der Verbraucherzentrale Baden-Württemberg:
www.vz-bawue.de/UNIQ124646205114794/link272112A.html

Der Bundesverband der Verbraucherzentralen:
Verbraucherzentrale Bundesverband e. V.
Markgrafenstraße 66
10969 Berlin
Tel.: 030 25800-0
E-Mail: info@vzbv.de
Inhaltliche Anfragen richtest du am besten an die Verbraucherzentrale in deinem Bundesland. Eine Auflistung mit Adressen findest du auf www.verbraucherzentrale.de

Das Auswärtige Amt in Berlin:
Tel. (24 h-Service): 030 1817-0
Tel. (Bürgerservice): 030 18172000
www.auswaertiges-amt.de

Auf dieser Webseite kannst du ganz einfach herausfinden, wie viele Kilometer du in deinem Leben schon geflogen bist. Das Witzige: Dir wird dabei auch mitgeteilt, wie oft du dabei rein streckenmäßig die Erde umrundet hast, von der Erde zum Mond oder zur Sonne geflogen bist:
www.flugstatistik.de

2 | GEBALLTE FREIHEIT: WORK&TRAVEL

Zahlreiche Infos und kompetente Beratung zum Work&Travel-Aufenthalt:
TravelWorks
Travelplus Group GmbH
Münsterstraße 111
48155 Münster
Tel: 02506 8303-0
E-Mail: info@travelworks.de
www.travelworks.de

Viel Erfahrung insbesondere in der Reisebetreuung von jungen Leuten hat auch:
STA Travel
Tel.: 01805 456422
E-Mail: onlineservicecenter@statravel.de
www.statravel.de
Auf der Webseite findest du Reisebüros zum direkten Kontakt.

Hostels weltweit reservieren kannst du über
www.hostelbookers.de

Couchsurfer werden kannst du auf
www.couchsurfing.org (in englischer Sprache)

Erntejobs in der ökologischen Landwirtschaft findest du weltweit über www.wwoof.org

Zentrale Auslands- und Fachvermittlung der Bundesagentur für Arbeit:
Tel. Info-Center: 0228 7131313
E-Mail: zav-auslandsvermittlung@arbeitsagentur.de
www.ba-auslandsvermittlung.de

Freiwilligenprojekte innerhalb der EU findest du in der Datenbank der Europäischen Kommission verzeichnet unter http://ec.europa.eu/youth/evs/aod/hei_en.cfm

Der Europäische Freiwilligendienst (EFD) leistet finanzielle Unterstützung für Freiwilligenarbeit:
JUGEND für Europa
Deutsche Agentur JUGEND IN AKTION
Godesberger Allee 142-148
D-53175 Bonn
Tel.: +49 228 9506-220
Fax: +49 228 9506-222
E-Mail: efd@jfemail.de
www.go4europe.de

Hilfsprojekte im entwicklungspolitischen Freiwilligendienst »weltwärts« entdeckst du auf www.weltwaerts.de
Telefon: +49 (0) 228 2434-444

Freiwilligenprojekte aller Art gibt es auch auf
www.idealist.org (in englischer Sprache)

Weiterführende Informationen (unter anderem über Visa)
für alle, die es ins Ausland zieht, stehen für dich bereit auf der
Webseite www.rausvonzuhaus.de

Work&Travel-Visa können beispielsweise für folgende Länder
unter den genannten Links online beantragt werden:
Australien: www.immi.gov.au/e_visa/working-holiday.htm
Neuseeland: www.immigration.govt.nz/migrant/stream/work
/workingholiday/germanyworkingholidayscheme.htm
Kanada: http://www.canadainternational.gc.ca/germany-alle
magne/youth-jeunesse/DE-WHC.aspx?lang=deu

Außerdem lesenswert:
Jens Hirschfeld und Annika B. Hüske: ›Handbuch Weltent-
decker. Der Ratgeber für Auslandsaufenthalte‹ (Weltweiser
2009)

3 | SHOPPING & CO.

Stiftung Warentest
Postfach 304141
1 Berlin
Tel. test-Leserservice: 0900 15837-81
www.test.de

Viele Tipps zur Vorbeugung von Schulden findest du auch auf
www.cashless-muenchen.de. Zur Beratung kommen die Mitarbeiter auf Anfrage auch an deine Schule.

CASHLESS-MÜNCHEN
Paul-Heyse-Str. 22
80336 München
Tel. 089 514106983
Fax 089 5141069996
E-Mail: info@cashless-muenchen.de

Erste Hilfe bei Schulden bietet die
Bundesarbeitsgemeinschaft Schuldnerberatung:
Friedrichsplatz 10
34117 Kassel
info@bag-sb.de
www.meine-schulden.de
Du kannst dich hier auch an Schuldnerberatungsstellen in
deiner Nähe verweisen lassen.

Einen interaktiven Budget-Planer für deine Finanzen findest
du auf
www.checked4you.de

Was den Konsum von Drogen betrifft, legt die Europäische
Beobachtungsstelle für Drogen und Drogensucht regelmäßig
Jahresberichte zum Download vor:
www.emcdda.europa.eu/publications/searchresults?action=
list&type=PUBLICATIONS&SERIES_PUB=w36

4 | FÜHRERSCHEIN: EIN LAPPEN FREIHEIT

Die Fahrschulbögen zum Üben auf die schriftliche Führerscheinprüfung in allen Fahrzeugklassen findest du kostenlos
auf www.fahrschule.de/testbogen

Die vollständigen amtlichen Prüfungsfragen für den Führerschein Klasse B (PKW) gibt einmal jährlich der Lange-Lehrmittel Verlag heraus. Lange-Lehrmittel Verlag (Hrsg.): Amtliche Prüfungsfragen für Führerscheinbewerber. Klasse B. 60 Bögen, 2010 (wird jährlich erneuert).

Beratung und Austausch rund ums Thema Führerschein findest du auch bei den Academy Fahrschulen:
www.academy-fahrschulen.de

Den eigenen Punktestand im Verkehrszentralregister erfragen kannst du kostenlos per Post beim Kraftfahrt-Bundesamt, 24932 Flensburg.
Gib dabei deine Kontaktdaten an, formuliere einen Antrag und lass deine Unterschrift abschließend im Bürgeramt deiner Stadt amtlich beglaubigen (dazu musst du deinen Personalausweis oder Reisepass mitbringen).
Wer in der Nähe von Flensburg wohnt, kann übrigens alternativ auch persönlich vorbeikommen.

Ein Missgeschick passiert und du willst wissen, was punktemäßig auf dich zukommt? Im vollständigen Tatbestandskatalog findest du auf 500 Seiten jedes Vergehen und seine Punkte- und Geldstrafe. Die siebte Auflage vom Februar 2009 kannst du dir hier herunterladen: www.kba.de

Lesenswert zum Thema Begleitetes Fahren ist die Studie der Universität Gießen, 2010/48. Deutscher Verkehrsgerichtstag, 2010:
http://www.begleitetes-fahren.de/fileadmin/downloads/Begleitetes_Fahren/BF17_Abschlusspraesentation_neu.pdf

5 | DEIN ERSTES EIGENES AUTO

Mit dem ADAC-Gebrauchtwagencheck gehst du sicher, dass du für deinen Gebrauchtwagen nicht zu viel bezahlst: www.adac.de

Der größte Online-Gebrauchtwagenmarkt in Deutschland ist www.mobile.de

Alle DEKRA-Autoinspektionen sind verzeichnet auf www.dekra.de/de/standorte

KFZ-Versicherungen hat beispielsweise die Stiftung Warentest getestet: www.test.de

Den für dich zuständigen TÜV findest du auf www.tuv.com

6 | TRAMPEN

Infos zum Thema Trampen gibt es im Tramper-Wiki http://hitchwiki.org und auf der Webseite www.anhalterfreunde.de.
Die wichtigste Adresse für »organisiertes Trampen« in Deutschland: www.mitfahrzentrale.de

7 | ICH BIN DANN MAL WEG: AUSZEIT NACH DER SCHULE

Eine gute Broschüre zum Freiwilligen Sozialen und Freiwilligen Ökologischen Jahr zum kostenlosen Download gibt es auf www.bmfsfj.de/bmfsfj/generator/BMFSFJ/Service/Publikationen/publikationen,did=3598.html

Die Webseiten der wichtigsten FSJ/FÖJ-Trägerstellen in Deutschland:
www.internationaler-bund.de
www.der-paritaetische.de
www.fsjkultur.de
www.ev-freiwilligendienste.de
www.jugendhaus-duesseldorf.de
www.pro-fsj.de
www.freiwilligendienste-im-sport.de
www.fsj.drk.de
www.awo.org
Eine vollständige Liste aller offiziellen Anlaufstellen zur Bewerbung auf ein FSJ findest du auf: www.bmfsfj.de

Alle Trägerstellen für das FÖJ findest du auf: www.foej.de verzeichnet.
Auf der Plattform www.foej.net kannst du dich mit anderen zum Thema FÖJ austauschen.

Infos zu den Au-pair-Regelungen in den verschiedenen Zielländern findest du auf den folgenden Webseiten:
Australien: www.australienaupair.de
Deutschland: www.au-pairs.de
Frankreich: www.au-pair-job.de/Aupair-in-Frankreich.html
Großbritannien: www.britishcouncil.de/pdf/aupair.pdf

Italien: www.italienwelten.de/Au_Pair_in_Italien.170.0.html
Kanada: www.hundert6.de/au-pair-kanada
Neuseeland: www.au-pair-neuseeland.org
Niederlande: www.multikultur.info/au-pair-niederlande.html
Schweden: www.swedenabroad.com/Page____20020.aspx
Spanien: www.au-pair-job.de/Aupair-in-Spanien.html
USA: www.aupairusa.de

8 | DEIN EINSTIEG ALS AZUBI

Den Berufsfindungstest der Bundesagentur für Arbeit findest du auf http://portal.berufe-universum.de

Infos zu Jobs jeder Art bietet www.planet-beruf.de

Filme zu Berufen im Berufenet gibt es auf http://berufenet.arbeitsagentur.de/berufe/index.jsp

Eine vollständige und aktuelle Liste der Ausbildungsberufe findest du auf www.bmwi.de/BMWi/Navigation/Ausbildung-und-Beruf/ausbildungsberufe.html

Im Karrierenetzwerk Xing kannst du Leute aus fast allen Berufsfeldern kennenlernen: www.xing.de

Alle aktuell stattfindenden Jobmessen sind hier verzeichnet: www.jobtastic.de/karriereportal/berufseinstieg/jobmessen.php

Den EUROPASS-Lebenslauf zum Ausfüllen findest du auf http://europass.cedefop.europa.eu/europass/home/vernav/Europass+Documents/Europass+CV.csp

Ideal zur Vorbereitung auf ein Bewerbungsgespräch: Richard Nelson Bolles: ›Durchstarten zum Traumjob. Das Handbuch für Ein-, Um- und Aufsteiger‹ (9. Auflage, Campus 2009)

Was du in welcher Ausbildung verdienst, erfährst du hier: www.bibb.de/dav

Den Abgabenrechner des Bundesfinanzministeriums findest du auf www.abgabenrechner.de

Ein großes Netzwerk speziell für Azubis zum Austauschen mit Gleichgesinnten findest du auf www.azubi.net

Infos und Beispiele zum Arbeitszeugnis stehen in diesem Ratgeber: Günther Huber: ›Mein Arbeitszeugnis‹ (3. Auflage, Haufe 2004)

Agentur für Arbeit (Arbeitsmarktdaten): www.pub.arbeitsagentur.de/hst/services/statistik/aktuell/ ausbildungsmarkt/ausbvertraege/kurzuebersicht_d.pdf

Wie es hinter den Kulissen vieler Traumjobs aussieht und wie du dorthin kommen kannst, erzählen Stephanie von Selchow und ihre Interviewpartner in dem Buch ›Traumjobs – Wunsch und Wirklichkeit‹ (dtv *Reihe Hanser* 2007).

Außerdem empfehlenswert sind folgende Bücher:

Angelika Steffen: ›Schule - und dann? So helfen Eltern ihren Kindern bei der Berufswahl‹ (dtv 2008)
Petra Begemann: ›Die ersten 100 Tage im Job‹ (Eichborn 2005)
Ingrid Ute Ehlers/Regina Schäfer: ›Bin gut angekommen:). Die wichtigsten sozialen Spielregeln für Azubis‹ (3. Auflage, Bw Verlag 2008)

Heike Friedrichsen: ›Die erfolgreiche Gehaltsverhandlung. Wichtige Tipps für Einsteiger, Aufsteiger und Umsteiger‹ (Cornelsen 2008)

9 | DURCHSTARTEN IM STUDIUM

Weiterführende Infos zum Studium mit Mittlerer Reife oder Hauptschulabschluss findest du auf www.studium-ratgeber.de/studieren-ohne-abitur.php

Eine Übersicht aller Fächer, die du in Deutschland studieren kannst, gibt es auf www.hochschulkompass.de

Eine gute Webseite zur Unterstützung bei der Studienwahl ist www.studienwahl.de oder das Webportal www.abi.de. Auf Letzterem findest du auch eine Reihe von wissenschaftlichen Eignungstests, mit denen du einen ersten Eindruck darüber gewinnen kannst, in welchen Fachbereich du besonders gut passt. Diese Tests sind als erster Anhaltspunkt gedacht; klar, dass die Recherche für dich danach erst richtig losgeht.

Im Hochschulranking erfährst du, wie einzelne Hochschulen im Vergleich abschneiden: www.che-ranking.de

Seit der Umwandlung der Zentralstelle für die Vergabe von Studienplätzen (ZVS) in die Stiftung für Hochschulzulassung übernimmt hochschulstart.de die Aufgaben von zvs-online und unterstützt dich zukünftig bei der Bewerbung für dein zulassungsbeschränktes Studienfach.

Informationen findest du unter www.hochschulstart.de. Diese Webseite löst die alte Webseite der ZVS ab (www2.zvs.de).

Die Studentenwerke sind unter www.studentenwerke.de verzeichnet.

Infos zu den elf vom Bundesministerium für Bildung und Forschung (BMBF) geförderten Begabtenförderungswerken findest du auf www.stipendiumplus.de.

Die Webseite des Deutschen Akademischen Austauschdiensts (DAAD) ist www.daad.de

Als idales Handbuch für Uni-Anfänger empfiehlt sich Madlen Ottenschlägers ›Das Uni-Einmaleins. Studieren – alles, was man wissen muss‹ (2. Auflage, dtv *Reihe Hanser* 2008).

Wer dauerhaft an der Uni bleiben möchte, erfährt die wesentlichen Tricks und Kniffe in Regine Rompas ›Karriere am Campus. Traumjobs an Uni und FH‹ (Gabler 2010).

10 | KARRIERE-KICK DURCH GIRLS-NETZWERKE

Die beliebtesten Girls- und Frauen-Netzwerke online:
Zwei der größten Karrierenetzwerke für Mädchen und Frauen weltweit: www.bpw-germany.de und www.bpw-europe.org

Netzwerk für Mädchen und Frauen im Bereich Informatik, Technik und Naturwissenschaften: www.netzwerk-fit.de

Netzwerk fur Frauen in Medienjobs: www.webgrrls.de

Schülerinnennetzwerk für alle Themen, die du spannend findest: www.lizzynet.de

Mädchen-Netzwerk für alle Themen und nur für Mädchen:
www.maedchen.de

Ein Business-Netzwerk mit über neun Millionen Mitgliedern, das mittlerweile in 16 Sprachen existiert, ist beispielsweise www.xing.com

Für Studenten, Absolventen und Dozenten gibt es das Karriere-Netzwerk www.euni.de

Events und Aktionen zum Netzwerken für Frauen:
www.girls-day.de
www.lead-fuehrungsfrauen.de
www.komm-mach-mint.de/Schuelerinnen
www.buecherfrauen.de
www.journalistinnenbund.de

11 | VERSICHERUNGEN: WIE FUNKTIONIERT DAS EIGENTLICH?

Einen guten, differenzierenden Versorgungslückenrechner findest du beispielsweise bei Focus online unter
http://www.focus.de/finanzen/altersvorsorge/rente/tid-8425/rentenrcchner-wie-viel-im-alter-fehlt_aid_68489.html

Viele Wirtschaftsberatungsunternehmen leisten unabhängige Versicherungsberatung und bieten speziell für Jugendliche und ihre Eltern auch kostenlose Beratungsangebote an. Eine von ihnen ist die Horbach Wirtschaftsberatung GmbH, die es in vielen Städten gibt:
http://www.horbach.de

12 | STEUERN & CO.

Wie hoch deine Lohn- bzw. Einkommensteuer dieses Jahr in etwa sein wird, kannst du mit wenigen Klicks auf der Webseite www.abgabenrechner.de des Bundesministeriums der Finanzen herausfinden.

Weiterführende Informationen zum Thema Steuern findest du auch auf www.steuerformen.de

Verständlich, interessant, aber leider derzeit vergriffen ist das Buch von Klaus Seeber: ›Tax for Youngsters. Ein Anfängerbuch über Steuern – Nicht nur für Jugendliche‹ (Tribut Verlag, 2004). Gegebenenfalls über das dein lokales Antiquariat, das ZVAB oder amazon Marketplace erhältlich.

Außerdem empfehlenswert zum Thema:
Franz Konz: ›Konz. Der Steuerratgeber für Berufseinsteiger. Finanzen. Steuern. Versicherungen‹ (Knaur 2008)
Peter Bilsdorfer und Raimund Weyand: ›Keine Angst vor dem Finanzamt‹ (dtv 2000)
Dennis Winkler: ›Schnellkurs Aktien. Erfolgreich kaufen und verkaufen. Die Erfolgsgeheimnisse für Einsteiger‹ (5. Auflage, Walhalla 2009)
Gerald Pilz: ›Sichere Geldanlagen: Investments, die jede Krise überstehen‹ (dtv 2009)

13 | DEINE ERSTE WOHNUNG

Hier kannst du im Internet provisionsfreie Wohungsangebote sichten und kostenlose Wohnungsgesuche aufgeben:
www.studenten-wg.de
www.wg-gesucht.de
www.wg-welt.de
www.studis-online.de
www.wohngemeinschaft.de
www.easywg.de
www.wg-gruendung.de
www.wg-liste.de

Stromanbieter vergleichen kannst du auf der Webseite
www.verivox.de
Diese Webseite wurde 2008 von Stiftung Warentest als bester Stromanbietervergleich bewertet.

Ein Vergleich von Telefonanbietern ist möglich über
www.billiger-telefonieren.de

14 | DER UMZUG

Damit deine Post auch an der neuen Adresse ankommt, kannst du einen Nachsendeauftrag stellen.
Infos auf www.umzug-post.de

Hier kannst du einfach, kostenlos und unverbindlich Online-Auktionen für deinen Umzug starten:
www.umzugsauktion.de (TÜV-geprüft)
www.moveasy.de

www.umzug4me.de
www.myhammer.de

Die größten Anbieter für Umzugstransporter findest du auf:
www.europcar.de
www.sixt.de
www.hertz.de
www.avis.de
www.budget.de
www.cc-raule.com
www.nationalcar.de

Neue Leute kennenlernen kannst du beispielsweise auf
www.new-in-town.com

15 | UND SPÄTER … WILL ICH AUCH MAL SPIESSER WERDEN: DER BAUSPARVERTRAG

Eine verständliche »Einführung zur Bausparfinanzierung« gibt es auf der Webseite des Bundesministeriums für Verkehr, Bau und Stadtentwicklung unter folgendem Link: www.bmvbs.de/-,1565.8897/Einfuehrung-in-die-Bausparfina.htm

Einen Vergleich der Bausparkassen findest du auf
www.bausparvertrag.net

Außerdem empfehlenswert: Heinrich Schiebel: ›So finanziere ich Haus und Wohnung. Finanzierungsplan. Kreditaufnahme. Steuerliche Gestaltung‹ (9. Auflage, C.H. Beck 2000)

16 | DEINE MEINUNG ZÄHLT

Eine gute politische Info-Basis verschaffst du dir mit dem Jugendsachbuch von Gerd Schneider: ›Politik‹ (Arena 2008)

Welche politische Partei entspricht deiner Meinung am ehesten? Mit dem Wahl-O-Mat der Bundeszentrale für politische Bildung kannst du es herausfinden:
www.bpb.de, dort Wahl-O-Mat

17 | DIE WELT VERBESSERN: ENGAGEMENT UND EHRENAMT

Freiwilligenagenturen verhelfen engagierten Menschen zu sinnvollen Projekten. Eine Liste der Agenturen findest du auf www.freiwilligen-kultur.de

Dein eigenes Freiwilligenprojekt unterstützt der Fond »Jugend hilft«:
Children for a better World e.V.
www.jugendhilft.de

Die internationalen Freiwilligenprojekte des WWF sind online auf wwf.panda.org/how_you_can_help/volunteer

Die UN-Volunteers, Freiwilligenarbeiter der Vereinten Nationen, findest du auf www.unv.org

Über den zusätzlichen Freibetrag für ehrenamtlich Aktive informierst du dich auf www.bundesfinanzministerium.de

18 | DEINE RECHTE: VERBRAUCHERSCHUTZ

Die Verbraucherzentrale in deiner Nähe findest du auf
www.verbraucherzentrale.de

19 | DIE MACHT DES WORTES: SCHRIFTLICHE KOMMUNIKATION

Der kostenlose VNR-Newsletter zeigt regelmäßig Tipps
und Tricks für eine bessere schriftliche Kommunikation auf.
Anmelden kannst du dich unter: www.vnr.de

Einen Mahnantrag online stellen, kannst du auf:
https://www.online-mahnantrag.de

20 | DIE WELT DER PARAGRAFEN: BEIM ANWALT

Woher soll man wissen, welcher Anwalt der richtige ist? Einen
deutschlandweiten Anwalt-Vergleich gibt es auf
www.ihr-anwalt-vergleich.de

21 | WORAUF ES EIGENTLICH ANKOMMT

Ein Klassiker unter den Jugendbüchern, die sich mit diesem Thema auseinandersetzen, ist Jostein Gaarders ›Sofies Welt. Roman über die Geschichte der Philosophie‹ (<u>dtv</u> *Reihe Hanser* 2000)

Einen großartigen und humorvollen Einstieg zum Thema bietet auch die Graphic Novel von Richard Osborne: ›Philosophie. Eine Bildergeschichte für Einsteiger‹ (Wilhelm Fink Verlag 1996)

Philosophische Zitate zum nachdenken, wann immer du Lust hast, kannst du dir als iPhone-Besitzer mit der App »Philosophie inMyPocket« bei iTunes herunterladen.

Wichtige Bücher der im Kapitel genannten Philosophen zum Weiterlesen (Die genannten Titel liegen jeweils auch in diversen anderen Ausgaben vor):

Aristoteles: ›Nikomachische Ethik‹ (Anaconda 2009)

Thomas von Aquino: ›Summe der Theologie. 3 Bde. Bd. 1. Gott und Schöpfung‹ (Kröner 1985)

Immanuel Kant: ›Kritik der praktischen Vernunft und Grundlegung der Metaphysik der Sitten‹ (Suhrkamp 2000)

Jean-Paul Sartre: ›Das Sein und das Nichts. Versuch einer phänomenologischen Ontologie‹(rororo 1993)

Jean-Paul Sartre: ›Geschlossene Gesellschaft‹ (rororo 1986)

RECHTENACHWEIS

© Fotos auf den Seiten 8 / 50 / 83 / 170 / 202 / 248 / 298 / 313 sowie das Umschlagbild und die grafische Umsetzung: Doris Katharina Künster

© Fotos auf den Seiten 18: Laura Bangert / 25: Sabrina Jesse, Travelworks / 44: Hanna Poddig / 55: Lilli Fink / 58: Michael Filusch / 66: Viola Winkels / 78: Christian N. / 89: Darja Klinnert / 97: Linda Scheffler / 112: Alex Ripke / 156: Melanie Hielscher / 189: Christian Schneider / 264: Florian Bernschneider / 274: Colleen Rafferty / 300: Lena Ehrhard

Die ›Checkliste: Berufsbereiche‹ (S. 109) folgt einer Einteilung des Arbeitsmarktservice Österreich in 24 Berufsbereiche.

Die ›Fünf Fragen zum Vorstellungsgespräch‹ (S. 120) wurden so von Richard Nelson Bolles formuliert: Richard Nelson Bolles: Durchstarten zum Traumjob. Das Handbuch für Ein-, Um- und Aussteiger. Campus 2002, S. 254

Die Autorin dankt allen Autoren, Verlagen und Institutionen sowie allen Fotografen und insbesondere den portaitierten Jugendlichen für die freundliche Abdruckgenehmigung.